TESI GREGORIANA

Serie Diritto Canonico

47

LINDA GHISONI

LA RILEVANZA GIURIDICA
DEL *METUS*
NELLA CONSUMAZIONE
DEL MATRIMONIO

EDITRICE PONTIFICIA UNIVERSITÀ GREGORIANA
Roma 2000

Vidimus et approbamus ad normam Statutorum Universitatis

Romae, ex Pontificia Universitate Gregoriana
die 17 mensis aprilis anni 1998

R.P. Prof. Urbano Navarrete, S.J.
R.P. Prof. Janusz Kowal, S.J.

ISBN 88-7652-875-X

GREGORIAN UNIVERSITY PRESS
Piazza della Pilotta, 35 - 00187 Rome, Italy

INTRODUZIONE

Il presente studio approccia la problematica inerente la consumazione del matrimonio intendendo mettere in luce la questione circa l'eventuale rilevanza giuridica della costrizione morale per la prima copula coniugale, tenuto conto del fatto che, a norma del canone 1061 § 1 del Codice di Diritto Canonico vigente, si richiede che l'atto consumativo del matrimonio sia compiuto dai coniugi *modo humano*.

Data la esigua importanza riservata oggi socialmente al primo atto intimo completo tra i coniugi — e ciò particolarmente a motivo del fatto che le intimità prematrimoniali sono un dato frequente — sembra che, volgendo l'attenzione e lo studio alla consumazione del matrimonio, si regredisca nel tempo, tentando di riesumare un reperto archeologico. Tuttavia la rilevanza riconosciuta alla *consummatio coniugii* dall'ordinamento canonico, fondantesi necessariamente su presupposti teologici ed ecclesiologici, impone chiarezza di concetti al riguardo[1].

A livello giuridico-canonico la prima copula coniugale posta dai coniugi in seguito alla prestazione del consenso riveste un ruolo fondamentale: tale amplesso sessuale, infatti, innestandosi su di un matrimonio rato, assume la caratteristica di atto coniugale e consumativo del matrimonio, comportando l'effetto della assoluta indissolubilità del matrimonio stesso. Detta copula coniugale non conferisce certamente la validità al matrimonio, il quale è già valido in quanto rato, per il consenso prestato reciprocamente dai coniugi, tuttavia essa fa sì che tale

---

[1] Un recente provvedimento della Corte d'Appello di Torino sembra aprire la strada al riconoscimento e alla vera e propria delibazione in campo civile della dispensa *super rato*, risvegliando l'interesse riguardo ciò che sia da intendersi per *consummatio matrimonii* (cfr. CORTE D'APPELLO DI TORINO, 1ª SEZIONE CIVILE, *Delibazione di Bolla pontificia super rato*, Sentenza del 18.06.1996 nella causa civile n. 443/96 R.G.; F. FRANCESCHI, «Le dispense *super rato*», 52-61).

matrimonio sia corredato di quella peculiare *firmitas* senza la quale sarebbe suscettibile di un provvedimento grazioso di dispensa *super rato*.

Se si tiene presente l'indissolubilità del vincolo quale effetto teologico-giuridico della prima copula coniugale, non si può non riservare una attenzione peculiare alla consumazione del matrimonio e alla *modalità* secondo cui essa viene posta in essere dai coniugi.

Nella realtà odierna si assiste, anche da parte del Magistero della Chiesa, ad un richiamo alla tutela dei diritti dell'uomo; alla tutela della libertà del singolo, particolarmente riguardo le scelte di vita che egli compie; ad una speciale attenzione da riservare alle cosiddette categorie deboli; alla tutela da abusi di qualsivoglia genere (pedofilia, violenza sessuale su donne anche in ambito domestico,...). Esiste una maggiore sensibilità per quanto rientra nella «autodeterminazione» del singolo, libero da influssi o pressioni esterne di qualsiasi tipo.

In questo contesto come si potrebbe conciliare tale tutela con il caso di costrizione morale del singolo all'atto consumativo del matrimonio? Ad un atto cioè che, come accennato, è pregno di tali conseguenze per la vita dei coniugi? Sarà da ritenersi validamente consumato quel matrimonio in cui la prima copula coniugale è posta dietro intervenuto di timore grave incusso da parte di un coniuge all'altro? Come va tutelata la libertà del singolo di fronte al primo amplesso coniugale?

Il presente studio, considerando l'evoluzione avutasi a livello storico-giuridico particolarmente in materia di *consummatio coniugii*, si propone di applicare il vizio del *metus* alla consumazione, aspetto oggi trascurato dalla dottrina, onde mettere in luce quale soluzione sembri a noi più consona al ragionamento giuridico fondantesi sulla migliore tradizione canonistica e su un retto intendimento di quelli che sono gli elementi intellettivi e volitivi necessari e sufficienti per la prima copula coniugale posta validamente.

Del resto non è trascurabile il significato che tale amplesso sessuale riveste per l'istituto matrimoniale: se è fuori da ogni dubbio il fatto che nella dottrina cattolica dei nostri giorni prevale l'elemento consensuale, secondo l'adagio *non concubitus sed consensus facit nuptias*, tuttavia, come è noto, la consumazione del matrimonio ha rilevanza teologica e giuridico-canonica: attraverso la copula consumativa, gli sposi divengono *una caro* significando l'unione di Cristo con la Sua Sposa, la Chiesa, e ciò comporta la assoluta indissolubilità del loro vincolo matrimoniale. In questo atto umano di donazione ed accettazione reciproca di se stessi, gli sposi *significano* la donazione totale di Cristo e della

Chiesa e la comunione di vita che caratterizza il *consortium totius vitae* instauratosi con il matrimonio.

Oggi è in atto un processo di desacramentalizzazione della consumazione, si è perso il senso teologico, sacro della sessualità, mentre è necessario unire la consumazione del matrimonio con l'aspetto sacramentale che le è proprio: solo la consumazione conferisce al matrimonio la piena significazione sacramentale dell'unione Cristo-Chiesa. Indubbiamente già il consenso ha efficacia sacramentale, e la copula coniugale, innestandosi su tale realtà sacramentale già esistente nella sua essenzialità dal momento del consenso validamente posto, costituisce la perfetta rappresentazione del connubio di Cristo con la Chiesa[2].

Nella elaborazione che ci siamo proposti sarà necessario procedere ad un approfondimento a livello storico-giuridico dei concetti coinvolti in questa peculiare figura, particolarmente dei concetti di *metus* e di *consummatio coniugii*. Se non si potrà prescindere dalla trattazione di tali concetti, tuttavia, nell'economia del presente lavoro, sarà necessario tracciare limiti ben precisi: ognuno di essi, con le specifiche problematiche connesse, richiederebbe infatti uno studio a sé, tuttavia ci si limiterà ad indagare quanto è specificamente funzionale allo studio della questione che ci si è proposti e che deve rimanere l'oggetto peculiare della presente indagine.

Si considererà inoltre che cosa si debba intendere con la locuzione *humano modo* contenuta nel can. 1061 § 1; in modo particolare si analizzeranno gli elementi intellettivi e volitivi necessari e sufficienti al fine di una copula coniugale che si possa dire posta in modo umano. Partendo quindi dall'istituto giuridico del *Bimestre ad deliberandum*, reperibile nella Decretale *Ex publico* di Papa Alessandro III, e da quanto fu approfondito particolarmente dagli ultimi Decretalisti in merito alla *copula vi extorta intra bimestre concessum ad ingrediendam*

---

² Cfr. U. NAVARRETE, «De notione et effectibus», 655-656: «Haud ergo improprie dici potest sacramentum matrimonii per copulam matrimonii consummativam pervenire ad totalem et integram suam perfectionem, id est ad "consummationem" quatenus consummatio significat ultimam perfectionem rei iam essentialiter constitutæ. Haec autem ultima perfectio seu "consummatio" adnumeranda videtur processui dynamico — seu actioni vel actionibus transeuntibus — quo sacramentum in sua totalitate vel integritate cum omnibus suis effectibus theologicis et iuridicis conficitur, non vero sacramento, prout permanet. Nam sacramentum matrimonii prout permanet consistit in illa peculiari efficaci virtute, qua coniuges christiani per sacramentum permanent veluti consecrati et roborati ad missionem et officia proprii status adimplenda».

religionem, ci si chiederà quale significato possa avere oggi una tale previsione in merito alla volontarietà della copula coniugale. Una importanza fondamentale per comprendere le conclusioni cui si giungerà è data dalla retta interpretazione, a livello formale-giuridico, della consumazione: se essa sia da intendersi quale mero fatto giuridico o se assurga ad atto giuridico ed in quale relazione sia da porre con l'atto del consenso matrimoniale e con i diritti e gli obblighi che da esso scaturiscono.

Il presente studio seguirà pertanto una strutturazione tripartita:
– nella prima parte si richiameranno sinteticamente gli elementi fondamentali riguardanti il *metus* e il suo influsso sugli atti giuridici nel Diritto Romano e, specificamente, nel Diritto Canonico, con peculiare attenzione al consenso matrimoniale;
– nella seconda parte si prenderà in esame il concetto di consummatio coniugii: fatta una breve sintesi storica, si presterà particolare attenzione alla problematica suscitata, circa tale concetto, nel periodo intracodiciale;
– nella terza parte si cercherà infine, ponendo in relazione il *metus* con la consumazione del matrimonio, di risolvere la questione che costituisce l'oggetto specifico del presente lavoro: si considererà il caso in cui il marito, trascorso un certo tempo dopo la valida celebrazione del matrimonio senza essere pervenuto al primo atto coniugale a motivo del costante rifiuto della donna (che presupponiamo libera da impotenza), operi una pressione morale sulla moglie affinché si conceda al marito, prospettandole, in caso contrario, il ricorso alla separazione. Se in tale fattispecie il matrimonio sarà stato consumato esclusivamente per il timore grave della donna dinanzi alla prospettiva di una separazione, si potrà dire che tale copula consumativa del matrimonio sia stata posta secondo la modalità prevista dal can. 1061 § 1, vale a dire *modo humano*? La questione circa la rilevanza giuridica di un tale *metus* incusso dal marito alla moglie costituirà pertanto l'oggetto specifico dell'ultima parte.

PARTE PRIMA

INFLUSSO DEL *METUS* SUGLI ATTI GIURIDICI NEL DIRITTO ROMANO E CANONICO

CAPITOLO I

Il *metus* nel diritto romano e suo influsso sui negozi giuridici

Il presente studio non può prescindere dal considerare, seppure in modo generale, la nozione di *metus* rinvenibile nel diritto romano. Evitando di addentrarci nelle problematiche che si svilupparono a partire dal concetto in questione particolarmente nel momento in cui il *metus* iniziò ad avere rilevanza per gli atti giuridici, ci si soffermerà, in questa sede, unicamente sui principi generali del *metus*, riconosciuti dall'ordinamento giuridico romano. In particolare si esaminerà l'influsso del *metus* sui negozi giuridici onde identificare quegli elementi che influirono anche sulla canonistica e che offrono una chiave di interpretazione per il concetto di *metus* così come si è andato evolvendo e come è stato recepito dall'ordinamento canonico.

1. Evoluzione della nozione di *metus*

Il *metus* non aveva, nei primi tempi della storia del diritto romano, rilevanza alcuna nel contesto dell'atto giuridico e della nullità dello stesso. Non è difficile trovare una spiegazione a tale dato di fatto, dal momento che è notoria la concezione formalistica del negozio giuridico nell'età arcaica del diritto romano[1]: in base a tale concezione, esclusi-

---

[1] Gli storici del diritto romano non sono concordi in materia di periodizzazione del diritto romano stesso, pertanto si ritiene necessario presentare brevemente i criteri di periodizzazione cui si fa riferimento nel presente studio. Mentre alcuni studiosi suddividono il diritto romano in cinque periodi (cf. H.F. JOLOWICZ, *Historical introduction*, 41; B. BIONDI, «Il diritto romano», 41-42), altri in quattro (cf. P. VOCI, *Istituzioni*, 5; A. BURDESE, *Manuale*, 10-15; A. GUARINO, *Diritto privato*, 10) e altri ancora in due (S. PEROZZI, *Istituzioni*, I, 38; S. RICCOBONO, *Lineamenti*, 14-15), preferiamo la

vamente i requisiti formali erano esigiti per la validità di un atto giuridico, mentre non veniva riconosciuta rilevanza alla volontà del soggetto negoziale[2].

Del resto, dato lo stretto collegamento, per i romani, tra volontà e manifestazione esteriore della stessa, veniva generalmente esclusa la possibilità che la volizione assurgesse ad avere rilevanza giuridica ove non si accompagnasse a qualche altro segno esteriore e inequivocabile della sua esistenza e del suo contenuto[3].

Tuttavia già in età classica si attribuì rilevanza al concorso della volontà del soggetto nel negozio giuridico, particolarmente in seguito all'influsso della retorica ellenistica, cosicché la sola forma non era più ritenuta sufficiente per il prodursi degli effetti giuridici del negozio. Si pervenne a detto cambiamento soprattutto nell'ambito dei negozi privi di forma solenne — in particolare dello *ius gentium* — ispirati alla *fides*[4] e, pur se parzialmente, anche nell'ambito dei negozi formali[5]. Si aprì in tal modo la via alla «interpretazione individuale», diretta ad accertare ciò che l'individuo aveva effettivamente voluto, mentre non ci si basò più unicamente sulla «interpretazione tipica», volta a prendere, quale punto di riferimento, soltanto il valore comunemente attribuito ad una determinata dichiarazione formale.

Solo in età postclassica si assisterà alla scomparsa dell'antico formalismo che aveva caratterizzato i negozi giuridici dell'epoca arcaica, e alla generalizzazione della «interpretazione individuale» del negozio

---

suddivisione in tre periodi (cf. O. ROBLEDA, *Introduzione*, 54-76; ID., *Ius privatum*, 40-58): il primo periodo dell'evoluzione del diritto romano (epoca del diritto Quiritario) inizierebbe con la fondazione di Roma e si concluderebbe alla fine del terzo secolo avanti Cristo, avendo come caratteristiche la *brevitas*, la *solemnitas* e la *personalitas*; il secondo periodo (epoca del diritto universale), caratterizzato da abbondanza di norme scritte, alleggerito dal rigido formalismo del primo periodo e ormai privo della *ratio* della *personalitas*, si estenderebbe dalla fine del terzo secolo avanti Cristo all'inizio del quarto secolo dopo Cristo; infine il periodo del diritto postclassico, caratterizzato in modo particolare dai principi della *aequitas*, della *pietas*, della *benevolentia*, e della *communis utilitas*, e dall'affermarsi in modo inequivocabile della *voluntas* sulla forma esterna degli atti giuridici, andrebbe dagli inzi del quarto secolo dopo Cristo fino alla morte di Giustiniano.

[2] Cfr. P. BONFANTE, *Istituzioni*, 92; V. SCIALOJA, *Negozi giuridici*, 42; A. GUARINO, *Diritto privato*, 392; A. BURDESE, *Manuale*, 193.

[3] Cfr. A. GUARINO, *Diritto privato*, 394.

[4] Cfr. la seguente *Lex* di Papiniano: «In conventionibus contrahentium voluntatem potius quam verba spectari placuit...» (D. 50, 16, 219).

[5] Cfr. A. BURDESE, *Manuale*, 194.

giuridico con la conseguente prevalenza dell'elemento volitivo al fine della validità del negozio stesso.

Al riguardo va detto che esiste divergenza di opinioni tra i romanisti. Una nutrita corrente di studiosi, sviluppatasi soprattutto in Germania a partire dalla seconda metà del diciannovesimo secolo, nega che sia rinvenibile già in epoca classica il passaggio a considerare la volontà del soggetto negoziale quale elemento essenziale per la validità del negozio stesso. Tali autori sostengono che ciò si verificherà soltanto a partire dall'età postclassica, ragion per cui il *metus* non avrebbe, prima di tale epoca, rilevanza invalidante il negozio giuridico.

Al contrario, la maggioranza degli autori sostiene che proprio nell'età classica prese piede la considerazione dell'elemento volitivo, con una ulteriore evoluzione nel periodo postclassico[6].

A prescindere dalla precisa epoca cui far risalire la introduzione del *voluntarium* quale requisito per la validità di un negozio giuridico, e ritenendo plausibile la seconda posizione (dati i riferimenti più sopra riportati dai quali avrebbe tratto origine questa evoluzione), ciò che interessa il nostro studio è la constatazione della rilevanza giuridica riconosciuta dai romani ai possibili vizi della volontà negoziale, quali l'errore, il dolo e la violenza. Gli interpreti distinguono fra violenza fisica e violenza morale.

La violenza fisica, detta anche *vis ablativa* o *corpori illata*, è un'ipotesi peraltro non rinvenibile nelle fonti romane; i romanisti la definiscono come la violenza con la quale si abbia materialmente costretto qualcuno ad effettuare una dichiarazione, ad esempio ad apporre la firma ad un documento contro la volontà personale del firmatario. In tali casi, lungi dall'aversi una volontà negoziale viziata, mancherebbe addirittura lo stesso comportamento negoziale. Ma, come accennato, una tale ipotesi non è reperibile nelle fonti del diritto romano, probabilmente perché era rarissima a Roma la forma scritta, la sola suscettibile di vera coazione fisica[7].

La violenza morale[8], chiamata *vis compulsiva*, o *animo illata*, consiste invece nella minaccia di un male ingiusto e notevole, effettuata da

---

6 Cfr. P. BONFANTE, *Corso di Diritto Romano*, IV, 309-325, ove vengono citati numerosi autori rappresentanti delle due diverse correnti; O. ROBLEDA, *La nulidad del acto jurídico*, 326-328.

7 Cfr. N. SCAPINI, «Violenza», 939-941.

8 Nel caso di violenza morale, *vis* e *metus* indicano la stessa cosa, a tal punto che nell'editto del Pretore si adopera semplicemente il termine *metus* per indicare la vio-

qualsiasi terzo ad un soggetto, al fine di indurlo a compiere un negozio giuridico[9]: in seguito a detta minaccia, la vittima, mossa dal timore, sceglie, tra il male minacciato e la conclusione del negozio, questa seconda via.

2. Rilevanza del *metus* quale vizio del negozio giuridico

Per lo *ius civile* è di regola valido il negozio viziato da violenza morale, dal momento che esiste pur sempre una volontà negoziale, come si legge nel *Digestum*: «Si metu coactus adii hereditatem, puto me heredem effici, quia, quamvis si liberum esset noluissem, tamen coactus volui»[10]. Come scrive Emilio Betti:

> La violenza morale [...] è una coazione che non esclude, come è invece per la violenza fisica, né la volontà dell'atto, né la determinazione causale; ma menoma la libertà di questa determinazione in quanto influisce sul processo volitivo con la minaccia di un male e, incutendo timore, pone un motivo che non dovrebbe operare [...]. Certamente la determinazione di concludere il negozio non è spontanea, non è generata e giustificata da un motivo cui la volontà abbia liberamente aderito. Ma ciò non toglie che, ad ogni modo, la volontà ci sia[11].

Tuttavia, con l'evolversi dei tempi e delle idee, si iniziò a considerare l'illiceità del ricorso alla minaccia per indurre un soggetto a concludere un determinato negozio giuridico, ritenendo la minaccia un atto moralmente riprovevole. Fu il diritto pretorio ad introdurre questa innovazione[12]: il pretore intervenne personalmente a reprimere i casi di negozi giuridici conclusi dietro violenza morale o dolo, mettendo a disposizione della vittima mezzi giudiziari adeguati a conseguire l'effetto di una inutilizzazione del negozio stesso.

I mezzi riconosciuti dal pretore come rimedi processuali al negozio giuridico concluso con il concorso di *metus* erano i seguenti:

---

lenza, abbandonando l'antica dizione di *vis et metus*, ritenuta una tautologia. Il cambiamento della dizione dell'editto è menzionato nella Lex *Quod metus causa*, in D. 4, 2, 1 (cfr. al riguardo V. SCIALOJA, *Negozi giuridici*, 321).

[9] Cfr. P. BONFANTE, *Istituzioni*, 93; V. SCIALOJA, *Negozi giuridici*, 321; E. BETTI, *Istituzioni*, 166; A. GUARINO, *Diritto privato*, 392; A. BURDESE, *Manuale*, 201-202.

[10] D. 4. 2. 21. 5.

[11] E. BETTI, *Istituzioni*, 166; cfr. inoltre V. SCIALOJA, *Negozi giuridici*, 321.

[12] E' proprio circa la datazione di tale intervento pretorio che si dividono gli autori tra coloro che lo situano in epoca preclassica e coloro i quali, invece, lo ritengono di età classica con piena applicazione soltanto in età postclassica.

– la *exceptio metus*, opponibile dalla vittima della violenza per paralizzare l'azione attraverso la quale la stessa era convenuta in giudizio e per far valere il vizio dell'atto opponendosi al sorgere dell'effetto del negozio giuridico;

– la *actio metus*, introdotta in età repubblicana, verso l'anno 80 a.C., dal pretore Ottavio (la cosiddetta *Formula Octaviana*) e successivamente modificata, esperibile dalla vittima della violenza contro l'autore della stessa, anche in caso non si trattasse della controparte, una volta adempiuto il negozio, allo scopo di ottenere la restituzione, e talvolta anche il risarcimento del danno, dall'autore della violenza;

– la *restitutio in integrum propter metum*, esperibile dalla vittima della violenza allo scopo di ottenere dal magistrato la rescissione degli effetti derivanti dal negozio compiuto per timore e il ritorno alla condizione in cui versava prima della stipulazione del negozio stesso. Questo ultimo rimedio era esperibile nei riguardi di chiunque, pur non autore della violenza, avesse tratto benefici dalla violenza stessa.

Nel diritto giustinianeo la *actio metus* e la *restitutio in integrum propter metum* vennero fuse in un unico rimedio, esperibile dalla vittima della violenza contro l'autore della stessa e contro chi ne avesse tratto vantaggi[13].

Va tuttavia precisato che non sempre il *metus* aveva rilevanza giuridica. I requisiti perché esso influisse sul negozio giuridico erano i seguenti: non era sufficiente che la violenza fosse sospetta, essa doveva essere effettiva e seria[14]; il male minacciato doveva costituire, nel comune apprezzamento, un male più grave di quello consistente nella conclusione del negozio[15]; la minaccia doveva essere tale da incutere timore anche ad un uomo dotato di provata fermezza[16]; il male minacciato doveva poi essere illegittimo, ossia contrario al diritto[17]; infine doveva sussistere un nesso diretto tra la minaccia e la conclusione del negozio, nel senso che questa doveva essere proprio determinata da quella, mentre non era necessario che il *metus* fosse incusso dalla controparte.

---

13 Cfr. A. BURDESE, *Manuale*, 202.

14 «Metum autem praesentem accipere debemus, non suspicionem inferendi ejus» (D. 4. 2. 9).

15 «Metum accipiendum Labeo dicit, non quemlibet timorem, sed majoris malitatis» (D. 4. 2. 5).

16 «Metum autem non vani hominis, sed qui merito et in hominem constantissimum cadat» (D. 4. 2. 6).

17 Cfr. D. 4. 2. 12. 2.

3. Nullità o annullabilità del negozio *ex metu*?

La questione riguardante la nullità dell'atto giuridico in diritto romano ha posto le basi della teoria moderna circa questo istituto del diritto. Sebbene infatti i romani non abbiano formulato né precisato integralmente i concetti che riguardano i vizi dell'atto giuridico, tuttavia tali concetti non furono un ritrovato proprio dei giuristi moderni, ma sorsero sulla base del diritto romano stesso[18].

Ci si chiede ora se il vizio di *metus* comporti, per il diritto romano, la nullità oppure la annullabilità del negozio giuridico.

In materia, come anche per il caso di dolo, gli autori offrono interpretazioni differenti e giungono a conclusioni discrepanti. Secondo alcuni, infatti, il *metus* produrrebbe la nullità dell'atto giuridico[19], mentre per altri autori produrrebbe solo la annullabilità dello stesso[20]. Nel primo caso si avrebbe pertanto un atto privo di effetti giuridici in modo radicale dal momento in cui l'atto sarebbe stato effettivamente posto. Nel caso di annullabilità, invece, si ammetterebbe la possibilità di una rescissione dell'atto giuridico posto. Nelle fonti non si rinviene il termine proprio di annullabilità dell'atto giuridico, tuttavia non pochi autori sostengono di trovare nelle fonti stesse la realtà di fatto della annullabilità e, come conclude Robleda citando i testi di riferimento contenenti differenti ipotesi di annullabilità: «No se puede negar la realidad al menos de una cierta figura de anulabilidad en el derecho civil romano»[21].

Il testo considerato quale punto di riferimento per la questione che è ora oggetto del nostro studio, testo che diede vita a dibattito circa la sua interpretazione, è il seguente brano del giureconsulto Celso: «Si patre cogente ducit uxorem, quam non duceret, si sui arbitrii esset, contraxit tamen matrimonium, quod inter invitos non contrahitur, maluisse hoc videtur»[22].

Molti autori hanno tratto da tale testo la regola secondo cui il matrimonio e, più in generale, il negozio giuridico affetto da *metus*, sarebbe radicalmente nullo, quantomeno per determinate categorie di negozi e per il diritto pretorio. La maggior parte degli autori, però, pur ricono-

---

[18] Cfr. O. ROBLEDA, *La nulidad del acto jurídico*, 293.

[19] Cfr. G. BESELER, «Zwang», 362; U. VON LÜBTOW, *Der Ediktstitel*, 59.

[20] Cfr. C. LONGO, «Note critiche», 68, che offre un approfondito esame esegetico delle fonti; E. BETTI, *Istituzioni*, 178; G. SCHERILLO, *Corso di Istituzioni*, I, 540.

[21] O. ROBLEDA, *La nulidad del acto jurídico*, 296.

[22] D. 23. 2. 22.

scendo la necessità di operare distinzioni, è contraria a stabilire categorie di negozi per le quali si produrrebbe la nullità, ed altre per le quali si avrebbe, invece, annullabilità.

Scialoja interpreta il testo nel modo seguente:

Chi non vuol prender moglie non contragga matrimonio, ancorché si trovi nella posizione apparente di matrimonio. Ad ogni modo sarebbe questa una eccezione relativa ad un rapporto in cui la volontà è talmente di indole morale, che ben si capisce che la volontà coatta si debba considerare come assoluta mancanza di volontà e perciò come insufficiente a produrre il rapporto medesimo. L'estendere una regola speciale del matrimonio agli altri rapporti giuridici in generale, è cosa che un giureconsulto non può certamente pensare[23].

Di diverso parere è, al riguardo, Robleda. L'autore, trattando di quella che definisce «annullabilità pretoria», ricorda il compito del pretore, figura apparsa tardi in Roma, verso il 367 a.C., e che attuò «adiuvandi vel supplendi vel corrigendi iuris civilis gratia, propter utilitatem publicam»[24]: quando un atto giuridico risultava infatti essere iniquo, senza tenere conto di particolari circostanze che potevano richiedere eccezioni, date anche le mutate condizioni di una società in evoluzione, l'intervento del pretore era proprio messo in atto al fine di paralizzare gli effetti che scaturivano da tale atto. Poiché il pretore attuava soltanto amministrativamente sulla base della sua peculiare giurisdizione, non si potrebbe parlare in senso stretto di annullabilità, ciò soprattutto per il fatto che l'atto rimaneva perfettamente valido, pur risultando, nella pratica, non producente gli effetti giuridici ad esso propri, e quindi inefficace.

Nell'epoca classica e giustinianea, come detto, si fusero il diritto civile e quello pretorio, per cui quelli del pretore non rimarranno interventi estrinseci, bensì diverranno propri dell'unico diritto civile imperiale.

Pertanto nell'epoca classica del diritto romano il negozio giuridico posto *ex metu* fu considerato sempre valido, con la unica possibilità dei rimedi pretori onde renderlo inefficace, senza che ciò significasse la nullità del negozio stesso.

Presentate le diverse argomentazioni e posizioni, sembra di doversi prediligere il termine di annullabilità di tale negozio, proprio a motivo

---

23 V. SCIALOJA, *Negozi giuridici*, 323-324.
24 D. 1. 1. 7. 1.

della tipologia e della natura degli atti pretori in quell'epoca e anche per il fatto che la volontarietà del soggetto *metum patiens* non era messa in discussione, mentre l'intervento pretorio aveva piuttosto lo scopo di colpire il *metum incutiens*, impedendo il prodursi degli effetti giuridici di un tale negozio.

Nel diritto postclassico la concezione di atto giuridico era totalmente volontaristica, ragion per cui alcuni autori optano per la nullità radicale del negozio giuridico posto per *metus*. Tuttavia, proprio in forza del famoso testo di Paulo «coactus volui sed volui», sembra doversi piuttosto optare per la annullabilità di tale negozio, dal momento che il *metus* non priva il soggetto negoziale della volontarietà [25].

Dal testo di Celso sopra citato si evince che il matrimonio è dato proprio là ove vi sia consenso; tra *invitos*, poi, non esiste matrimonio, intendendo per *invitos* coloro che non cedettero alla coazione. Pertanto, quando una persona è *invitus* non vi è prestazione di consenso e neppure matrimonio. Seguendo tale interpretazione non si incorre in contraddizione con gli altri due testi importanti in materia: «Non cogitur filius familias uxorem ducere»[26]; «Neque ab initio matrimonium contrahere neque dissociatum reconciliare quisquam cogi potest. Unde intelligis liberam facultatem contrahendi atque distrahendi matrimonii transferre ad necessitatem non oportere»[27].

Orestano, presentando differenti teorie circa la interpretazione dei testi in questione[28], conclude che tali testi vanno compresi nel senso della impossibilità di costituire il matrimonio senza la volontà del soggetto contraente. Egli si basa sul presupposto secondo cui la volontà sarebbe in un continuo rinnovarsi:

> Non mi sembra pensabile che si possa avere una manifestazione di volontà interamente coartata, allorquando questa manifestazione consiste nella continuità di un comportamento attivo, che presuppone una volontà di continuo renovantesi: in questo caso si deve sempre e necessariamente ammettere che vi sia, ancorché in misura più o meno ampia, una partecipazione volontaria del soggetto stesso che ha subito la violenza[29].

---

[25] Cfr. O. ROBLEDA, *La nulidad del acto jurídico*, 296: l'autore è contrario alla conclusione secondo cui la fusione dei due diritti, civile e pretorio, avrebbe portato necessariamente anche alla loro fusione nella idea della nullità dell'atto posto per *metus*.

[26] D. 23. 2. 21.

[27] D. 5. 4. 14.

[28] R. ORESTANO, «Struttura giuridica», 363.

[29] R. ORESTANO, «Struttura giuridica », 367.

Orestano quindi, comprendendo il consenso al matrimonio come consenso continuo, non negoziale né istantaneo, conclude che sarebbe impensabile che la volontà venisse coartata per un lasso di tempo tanto esteso e attraverso situazioni tanto differenti.

Non possiamo concordare con la argomentazione addotta da Orestano, qui riportata con le testuali parole dell'autore, infatti non è a causa del concetto di volontà in divenire che si deve concludere per la volontarietà del matrimonio contratto dietro *metus*. Dalle parole stesse di Celso sopra citate, si ricava che, se si cedette alla violenza, il matrimonio è da ritenere effettivamente contratto, se invece non si cedette, il matrimonio non si può considerare contratto.

Il punto critico va rinvenuto nell'aver ceduto o meno alla coazione: nel secondo caso non si contrae matrimonio, diversamente dal primo caso, in cui il matrimonio si ritiene validamente contratto, dal momento che il *metus* non priva il soggetto della volontà[30].

Da quanto emerso nel presente capitolo, seppure avendo considerato unicamente le questioni inerenti il nostro lavoro e che assunsero rilevanza per la evoluzione dell'influsso del *metus* sugli atti giuridici, si deve certamente concludere tenendo presente un punto comune alla stragrande maggioranza degli studiosi del diritto romano e basato sulla interpretazione dei testi chiave al riguardo: il matrimonio contratto *ex metu*, cioè per aver ceduto alla coazione, sia essa proveniente dal partner, sia essa proveniente da terzi, è valido per il fatto che, nell'aver ceduto alla coazione, si è agito volontariamente, non in assenza di volontà; si è scelto, tra coazione e matrimonio, quest'ultimo, si è dunque agito con cognizione di causa, per cui si può ben ripetere il famoso adagio: «coactus volui sed volui».

---

[30] Cfr. O. ROBLEDA, *El matrimonio en derecho romano*, 106.

CAPITOLO II

Il *metus* nella tradizione canonistica
e suo influsso sugli atti giuridici

Come stabilito dalla vigente Codificazione canonica, al can. 125 § 2, in materia di atti giuridici posti per intervento di violenza morale sul soggetto che compie l'atto stesso: «Actus positus ex metu gravi, iniuste incusso, aut ex dolo, valet, nisi aliud iure caveatur; sed potest per sententiam iudicis rescindi, sive ad instantiam partis lesae eiusve in iure successorum sive ex officio».

Il caso del consenso matrimoniale viziato da *metus* è un esempio della previsione esplicita da parte del Legislatore di non validità dell'atto giuridico, come espresso al can. 1103: «Invalidum est matrimonium initum ob vim vel metum gravem ab extrinseco, etiam haud consulto incussum, a quo ut quis se liberet, eligere cogatur matrimonium».

Nel presente capitolo si presterà attenzione a quanto le Fonti riportano circa la materia qui presentata e a quanto si rinviene in alcuni rappresentanti di quella letteratura canonistica che ha studiato l'influsso del *metus* sugli atti giuridici nel Diritto Canonico e che ha costituito la base per le codificazioni del 1917 e del 1983; il presente capitolo non considererà l'incidenza del *metus* sul matrimonio, essendo tale argomento oggetto del capitolo successivo, interamente dedicato al caso specifico del consenso matrimoniale.

1. Fonti e Letteratura canonistica classica

Nelle fonti canonistiche più antiche colui che agisce sotto l'impulso del timore è considerato *volens*, per cui gli atti posti *ex metu* hanno validità, come risulta dai testi tratti dalle Decretali di Gregorio IX e dedicati appunto all'influsso del *metus* sul soggetto che pone in essere un atto.

Circa il battesimo e i suoi effetti, così scriveva Papa Innocenzo III: «Qui terroribus atque suppliciis violenter attrahitur, et, ne detrimentum incurrat, baptismi suscipit sacramentum, [...] characterem suscipit Christianitatis impressum et ipse, tamquam conditionaliter volens, licet absolute non velit, cogendus est [...] ad observantiam fidei Christianae»[1], stabilendo appunto che fosse da ritenere valido il battesimo ricevuto da chi era stato attratto ad esso con minacce e vi aveva acconsentito solo *conditionaliter*, vale a dire unicamente in conseguenza delle minacce e del timore subiti.

In un altro testo delle Decretali riguardante la comunione agli scomunicati, si distingue tra l'obbligo dato dalla violenza estrinseca e la semplice induzione a compiere un determinato atto, induzione proveniente da *metus*, con il quale non verrebbe meno il *voluntarium* dell'azione stessa:

> Distinguimus autem utrum is, qui communicat excommunicatis invitus, sit per coactionem adstrictus aut per metum inductus. In primo siquidem casu talem non credimus excommunicatione teneri, quum magis pati, quam agere convincatur. In secundo vero licet metus attenuet culpam, quia tamen non eam prorsus excludit, quum pro nullo metu debeat quis mortale peccatum incurrere, talem excommunicationis labe credimus inquinari[2].

Nelle Decretali si rinviene infine un testo di Papa Alessandro III a favore della volontarietà del giuramento prestato dietro incussione di *metus*:

> Si vero aliquis quemquam gravissimo metu sub religione juramenti suum jus refutare coegerit, ipsumque sibi retinuerit, quia nos consuluere voluisti, an alter eorum, vel neuter id habere debeat; hoc tibi duximus respondendum, quod non est tutum, quemlibet contra juramentum suum venire, nisi tale sit juramentum, quod servatum verget in interitum salutis aeternae. Nec nos alicui ex responsione nostra dare materiam volumus veniendi contra juramentum proprium, ne auctores perjurii esse videamur. Verum aliquando in Romana ecclesia a pluribus praedecessoribus nostris factum esse recolitur, quod clerici, qui coacti ministerium ecclesiae abjurarunt, de juramento absolutionis beneficium meruerunt, et ad coercendam iniquitatem eorum,

---

[1] X. 3. 42. 3.
[2] X. 1. 40. 5, al cui sottotitolo si legge: «Excommunicatus non est qui absolute coactus excommunicato communicat; secus si coactio fuit conditionalis».

qui ecclesiasticos viros ad praestandum illud juramentum compulerant, permissi sunt in eadem ecclesia ministrare[3].

Come si evince dai testi citati e riguardanti differenti atti posti in essere dietro coazione, nella legislazione canonica più antica si afferma inequivocabilmente la volontarietà degli atti giuridici posti *ex metu*.

Non mancano tuttavia testi che fanno riferimento alla rescindibilità di atti posti dietro timore inferto al soggetto, in particolare alla *actio rescissoria quod metus causa*[4]. La teoria del *voluntarium* riconosciuta in tali atti *ex metu* viene ripresa dalla letteratura canonistica con un approfondimento di singoli elementi, cosicché vanno via via chiarendosi gli attributi per la validità dell'atto posto *ex metu*.

Tale letteratura si può comprendere appieno solo premettendo ad essa un sia pur breve richiamo alla dottrina tomista in materia appunto di volontarietà dell'atto giuridico, data l'importanza dell'impostazione e della scelta del linguaggio, che influirà notevolmente sulla canonistica.

Nella *Summa Theologiae* è riconosciuta la volontarietà dell'atto posto *ex metu*. Particolare attenzione è dedicata a tale questione da S. Tommaso d'Aquino nell'articolo *Utrum metus causet involuntarium simpliciter*[5] nel contesto dello studio sull'atto umano e sugli elementi che lo caratterizzano. Per l'Aquinate l'atto posto *ex metu* è voluto non *ut finem*, bensì *propter finem*, vale a dire che non è voluto il mezzo in sé, bensì è voluto unicamente per raggiungere il fine, il quale, solo, è voluto in se stesso. Questo per quanto concerne l'atto posto nella concreta situazione, mentre, a livello astratto, considerando l'atto indipendentemente dalle circostanze particolari in cui si pone, l'Aquinate conclude che, in mancanza di timore e in assenza di pericolo, l'atto non si sarebbe posto, per cui l'atto sarebbe involontario, ma involontario considerandolo appunto astrattamente rispetto alle condizioni reali, considerandolo cioè «secundum rationem». Come conclude Tommaso: «Illud quod per metum agitur absque conditione, est voluntarium, id est secundum quod actu agitur; sed involuntarium est sub conditione, id est si talis metus non immineret»[6]. Un tale atto è quindi per Tommaso *voluntarium simpliciter* e *involuntarium secundum quid*, laddove permangono contemporaneamente il *voluntarium* e l'*involuntarium* di cui sopra, anche se quello che pone in essere l'atto è, per il diritto, il

---

[3] X. 2. 24. 8.
[4] Cfr. X. 1. 40. 1-4; X. 1. 43. 2; X. 2. 24. 15.
[5] THOMAS AQUINATIS, *Summa Theologiae*, I.II., q. 6, a. 6.
[6] THOMAS AQUINATIS, *Summa Theologiae*, I.II., q. 6, a. 6.

voluntarium simpliciter, la volontà determinata sotto l'influsso del timore[7].

Di conseguenza il negozio giuridico compiuto *ex metu* è valido ed ha rilevanza giuridica secondo la dottrina tomista, mentre per alcune tipologie di negozio, dato il loro particolare carattere, si prevede la invalidità, dal momento che in essi sarebbe richiesta anche la volontà circa la attuazione degli effetti conseguenti all'atto. Nel caso specifico del matrimonio, Tommaso — come si vedrà nel prossimo capitolo — insiste sulla *coactio*, che renderebbe il matrimonio stesso nullo.

Anche la letteratura canonistica successiva nel tempo a Tommaso insiste sulla volontarietà dei negozi giuridici *ex metu* in genere. Si è preso in considerazione un sia pur ristretto gruppo di autori, che è tuttavia rappresentativo per la affermazione della volontarietà del negozio giuridico *ex metu*.

Nella *Glossa Ordinaria* al Decreto di Graziano si rinviene il richiamo ai testi romani e al principio «coactus volui, sed volui» per concludere infine a favore della volontarietà dell'atto *ex metu*[8].

Anche nella *Glossa Ordinaria* alle Decretali si afferma il principio della volontarietà di un tale negozio *ex metu*: «ea quae per timorem vel metum fiunt, qui possit cadere in constantem virum, tenent, et obligatur quis, per hoc, licet coactus»[9].

Giovanni D'Andrea riprende questa affermazione e la ritiene pertinente sia per gli atti illeciti, laddove conclude che il *metus* non scusa la colpevolezza[10], sia per i negozi giuridici: «Copula facit hoc matrimonium propter voluntatem, quae inest sponsalibus contractis etiam per metum conditionalem»[11]. Il fidanzamento, così come era concepito da Giovanni D'Andrea, e come si ritrova ancora nel Codice Pio-Benedettino, era considerato un contratto, e il grande canonista afferma che in esso, benché compiuto *per metum conditionalem*, vi è volonta-

---

[7] Cfr. THOMAS AQUINATIS, *Summa Theologiae*, I.II., q. 6, a. 6, ad c.: «Sed si quis recte consideret, magis sunt hujusmodi voluntaria, quam involuntaria: sunt enim voluntaria simpliciter, involuntaria autem secundum quid: unumquodque enim simpliciter esse dicitur, secundum quod est in actu: secundum autem quod est in sola apprehensione, non est simpliciter, sed secundum quid; [...] sic autem hoc, quod fit per metum, est voluntarium, inquantum scilicet est hic et nunc»; cfr. inoltre ID., *Summa Theologiae*, III., q. 47, a. 1, ad c.

[8] *Glossa Ordinaria*, C. 15, q. 6, c. 2, v. Auctoritatem.

[9] *Glossa Ordinaria*, X. 1. 40. 2, v. Coactus.

[10] I. ANDREAE, *Commentarium super I Decretalium*, in X. 1. 40. 5.

[11] I. ANDREAE, *Commentaria super IV Decretalium*, in X. 4. 7. 2.

rietà. Per chiarire poi che cosa intenda per *metus conditionalis*, Giovanni D'Andrea aggiunge che esso si ha quando «propter instans vel futurum periculum aliquid ago quod sponte non agerem»[12], ed approfondisce la questione fissando la regola generale avente come punto di riferimento il *metus iustus*[13], il quale può essere grave nel caso in cui ricada su un *vir constans*.

Due sono i casi speciali riconosciuti dal canonista in questione e che si discostano dalla regola generale: la assoluzione estorta con timore, nulla *ipso jure*, e il matrimonio: «Regula generalis fallit in certis casibus in quibus requiritur consensus spontaneus et liber, ut in matrimonio; quin, cum quis compellitur ad matrimonium contrahendum, matrimonium est nullum; quia licet ibi sit voluntas, quia coacta voluntas, est voluntas, non tamen est voluntas spontanea»[14].

La discriminante per classificare il caso tra quelli rientranti nella regola generale o tra quelli speciali è dunque la *voluntas spontanea*, con la quale si intende la intenzione che deve animare la persona a compiere un tale atto o negozio giuridico e che deve essere rivolta non solo al fine, ma anche agli effetti prodotti dal mezzo cui si acconsente, prescindendo dal mezzo, non voluto *secundum quid*[15].

La locuzione *voluntas spontanea*, già esistente nelle Fonti[16], sta quindi ad indicare efficacemente la intenzionalità e la libertà richieste in detti casi speciali; in mancanza di tali qualità, l'atto posto sarebbe nullo.

Per trovare uno studio approfondito della questione oggetto del presente capitolo si deve attendere fino a Thomas Sánchez, il quale affronta direttamente il problema della volontarietà degli atti giuridici posti *ex metu*[17].

Il grande canonista spagnolo si rifà, citandolo ampiamente, a Tommaso d'Aquino e ne adotta le argomentazioni riaffermando la volontarietà dei contratti conclusi per influsso del timore. Egli cerca una soluzione alla apparente discrepanza tra Tommaso e la già citata Decretale di Innocenzo III circa il battesimo e nella quale si leggeva: «tamquam

---

[12] I. ANDREAE, *Commentaria super I Decretalium*, in X. 1. 40. 5.

[13] «Illa quae fiunt per metum iustum, qui potest cadere in constantem virum, tenent de mero jure, quia in eis intervenit consensus, licet coactus; *modo coacta voluntas est semper voluntas*» (I. ANDREAE, *Glossa Ordinaria*, VI. 1. 20. 1).

[14] I. ANDREAE, *Glossa Ordinaria*, VI. 1. 20. 1.

[15] Cfr. O. GIACCHI, *La violenza*, 45.

[16] Cfr. X. 1. 9. 5; X. 2. 13. 2-3.

[17] TH. SÁNCHEZ, *De Sancto Matrimonii Sacramento*, lib. 4, disp. 1, n. 5.

conditionaliter volens licet absolute non velit»[18]. Sembra che, in base alle parole della Decretale, si debba concludere a favore di un *absolute involuntarium* e di un *voluntarium secundum quid*; tuttavia Sánchez interpreta la Decretale affermando che Innocenzo III avrebbe inteso riferirsi, con la espressione sopra riportata, all'atto *secundum rationem* di Tommaso, e non alla *voluntas in actu*; avrebbe cioè inteso la astrazione, per così dire, dalla situazione concreta, nella quale evidentemente, come conclude Tommaso con una espressione differente, si avrebbe un *involuntarium secundum quid*.

Il canonista spagnolo, offrendo una tale interpretazione del testo della Decretale, non vede quindi una disparità tra la conclusione di Innocenzo III e quella di Tommaso.

Al riguardo ci permettiamo di rilevare quanto segue. La conclusione cui giungono il testo della Decretale e Tommaso d'Aquino è la stessa: l'atto posto dietro coazione è cioè valido, pertanto chi lo compie è tenuto a portarne le conseguenze. Tuttavia nella Decretale l'interpretazione che si dà della volontarietà del soggetto — e di conseguenza l'argomentazione per pervenire ad essa — è terminologicamente opposta rispetto a quella rinvenuta in S. Tommaso. Questi parla infatti di *voluntarium simpliciter* e di *involuntarium secundum quid*, mentre nella Decretale si trovano le locuzioni *absolute involuntarium* e *conditionaliter voluntarium*.

Sembra che a detta terminologia, apparentemente di senso opposto, faccia riscontro la stessa argomentazione, meglio presentata, supportata e approfondita da S. Tommaso; il *conditionaliter volens* della Decretale potrebbe essere infatti interpretato nel modo seguente: c'è volontarietà nel soggetto che pone l'atto solo in ragione della peculiare situazione di timore, mentre, al di fuori di tale condizione, la persona non compirebbe quell'atto, non volendolo compiere. Questa peculiare situazione non è altro che quella che S. Tommaso fa rientrare nel *voluntarium simpliciter* e nell'*involuntarium secundum quid*, appunto nel caso di un atto posto dietro l'intervento di *metus*: un atto che sarebbe involontario se astratto dalle reali e puntuali condizioni, ma, allo stesso tempo, un atto che è volontario, pur se la volontà è determinata dall'influsso del timore.

Sánchez afferma quindi la volontarietà dei contratti conclusi dietro intervento di *metus*, laddove la volontà è riferita al *voluntarium simpli-*

---

[18] X. 3. 42. 3.

citer: «Substantia contractus consistit in consensu et voluntate, sed in consensu metu extorto est verus consensus veraque voluntas»[19]. La posizione peculiare di Sánchez circa l'influsso del *metus* sul consenso matrimoniale sarà presa in esame nel prossimo capitolo.

I canonisti più autorevoli che seguono nel tempo Sánchez riaffermano, sulla scia delle fonti e della letteratura canonistica finora prese in esame, la volontarietà dell'atto giuridico posto *ex metu*: così è, ad esempio, per Reiffenstuel, il quale sottolinea la mancanza, in un tale atto, di *spontaneitas*[20], intesa alla stregua di Giovanni D'Andrea, come visto sopra.

Per Reiffenstuel, come anche per gli altri canonisti qui menzionati quali maggiori rappresentanti della letteratura canonistica presa in considerazione, una sola delle due volontà sarebbe presente e operante nel soggetto che pone in essere un negozio giuridico viziato dal timore, mentre all'atto posto mancherebbe la *spontaneitas*. Tuttavia giuridicamente detta *voluntas in actu* sarebbe sufficiente ad instaurare un atto cui riconoscere conseguenze giuridiche.

Fagnanus insiste sul fatto che il *metus* non escluderebbe il consenso matrimoniale, ma unicamente lo attenuerebbe[21]. La stessa soluzione si ritrova in Laymann, il quale riprende con estrema chiarezza la conclusione di Tommaso d'Aquino parlando di *voluntarium simpliciter* e di *involuntarium secundum quid*.

Laymann offre una definizione delle due differenti forme di volontarietà dell'atto *ex metu*:

> Voluntarium est quod consulto fit ab agente cognoscente singula circa quae est actio. [...] Involuntarium est quod fit cum aversione voluntatis actuali aut habituali; ab eo autem, quod quis metus causa agit, alioquin non acturus, abhorret voluntas, quatenus illud secundum se et praecisis circumstantiis spectatur[22].

Nella *actio* si ha quindi il *voluntarium simpliciter*, per cui il soggetto è responsabile dell'atto che compie, pur se questo *voluntarium* è misto di *involuntarium secundum quid*, vale a dire *involuntarium* sul piano della intenzione che anima il soggetto riguardo gli effetti scaturenti

---

[19] TH. SÁNCHEZ, *De Sancto Matrimonii Sacramento*, lib. 4, disp. 1, n. 5.
[20] Cfr. A. REIFFENSTUEL, *Jus canonicum*, lib. II, tit. 40, n. 23.
[21] Cfr. P. FAGNANUS, *Ius canonicum*, in X. 1. 40. 19.
[22] P. LAYMANN, *Theologia Moralis*, lib. 1, tract. 2, cap. 6, n. 19.

dalla *actio*, a cui acconsente unicamente per raggiungere il fine di evitare il pericolo imminente e che gli è stato minacciato.

L'insegnamento di Tommaso d'Aquino rivive anche in Schmalzgrueber, il quale, distinguendo tra *vis absoluta* e *vis conditionalis*, afferma: «[vis] absoluta liberum consensum omnino tollit, conditionalis dumtaxat minuit»[23].

Sintetizzando quanto si rinviene nelle fonti e nella letteratura canonistica classica fiorita attorno al concetto di *metus* e all'influsso dello stesso sugli atti giuridici, si può affermare che l'atto compiuto *ex metu* è ritenuto valido in quanto voluto dal soggetto che lo compie, pur se carente della spontaneità da parte del soggetto: in condizioni differenti, in assenza del timore infertogli e del pericolo imminente che gli è stato minacciato, il soggetto non avrebbe infatti posto quell'atto.

2. Il Codice Pio-Benedettino

Il fondamento della norma del can. 103 § 2 del Codice Pio-Benedettino si rinviene nelle conclusioni tratte dalle fonti e dalla letteratura canonistica con i suoi più autorevoli rappresentanti, come rilevato nel precedente sottocapitolo: negli atti *ex metu* è presente e operante la volontà del soggetto di porre in essere un atto cui la legge riconosce determinati effetti giuridici conosciuti al soggetto; manca invece la volontà che tali effetti si compiano. Tuttavia l'atto è ritenuto valido e portatore di quegli effetti giuridici, pur se non voluti, dal momento che la manifestazione dell'atto in sé è data, e, con tale requisito, è data anche la validità dell'atto posto.

Nel trattato di Gasparri sul matrimonio è ben compendiata la dottrina tradizionale al riguardo, laddove il grande canonista scrive:

> Trepidatio mentis admittit deliberationem et electionem, dum aliquid facimus ad fugiendum malum instans vel futurum. In hoc casu consensus adest, quia voluntas assentitur in illud; hinc adagium — coacta voluntas est semper voluntas —; sed tamen consensus procedit ex metu ad malum evitandum, et quod agimus, est voluntarium simpliciter mixtum aliquo involuntario imperfecto. Hinc differentia quod defectus discretionis, error, simulatio, aut condictio, auferunt prorsus consensum, dum metus minuit tantum[24].

Pertanto il *metus* non toglie il consenso, ma, per così dire, lo *riduce*, avendosi, in chi pone in essere l'atto, il concorso di *involuntarium*.

---

23 F.X. SCHMALZGRUEBER, *Jus ecclesiasticum universum*, lib. 4, tit. 1, n. 384.
24 P. GASPARRI, *Tractatus canonicus*, II, 50, n. 833.

Nelle espressioni di Gasparri si ritrova, pur se con una formulazione lievemente differente, lo stesso contenuto della dottrina tomista nel campo di influsso del *metus* sugli atti giuridici.

Il can. 103 distingue tra violenza fisica cui non si può resistere, e timore grave e ingiustamente incusso[25].

Il *metus* viene comunemente interpretato dagli autori come effetto della *vis*, causa efficiente, la quale si suddivide appunto in fisica e morale.

Cappello fa notare, nella sua *Summa*, come i due termini, spesso utilizzati promiscuamente, vadano in realtà distinti, non essendo essi sinonimi[26]. Per la loro comprensione è imprescindibile riferirsi alla definizione mutuata dal Diritto Romano: la *vis* è intesa come «Maioris rei impetus (exterior), qui repelli non potest»[27], mentre, sempre nel *Digestum* si legge, circa il *metus*: «Mentis trepidatio instantis vel futuri periculi (seu mali) causa»[28].

La *vis physica* o *absoluta* incussa *ab extrinseco* inficia gli atti giuridici per diritto naturale, essendo una coazione fisica assoluta[29].

Il *metus*, invece, non impedisce che sia operato dalla ragione un giudizio obiettivo e deliberativo, né toglie la capacità di scelta, per cui, di per sé, non intacca la libertà:

> Ille enim qui agit ex metu, quamvis secluso metu noluisset agere id quod agit, supposito tamen metu, revera deliberate et libere vult id agere quod agit, hic et nunc libere eligendo quod sibi apparet minus malum. Metus tamen modificat voluntarium (quod non est cum libertate confundendum), in quantum modificat actus voluntatis objectum illudque reddit aliqua ratione involuntarium[30].

I commentatori distinguono il *metus* in *levis* e *gravis* e quest'ultimo in assoluto e relativo. Le condizioni richieste perché il *metus* sia grave sono due: l'effettivo pericolo o male prossimo; il male imminente o futuro che deve essere grave per tutti (*absolute*), oppure per quella de-

---

[25] «§ 1. Actus, quos persona sive physica sive moralis ponit ex vi extrinseca, cui resisti non possit, pro infectis habentur. § 2. Actus positi ex metu gravi et iniuste incusso vel ex dolo, valent, nisi aliud iure caveatur; sed possunt ad normam can. 1684-1689 per iudicis sententiam rescindi, sive ad petitionem partis lesae sive ex officio»

[26] Cfr. F.M. CAPPELLO, *Summa*, I, 1945, 83-85.

[27] D. 4. 2. 2.

[28] D. 4. 2. 1.

[29] G. MICHIELS, *Principia generalia*, 614.

[30] G. MICHIELS, *Principia generalia*, 619-620.

terminata persona, attese le sue peculiari condizioni date dalla età, dall'indole, ecc. (*relative*). Quando il *metus* è grave in modo assoluto, allora si dice, attingendo nuovamente al Diritto Romano, che esso cade *in virum constantem*[31].

Il *metus* si divide inoltre in giusto e ingiusto, a seconda che chi lo incute operi nel suo diritto e conformemente alla legge, senza violazione alcuna della stessa, oppure viceversa[32]. A seconda poi che la causa del *metus* sia interna o esterna, si distingue il *metus ab intrinseco* da quello *ab extrinseco*. Il *metus ab extrinseco* procede da una causa libera, non necessitata, mentre la causa esterna *necessaria*, non libera, quale può essere ad esempio un incendio, un naufragio, un evento naturale, è assimilata a quella interna. Pertanto il *metus ab extrinseco* ha rilevanza soltanto se procede da causa libera, mentre il *metus* procedente da causa necessaria è sempre stato visto come *metus ab intrinseco*. Al *metus ab intrinseco* non è riconosciuta incidenza sull'atto poiché, in quanto interno al soggetto che pone l'atto, non può essere ingiusto[33].

Pertanto gli atti posti per violenza estrinseca cui è impossibile resistere, sono nulli, non potendovi essere in essi libera volontà da parte di chi li pone, e non essendo dunque atti umani.

Per quanto riguarda poi il *metus*, se esso perturba l'uso di ragione in chi pone l'atto, toglie il *voluntarium* dell'atto stesso, ma ordinariamente esso lo sminuisce soltanto, dal momento che l'atto non è posto spontaneamente[34].

Infine gli atti posti dietro intervento di timore grave, incusso dall'esterno ingiustamente, valgono, appunto per il fatto che la volontarietà, quantomeno il *voluntarium simpliciter*, per usare la terminologia della *Summa Theologiae*, è data in essi; il *metuens*, nel compiere l'atto, rimane infatti *compos sui*[35]. Tuttavia il Codice Pio-Benedettino afferma che il diritto può prevedere casi in cui un tale atto sia invalido e rimanda, tra altri, al can. 1087 circa il matrimonio, di cui si tratterà al capitolo terzo.

---

[31] Cfr. F.M. CAPPELLO, *Summa*, I, 1945, 76; G. MICHIELS, *Principia generalia*, 624.

[32] Cfr. G. MICHIELS, *Principia generalia*, 622.

[33] Cfr. G. MICHIELS, *Principia generalia*, 621; F.M. CAPPELLO, *Summa*, I, 1961, 381-382.

[34] Cfr. F.M. CAPPELLO, *Summa*, I, 1945, 77.

[35] Cfr. F.M. CAPPELLO, *Tractatus canonicus*, V, 1961[7], 542-543.

3. La Codificazione vigente

Non sarà necessario soffermarci particolarmente su quanto previsto dalla presente codificazione in materia di influsso di *metus* sugli atti giuridici, dal momento che ne sono a tutti noti gli elementi propri. Si richiamerà pertanto unicamente lo *status quaestionis* nel codice vigente circa il can. 125 § 2 con gli elementi fondamentali che lo caratterizzano.

Così recita il can. 125 § 2: «Actus positus ex metu gravi, iniuste incusso, aut ex dolo, valet, nisi aliud iure caveatur; sed potest per sententiam iudicis rescindi, sive ad instantiam partis laesae eiusve in iure successorum sive ex officio».

Lasciando a parte il caso di dolo, consideriamo unicamente la previsione legislativa in materia di *metus*. Raccogliendo la tradizione canonistica in merito, il Codice promulgato nell'anno 1983 afferma la validità degli atti giuridici posti in conseguenza di timore grave incusso ingiustamente, a meno che il diritto non preveda altrimenti. Il *metus*, infatti, vizia l'atto giuridico, senza tuttavia privarlo del suo carattere di atto scaturente dalla volontà dell'agente, da questi scelto in modo libero e deliberato, pertanto un tale atto non è invalidato dal *metus*. Indubbiamente il *metus* agisce sulla volontà e sulla libertà dell'agente, ma senza annullarle, senza privare di esse il soggetto, ragion per cui non si può affermare che esso renda nullo l'atto giuridico, tranne che nei casi espressamente previsti dal Legislatore.

La seconda parte del § 2 prevede poi la possibilità di azione rescissoria, cioè la possibilità di una azione giudiziale che dovrà provare che l'atto posto per *metus* sia da annullarsi avendo il *metus* privato della libertà e della volontà il soggetto agente ed avendo quindi snaturato l'atto stesso. In tal caso si avrebbe pertanto una nullità dell'atto giuridico *ex nunc* e non *ex tunc*, come è invece per le previsioni esplicite del Legislatore in materia di nullità dell'atto giuridico *ex metu* (ad es. can. 1103).

Gli elementi sufficienti e necessari che caratterizzano il *metus* così come lo intende il Codice sono la *gravitas* e la *iniustitia*. In merito si rimanda sostanzialmente a quanto rilevato circa l'analogo canone del Codice Pio-Benedettino.

Dal presente capitolo, strumentale alla comprensione del concetto di *metus* e alla sua applicabilità alla *consummatio coniugii*, è emerso come nelle Fonti e nella tradizione canonistica fino ai nostri giorni si sia costantemente affermata la validità degli atti giuridici posti per timore grave, e ciò in conseguenza del fatto che la volontarietà di tali atti non è compromessa, mancando ad essi, come sottolineano i Decretalisti, soltanto la *spontaneitas*: il soggetto non è sostituito nella scelta e non è privato della propria libertà di deliberazione; egli effettivamente vuole e sceglie, tra il male minacciato e l'atto da porre in essere, quest'ultimo. Indubbiamente il concorso di *metus* influisce sulla scelta del soggetto, il quale tuttavia rimane signore della propria decisione, pur se in assenza di timore grave avrebbe presumibilmente optato diversamente. Per adoperare la terminologia di San Tommaso, in un tale atto si ha il concorso di *involuntarium secundum quid* e di *voluntarium simpliciter*, ed è quest'ultimo, per il diritto, a porre in essere l'atto giuridicamente valido.

CAPITOLO III

Requisiti del *metus* quale vizio del consenso matrimoniale

La incidenza del *metus* sul consenso matrimoniale, così come è oggi codificata, trova le proprie radici in quanto già previsto nelle fonti canonistiche classiche e nella letteratura che attorno ad esse fiorì.

Prima di passare alla attuale rilevanza del *metus* per il consenso matrimoniale, sarà innanzitutto necessario fare un cenno alla evoluzione storica di tale influsso.

Si considereranno gli elementi essenziali che caratterizzano il *metus* seguendo appunto la evoluzione alla quale, anche al riguardo di essi, si è assistito, con una sempre maggiore attenzione per gli aspetti soggettivi del *metus* e per la persona del *metum patiens*.

1. Fonti e Letteratura canonistica classica

La Chiesa difese sempre strenuamente la libertà del consenso matrimoniale contro gli abusi dell'impero romano e contro quelli dei popoli germanici in materia di matrimonio[1].

Nel *Corpus Juris Canonici* sono reperibili alcuni testi chiave in merito, in particolare nel Decreto di Graziano e nelle Decretali di Gregorio IX.

Nella seconda parte del Decreto si trovano in proposito diversi canoni di Concili particolari che, a partire dal VI secolo, proibiscono la costrizione al matrimonio. Sarà Papa Urbano II (1088-1099) a dichiara-

---

[1] Cfr. C. 5, q. 8, c. 1 (Concilio Cartaginense, anno 418); F.M. CAPPELLO, *Tractatus canonicus*, V, 550, n. 614, nt. 4 e 5.

re in modo inequivocabile la irritabilità del matrimonio in caso di coazione al consenso: «invitae nuptiae solent malus proventus habere»[2].

Tra le Decretali di Gregorio IX si rinviene poi, quale fonte somma dell'istituto in questione, una lettera di Papa Alessandro III indirizzata al Vescovo di Pavia, nella quale si legge, tra l'altro:

> Quum locum non habeat consensus ubi metus vel coactio intercedit necesse est, ut, ubi assensus cuiusquam requiritur coactionis materia repellatur. Matrimonium autem solo consensu contrahitur et, ubi de ipso quaeritur, plena debet securitate ille gaudere cuius est animus indagandus ne per timorem dicat sibi placere quod odit, et sequatur exitus, qui de invitis solet nuptiis provenire[3].

Del consenso quale causa efficiente del matrimonio si deve avere certezza, pertanto il matrimonio è da ritenersi nullo laddove sia intervenuto *metus* che abbia spinto il soggetto ad acconsentire alle nozze.

Risulta perciò, dai testi riportati, che l'assenso richiesto per un valido consenso al matrimonio è sorretto dalla volontà, la quale, in caso di *metus*, viene meno, con conseguente invalidità del matrimonio stesso, vertendo, detta volontà, sul contenuto del negozio giuridico[4].

Anche nella dottrina di Tommaso d'Aquino veniva messa in risalto la differente qualità di volontà che si richiede per il consenso matrimoniale rispetto agli altri negozi giuridici in genere, di cui si è trattato più sopra. L'Aquinate sottolinea, riguardo il matrimonio, non tanto la volontarietà del soggetto spinto da *metus*, bensì la *coactio*; egli insiste cioè sul fatto che si tratti, nel caso, di consenso coatto, dunque non più di consenso vero e proprio, ragion per cui il matrimonio sarebbe perciostesso nullo[5]. Tommaso d'Aquino asserisce inoltre che il timore in-

---

[2] C. 31, q. 2, c. 1.

[3] X. 4. 1. 14; cfr inoltre X. 4. 2. 9-11; X. 4. 7. 2; X. 4. 18. 4.

[4] Cfr. O. GIACCHI, *La violenza*, 41.

[5] Cfr. THOMAS AQUINATIS, *Summa Theologiae*, Supplementa III., q. 47, a. 2; cfr. anche ID., *Commentarium*, lib. 4, dist. 29, q. 1, a. 3, questiuncula 3, sol. 1 et ad 2: «SOLUTIO I. Respondeo dicendum ad primam quaestionem, quod vinculum matrimonii perpetuum est; unde illud quod perpetuitati repugnat, tollit matrimonium. Metus autem qui cadit in constantem virum, tollit matrimonium, et non alia. Constans autem vir judicatur virtuosus, qui est mensura in omnibus operibus humanis, ut Philosophus dicit in 3 Ethicor., cap. 9 vel 10. Quidam autem dicunt, quod si adsit consensus, quamvis coactus, interius est matrimonium quantum ad Deum, sed non quantum ad statum Ecclesiae, quae praesumit ibi non fuisse consensum interiorem propter metum. Sed hoc nihil est: quia Ecclesia non debet praesumere de aliquo peccatum quousque probetur. Peccavit autem, si dixit se consentire, et non consensit. Unde Ecclesia

validerebbe il matrimonio per diritto naturale, «e ciò sia per la natura dello stesso matrimonio, che è un vincolo d'amore, sia per il male ingiustamente arrecato, che non si può riparare altrimenti che col render nullo il contratto»[6].

Giovanni D'Andrea attesta, quale regola generale, la volontarietà del negozio giuridico *ex metu* ma ammette, come visto, alcuni casi speciali che si distaccano dalla regola generale, quali ad esempio la assoluzione e il matrimonio. Richiedendosi, per il matrimonio, il consenso, il quale, per essere tale, deve essere libero e spontaneo (nel senso sopra descritto della intenzionalità che deve animare il soggetto nel compiere l'atto), nel caso di consenso coatto si deve quindi concludere per la nullità del matrimonio stesso[7].

Un rilievo particolare merita indubbiamente Sánchez e la sua dottrina circa il matrimonio nel quale sia intervenuta coazione. Il Decretalista sostiene che il *metus*, se incusso giustamente, non invalida il matrimonio, infatti la *ratio* che starebbe alla base della nullità del matrimonio per *metus* sarebbe proprio la ingiustizia[8]. Particolarmente significativa è inoltre la posizione del canonista gesuita in merito all'origine di tale norma: se egli ritiene essere «valde probabilis»[9] che la nullità sia di diritto naturale, conclude poi con argomenti a favore della origine di tale norma dal diritto positivo: «Secuna sententia, quam veriorem credo, ait, solo jure Ecclesiastico esse irritum matrimonium metu extortum»[10].

---

praesumit eum consensisse, sed judicat illum consensum extortum non esse sufficientem ad faciendum matrimonium. [...] Ad secundum dicendum, quod ad matrimonium non sufficit quodcumque voluntarium, sed voluntarium complete: quia debet esse perpetuum; et ideo per violentum mixtum impeditur»; cfr. inoltre ID., *Summa Theologiae*, III., q. 47, a. 3, ad c: «Respondeo dicendum, quod vinculum matrimonii est perpetuum. Unde illud quod perpetuitati repugnat, matrimonium tollit. Metus autem, qui cadit in constantem virum, perpetuitatem contractus tollit; quia potest repeti restitutio in integrum. Et ideo haec coactio metus, quae cadit in constantem virum, tollit matrimonium, et non alia».

[6] A. BEVILACQUA, *Trattato dommatico*, cap. 5, art. 4, n. 395, 173-174.

[7] Cfr. I. ANDREAE, *Glossa Ordinaria*, VI. 1. 20, v. Absolutionis.

[8] Cfr. TH. SANCHEZ, *De Sancto Matrimonii Sacramento*, lib. 4, disp. 8, n. 8: «Temperandum tamen est quod diximus, rescindendos esse contractus metu cadenti in constantem virum celebratos, ut intelligatur, nisi metum passus inciderit culpa sua in metum. [...] Ratio est manifesta, quia contractus metu initi rescinduntur ratione injuriae illatae metum passo, quae omnino cessat, cum metus juste infertur».

[9] TH. SÁNCHEZ, *De Sancto Matrimonii Sacramento*, lib. 4, disp. 14, n. 1, in fine.

[10] TH. SÁNCHEZ, *De Sancto Matrimonii Sacramento*, lib. 4, disp. 14, n. 2; per una esposizione completa circa le argomentazioni di Sánchez si rimanda allo studio di

Nel Concilio di Trento si rinviene seppure un accenno a questa materia, laddove, trattando della libertà dei coniugi, si stabilisce la scomunica *latae sententiae* per coloro i quali, magistrati, laici o ecclesiastici, in qualsiasi modo impediscano ai sudditi di contrarre matrimonio liberamente. Certamente l'attenzione è piuttosto rivolta alla pena da infliggere a chi opera violenza morale su un soggetto che contrae matrimonio, tuttavia è utile notare come il Concilio Tridentino riconosca essere inviolabile il diritto dei cittadini alla libertà nel prestare il proprio consenso al matrimonio[11]. Trattandosi tuttavia di materia che esula dal presente studio, non si ritiene necessario approfondire tale disposizione.

Anche gli altri maggiori canonisti che seguono nel tempo il D'Andrea, nel trattare il tema in questione giungono, pur in modi differenti, alla stessa sua conclusione: il matrimonio contratto dietro coazione è invalido. Le tre eccezioni classiche a tale principio sono costituite da quei casi in cui la legge canonica prevedeva che si costringesse qualcuno a celebrare matrimonio: stupro, mancato adempimento della promessa di matrimonio, seduzione. Nel caso in cui l'autore di tali «delitti» si ritraesse dal contrarre matrimonio, la legge canonica imponeva sanzioni. Non è certo se i Decretalisti ammettessero altri casi, oltre a questi tre, da annoverarsi tra quelli di *metus iuste incussus*, sembra tuttavia che ci si limitasse a quelli menzionati[12].

2. Il Codice Pio-Benedettino

Nella Codificazione dell'anno 1917 viene quindi formulato quanto la tradizione canonistica aveva fino ad allora concluso in materia di incidenza del *metus* sul consenso matrimoniale[13].

I commentatori del Codice Pio-Benedettino, come del resto avevano fatto i maggiori glossatori e canonisti in generale, concludono — citando sempre quale riferimento principe la Decretale di Papa Alessandro III — a favore della irritabilità del matrimonio nel caso in cui il consenso sia stato estorto con *metus*.

D. SERENO, *Whether the Norm*, 77-92.

[11] Cfr. CONC. TRIDENTINO, sess. 24, *De ref. matr.*, can. 9; cfr. P. GASPARRI, *Tractatus canonicus*, II, 65, n. 863.

[12] Cfr. G. DOSSETTI, *La violenza nel matrimonio*, 268-270; U. NAVARRETE, «Oportetne ut supprimantur verba», 583.

[13] Al can. 1087 § 1 si legge: «Invalidum quoque est matrimonium initum ob vim vel metum gravem ab extrinseco et iniuste incussum, a quo ut quis se liberet, eligere cogatur matrimonium».

Gli autori classici si erano divisi riguardo l'origine di tale norma: molti, tra i quali Tommaso d'Aquino[14], Rosset[15], Alfonso M. dei Liguori[16], Pontius de León[17], e, più vicino a noi, Wernz[18], sostengono che tale norma sia di diritto naturale, mentre molti altri, tra cui Sánchez[19], De Lugo[20], Schmalzgrueber[21] e Pirhing[22], vedono nel diritto positivo l'origine della irritabilità del matrimonio *ex metu*[23].

Al riguardo Gasparri indica una via intermedia sostenendo che, nel caso, ci si troverebbe dinanzi ad una legge avente il proprio fondamento nel diritto naturale, la quale tuttavia sarebbe, formalmente, di diritto positivo[24].

Cappello, da parte sua, vede come più probabile la prima posizione menzionata, tuttavia non manca di elencare le aporie delle argomentazioni che la supportano e conclude affermando che la questione permane, per la sua epoca, insoluta[25].

La questione a tutt'oggi è dibattuta, e non si tratta di pure disquisizioni unicamente a livello accademico, dal momento che essa riveste somma importanza nella prassi giurisprudenziale, basti pensare alla interpretazione del Pontificio Consiglio per la Interpretazione dei Testi Legislativi riguardo la rilevanza di tale norma anche per gli acattolici battezzati[26]: la questione non è certamente trascurabile e, se tale pronunciamento potrebbe far pensare alla soluzione di una annosa controversia, di fatto non è questa la intenzione che doveva animare i consultori nella risposta data alla questione proposta[27].

---

[14] Cfr. THOMAS AQUINATIS, *Summa Theologiae*, Supplementa III., q. 47, a. 3;

[15] Cfr. M. ROSSET, *De sacramento matrimonii*, nn. 1314-1315.

[16] ALPHONSUS M. DE LIGORIO, *Theologia Moralis*, VI, n. 1054.

[17] Cfr. B. PONTIUS DE LEÓN, *De sacramento matrimonii*, IV, cap. 14, n. 4.

[18] Cfr. F.X. WERNZ, *Ius Decretalium*, IV, n. 266.

[19] Cfr. TH. SÁNCHEZ, *De Sancto Matrimonii Sacramento*, lib. 4, disp. 14, n. 2.

[20] Cfr. J. DE LUGO, *De iustitia et iure*, disp. 22, n. 120.

[21] Cfr. F.X. SCHMALZGRUEBER, *Jus ecclesiasticum universum*, lib. 4, tit. 1, n. 406.

[22] Cfr. E. PIRHING, *Jus Canonicum*, IV, tit. 1, n. 106.

[23] Cfr. P. GASPARRI, *Tractatus canonicus*, II, 52-53, n. 839-840; cfr. D. SERENO, *Whether the Norm*, 111-178.

[24] Cfr. P. GASPARRI, *Tractatus canonicus*, II, 53, n. 841.

[25] Cfr. F.M. CAPPELLO, *Tractatus canonicus*, V, 548-549, n. 609.

[26] Cfr. *AAS* 79 (1987) 1132.

[27] Al riguardo, dovendo concentrare la nostra attenzione su un altro aspetto della problematica inerente il *metus*, in questa sede ci si limita a rimandare a quanto trattato in merito in modo specifico da U. NAVARRETE, «Responsa Pontificiæ Commissionis», 497-510 e da D. SERENO, *Whether the Norm*.

I requisiti del *metus* che inficerebbero il consenso matrimoniale e che renderebbero conseguentemente nullo il matrimonio, sono, secondo il codice Pio-Benedettino, la gravità, la estrinsecità, la ingiustizia, oltre alla specificazione contenuta nella formula «*a quo ut quis se liberet, eligere cogatur matrimonium*».

2.1 *Gravitas*

Il *metus* deve essere grave; con ciò si intende la *gravis trepidatio mentis ob malum futurum imminens*. Gli autori specificano le condizioni per detta gravità richiedendo che il male imminente o futuro sia grave, o in senso assoluto, vale a dire per ogni persona (*cadens in virum constantem*), oppure per quella specifica persona, tenuto conto della sua età, indole, e, in generale, delle sue peculiari condizioni; incide inoltre sulla determinazione della gravità la natura delle minacce, se consistenti oppure no[28]; il *metum patiens* deve inoltre essere persuaso che quel male sia per lui reale e inevitabile[29].

2.2 *Extrinsecitas*

La nota della estrinsecità esige che il *metus* provenga da causa libera, non necessitata, vale a dire da una persona che incute detto *metus*[30], mentre non ha rilevanza il *metus ab intrinseco*, sia esso soprannaturale — quale ad esempio il timore di perdere un bene per così dire superiore — sia esso naturale, nel caso in cui invece detto bene sia materiale, legato alla vita ordinaria dell'uomo[31].

2.3 *Iniustitia*

Il *metus* deve essere incusso ingiustamente alla persona che emette il consenso. La tradizione, come rilevato, ha sempre prestato attenzione alla ingiustizia come elemento centrale del *metus*, e anche in epoca non lontana dalla codificazione dell'anno 1983 alcuni autori hanno sostenuto tale rilevanza della ingiustizia[32]. Il Codice Pio-Benedettino di per sé non prevede casi specifici di *metus iustus*, come visto nella tradizione canonistica. Unicamente la disposizione in merito al mancato adem-

---

[28] F.M. CAPPELLO, *Tractatus canonicus*, V, 543-544, n. 605.3.
[29] P. GASPARRI, *Tractatus canonicus*, II, 55, n. 847.
[30] F.M. CAPPELLO, *Tractatus canonicus*, V, 543-544, n. 605.3.
[31] P. GASPARRI, *Tractatus canonicus*, II, 55-56, n. 847.
[32] Cfr gli autori citati da C. GULLO, *Il metus ingiustamente incusso*, 12, nt. 2.

pimento della promessa di matrimonio e agli eventuali danni che ne sarebbero potuti derivare[33] fa pensare al caso di un *metus iustus*, tuttavia piuttosto a livello ipotetico. Altrimenti il *metus* è da ritenere sempre incusso ingiustamente nel Codice Pio-Benedettino, in quanto alla sostanza[34] e, data la mancanza di casi specifici per il *metus iustus*, anche in quanto al modo in cui viene incusso[35].

Al riguardo Cappello insiste sulla necessità di considerare congiuntamente la ingiustizia *quoad modum* con quella *quoad substantiam*, diversamente da come fanno invece altri autori, i quali considerano spesso unicamente la seconda; questa sottolineatura di Cappello richiama certamente un aspetto importante nell'ambito del *metus*, proprio a motivo del fatto che, nella concezione della ingiustizia così come la si intende nel codice Pio-Benedettino, indubbiamente non è possibile trascurare la liceità o meno del modo in cui si incute timore, più precisamente, se la persona *metum incutiens* sia idonea a ciò, e se le modalità della incussione di timore grave non vadano a violare quanto prescritto dalla legge. Tuttavia, come poco sopra visto, nel Codice dell'anno 1917 ogni *metus* incusso in ordine al matrimonio è da ritenere ingiusto[36] e la previsione della *iniustitia metus* sarebbe pertanto da rite-

---

[33] Cfr. can. 1017 § 3.

[34] Si veda in merito l'efficace esempio riportato da P. GASPARRI circa la *iniustitia quoad substantiam* nel citato *Tractatus*, II, 60, n. 854: «Ita, e. g., parentes filiam reluctantem cogunt ad matrimonium contrahendum cum Titio, posito eidem dilemmate: aut matrimonium aut monasterium, et filia, ut monasterium evitet, matrimonium contrahit; item parentes diuturna indignatione instanter, instantius, instantissime, minis quoque et aliquibus forte levibus verberibus, ad matrimonium cum Titio ineundum filiam reluctantem impellunt, quae timida, resistere non valens, tandem consentit. In his et similibus casibus metus gravis est incussus iniuste quoad ipsam suam substantiam, qui proinde nuptias irritat ex rel. can. 1087 § 1».

[35] Cfr. P. GASPARRI, *Tractatus canonicus*, II, 60, n. 855; F.M. CAPPELLO, *Tractatus canonicus*, V, 544, n. 606; A. DE SMET, *De sponsalibus et matrimonio*, 472, n. 538, nt. 5.

[36] Cfr. U. NAVARRETE, «Oportetne ut supprimantur verba», 589-590: «Iam vero, non videtur posse haberi dubium quin ratio huius dispositionis sit protegere libertatem ad matrimonium. Quod ille qui metum incutit iuste an iniuste procedat, videtur esse aliquid prorsus indifferens. Nulla enim potest inveniri ratio convincens cur v. gr. si Caius minatur *iuste* a labore Titium eiicere, matrimonium quod Titius eligit ut medium ad illud malum avertendum, sit validum; si vero Caius *iniuste* procedit in eiiciendo Titium a labore, matrimonium Titii sit invalidum. Iustitia vel iniustitia metum incutientis, cum actus quo metus incutitur nullam relationem habeat cum matrimonio, est elementum omnino irrelevans, et ut tale debet haberi. Id quod habet momentum est tantum factum quod Titius celebrat matrimonium quod abhorret, ea

ncre superflua se non fosse che al can. 1087 si riconosce efficacia invalidante anche al *metus* incusso indirettamente[37].

2.4 «a quo ut quis se liberet, eligere cogatur matrimonium»

Il *metus* deve essere tale che la persona, per liberarsi dal pericolo in-
combente, si veda costretta a scegliere il matrimonio. Non si richiede
che il *metus* sia diretto all'ottenimento del consenso matrimoniale da
parte del *metum patiens*, mentre è sufficiente che questi non veda altra
via d'uscita se non la scelta del matrimonio appunto per liberarsi dal
pericolo. In tal modo ha trovato una risoluzione la controversia che si
aveva avuta tra quei canonisti i quali sostenevano come necessario che
la finalità del *metus* fosse *ad extorquendum consensum*[38] e coloro i
quali, invece, lo negavano[39].

Secondo Roberti il Codice Pio-Benedettino ha recepito la seconda
posizione, dal momento che quella del *metus directus* non è tra le condizioni poste dal codice stesso come necessarie per la rescindibilità degli atti giuridici né tra quelle richieste per la invalidità del matrimonio
in ispecie[40]. Egli conclude il suo studio circa la problematica del *metus*

---

tantum ratione ut malum quod ipsi imminet a se avertat».

[37] Cfr. U. NAVARRETE, «Oportetne ut supprimantur verba», 586.

[38] TH. SÁNCHEZ, *De Sancto Matrimonii Sacramento*, lib. 4, disp. 12, n. 3;
P. LAYMANN, *Theologia Moralis*, lib. 5, tract. 10, pars 2, cap. 5, n. 1: «Matrimonium
gravi metu ad id injuste incusso celebratum Iure Ecclesiastico irritum est. [...] Nam
metus ut matrimonium infirmet, debet esse per se, ac directe incussus ad
extorquendum consensum. Secus est, si passus aliam aliquam injuriam, aut vim
sponte eligat matrimonium, tanquam medium ad se liberandum: [...] Quia metus
injuste incussus non est per se, ac directe causa matrimonii, sed solum per accidens»;
A. CONINCK, *Commentariorum ac Disputationum*, disp. 28, dub. 1, n. 9: «Quando
metus non ad matrimonium, sed ad rem aliam extorquendam etiam iniuste incussus
est, periclitans ut eum evadat, valide contrahit matrimonium etsi alias nollet
contrahere. [...] Ratio est, quia iura ideo irritant matrimonia metu contracta, ut
avertant alios, ne quemquam metu matrimonium inire cogant, et ut subveniant patienti
metum, ne per iniuriam ad rem sibi odiosam compellatur. Quae rationes in hoc casu
deficiunt»; E. PIRHING, *Jus Canonicum*, IV, tit. 1, sect. 2, n. 100; ALPHONSUS M. DE
LIGORIO, *Theologia Moralis*, IV, n. 1049; F.X. WERNZ – P. VIDAL, *Ius Canonicum*,
V, 587, n. 501, nt. 24; A. DE SMET, *De sponsalibus et matrimonio*, 471, n. 537;
P. FEDELE, «Metus ab extrinseco», 152.

[39] F.X. SCHMALZGRUEBER, *Jus ecclesiasticum universum*, lib. 4, tit. 1, n. 399;
J. DE LUGO, *De iustitia et iure*, disp. 22, n. 175; J. CHELODI, *Jus matrimoniale*, n.
119; O. GIACCHI, *La violenza*; P.A. D'AVACK, «Sul metus consultus», 243-276;
D. STAFFA, «De metu irritante matrimonium», 315.

[40] Cfr. F. ROBERTI, «De metu indirecto», 557-561.

consulto illato nel modo seguente:

Sane radix vitii consensus tota est in subiecto patiente. Nam vis compulsiva, aliter ac vis absoluta, non absolute determinat voluntatem, quae contra se determinat ad minus malum ex trepidatione. Ideo evidenter in patiente, non in inferente, est requirenda. Vis externa non potest considerari nisi quatenus internam genuerit trepidationem, qua patiens se determinaverit ad agendum[41].

Cappello presenta in modo estremamente chiaro la argomentazione a favore della seconda posizione, insistendo sul fatto che non è importante la intenzione di colui che incute il *metus*, bensì è necessario che il *metuens* sia determinato proprio dal *metus* a scegliere il matrimonio: «Unde metus debet esse causa matrimonii seu motivum propter quod nupturiens inducitur ad illud contrahendum. Hoc requiritur et sufficit, independenter ab intentione inferentis»[42]. Il matrimonio deve essere quindi il mezzo necessario per evitare il male minacciato, e il *metus* deve essere la vera causa della scelta matrimoniale, deve quindi, al fine di irritare il matrimonio, influire efficacemente sulla volontà del contraente.

Si rinvengono inoltre, nei commentatori, altri elementi caratterizzanti tale *metus*, ad esempio il fatto che il male causa del *metus* possa essere diretto non solo alla persona del *metuens*, bensì anche a suoi congiunti, così che il soggetto presti il proprio consenso al matrimonio onde evitare loro di incorrere nel pericolo[43].

3. La codificazione vigente: *ratio legis* del can. 1103

Dopo aver richiamato i requisiti fondamentali del *metus* per la sua incidenza sul consenso matrimoniale così come previsto nel Codice Pio-Benedettino, passando ad esaminare quelli previsti dal Codice vigente, si impone all'evidenza un cambiamento sostanziale quanto a motivazione che sorregge il *metus* e che lo rende causa di nullità del matrimonio.

Innanzitutto è utile richiamare le differenze tra le due formulazioni. Nel Codice del 1983 si rinvengono: il riconoscimento esplicito del *metus* indiretto; la soppressione della norma contenuta al can. 1087 § 2 Codice Pio-Benedettino, che prevedeva la restrizione a quei soli casi

---

[41] F. ROBERTI, «De metu indirecto», 560-61.
[42] F.M. CAPPELLO, *Tractatus canonicus*, V, 546-547, n. 607.4.
[43] Cfr. F.M. CAPPELLO, *Tractatus canonicus*, V, 541-542, n. 605.1; 544, n. 607.1.

previsti al paragrafo 1 dello stesso canone; il superamento della ingiustizia quale requisito e motivazione di fondo per la rilevanza del *metus*
sul consenso matrimoniale.

La ammissione anche del *metus* indiretto quale requisito per vedere
inficiato il consenso costituisce un cambiamento che pone definitivamente termine alle dispute sopra accennate tra coloro i quali ritenevano
necessario che il *metus* avesse quale finalità l'ottenimento del matrimonio, ed i sostenitori della posizione opposta, pur se, come visto sopra,
autorevoli canonisti avevano abbondantemente argomentato a favore
della seconda posizione già sotto la vigenza del Codice Pio-
Benedettino. Detta difformità di posizioni proveniva sostanzialmente
da una diversa interpretazione della locuzione posta alla fine del can.
1087 § 1: «a quo ut quis se liberet, eligere cogatur matrimonium».

La codificazione vigente ammette espressamente la rilevanza del
metus indirectus e, chiarendo definitivamente la controversia perdurata
per secoli, di fatto non fa che raccogliere e compendiare la costante affermazione, da parte della Chiesa, della tutela della libertà del contraente nel prestare il proprio consenso al matrimonio. Le stesse espressioni che si rinvengono al riguardo nella famosa Decretale di
Alessandro III sopra citata, erano manifestamente volte alla protezione
della libertà da qualsiasi coazione sulla persona.

Essendo pertanto la tutela della libertà del singolo il movente di tale
disposizione apertamente sostenuta nel codice vigente, si può affermare
che il Legislatore non ha fatto che raccogliere la migliore eredità contenuta nelle fonti chiave dell'istituto in questione[44].

Il *Coetus studiorum de Matrimonio* ha manifestato in modo chiaro
l'intenzione che sottostava ad una tale previsione in materia di *metus*:
«Ratio est, quod defectus libertatis in contrahente, qui metum patitur,
idem est, sive metus incutitur intuitu matrimonii contrahendi, sive cum
alia intentione»[45]. Infatti la situazione psicologica in cui si viene a tro-

---

[44] Cfr. U. NAVARRETE, «Oportetne ut supprimantur verba», 589-591: «Non videtur
posse haberi dubium quin ratio huius dispositionis sit protegere libertatem ad
matrimonium. [...] Ratio ultima cur metus efficaciam invalidantem habeat — iuxta
sententiam, quam probabiliorem, ne dicamus certam retinemus, ipso quidem iure
naturali — est quia matrimonium ipsa institutione divina est communitas vitae et
amoris inter coniuges. Ubi non amor sed adversio habetur, deest elementum funda-
mentale huius communionis vitae et amoris. Libertas a gravi coërcitione ad illam
communionem vitae et amoris instaurandam exigitur ab ipsa indoli naturali matrimonii».
[45] *Communicationes* 3/1 (1971), 76.

vare il *metum patiens* non cambia se il *metus* viene inferto *directe* o *indirecte*: chi è vittima del *metus* è, in entrambi i casi, spinto a considerare il matrimonio come unica via di uscita dal male minacciato, ragion per cui anche il *metus indirectus* è ritenuto avere forza invalidante il matrimonio[46].

Siamo così giunti al nocciolo della svolta riguardo il canone 1103: è la libera determinazione del singolo e, quindi, la tutela della stessa, a fondare la rilevanza del *metus* per il consenso matrimoniale. In essa si trova la *ratio legis*, e non nella *iniustitia*, né nella imputabilità del soggetto agente da colpire con sanzioni, come per secoli era stato affermato dalla dottrina e dalla giurisprudenza tradizionali.

Del resto già il Codice Pio-Benedettino non aveva posto in relazione il matrimonio con alcuna sanzione, a differenza di quanto previsto nel diritto delle Decretali, ove il matrimonio poteva comportare la espiazione di determinate pene.

Pur non mancando, come visto, accenti che aprivano la strada a questa rivalutazione della libertà del singolo[47], tuttavia, fino ad un passato molto recente[48], si è insistito sul concetto della *iustitia metus*, superato definitivamente dal codice vigente e dalla dottrina e giurisprudenza che lo hanno immediatamente preceduto[49], cosicché si è giunti alla conclusione che ogni *metus* in ordine al matrimonio è ingiusto, dal momento che priva il contraente di quella libertà richiesta per diritto naturale al fine della validità del vincolo coniugale.

3.1 *Il contributo del Concilio Vaticano II*

Non è possibile trattare l'argomento della *ratio legis* che è alla base del concetto di *metus* nel Codice di diritto canonico del 1983 senza ri-

---

[46] Anche in campo giurisprudenziale si rinviene una conferma a ciò: si pensi alla nota c. Mattioli, sent. diei 24 martii 1956, *RRD* XLVIII, 285-295.

[47] Cfr. Decretale di Alessandro III, in X. 4. 1. 14: «Quum locum non habeat consensus, ubi metus vel coactio intercedit, necesse est, ut, ubi assensus cuiusquam requiritur, coactionis materia repellatur. Matrimonium autem solo consensu contrahitur, et, ubi de ipso quaeritur, plena debet securitate ille gaudere, cuius est animus indagandus, ne per timorem dicat sibi placere quod odit, et sequatur exitus, qui de invitis solet nuptiis provenire».

[48] Cfr. C. GULLO, *Il metus ingiustamente incusso*, 51-54.

[49] Cfr. C. GULLO, *Il metus ingiustamente incusso*, 11-20; U. NAVARRETE, «Oportetne ut supprimantur verba»; O. FUMAGALLI CARULLI, *Intelletto e volontà*; c. Masala, sent. diei 11 decembris 1974, *RRD* LXVI, 773-774; c. Huot, sent. diei 21 aprilis 1983, *RRD* LXXV, nn. 3-6; c. Huot, sent. diei 24 maii 1984, *RRD* LXXVI, nn. 4-5.

chiamare quanto in merito contenuto nei testi del Concilio Vaticano II che hanno indubbiamente contribuito ad una chiarificazione dei criteri che debbono informare il concetto di *metus* oggi.

Nella Costituzione *Gaudium et Spes* si insiste particolarmente sul rispetto della libertà dell'uomo[50] nella scelta dello stato di vita[51], e sulla inviolabile dignità della persona umana: «Perciò la dignità dell'uomo richiede che egli agisca secondo scelte consapevoli e libere, mosso cioè e indotto da convinzioni personali, e non per un cieco impulso interno o per mera coazione esterna»[52].

Nella stessa Costituzione viene inoltre più volte posto l'accento sull'amore coniugale quale valore fondamentale del matrimonio[53]; ciò è espresso in modo particolarmente incisivo in apertura al n. 48, laddove il matrimonio è definito quale intima comunità di vita e di amore coniugale:

> L'intima comunità di vita e d'amore coniugale, fondata dal Creatore e strutturata con leggi proprie, è stabilita dal patto coniugale, vale a dire dall'irrevocabile consenso personale. E così, è dall'atto umano col quale i coniugi mutuamente si danno e si ricevono, che nasce, anche davanti alla società, l'istituto che ha stabilità per ordinamento divino.

Certamente non si può affermare che il Concilio abbia inteso riconoscere rilevanza giuridica all'amore coniugale in sé — cosa che peraltro comporterebbe non poche difficoltà sul piano giurisprudenziale, trattandosi di un criterio difficile da circoscrivere —, tuttavia i Padri conciliari hanno senza dubbio riservato un significato particolare ad esso, se nella stessa Costituzione si legge che è «sgorgato dalla fonte della divina carità e strutturato sul modello della sua unione [di Cristo] con la Chiesa»[54] e se, come è stato scritto, quello dell'amore coniugale è stato il precipuo punto della dottrina cattolica sul matrimonio, sul quale il

---

[50] *GS* 4. 14. 17. 26.

[51] «Occorre, perciò, che sian rese accessibili all'uomo tutte quelle cose che sono necessarie a condurre una vita veramente umana, come il vitto, il vestito, l'abitazione, il diritto a scegliersi liberamente lo stato di vita e a fondare una famiglia, all'educazione, al lavoro, al buon nome, al rispetto, alla necessaria informazione, alla possibilità di agire secondo il retto dettato della sua coscienza, alla salvaguardia della vita privata e alla giusta libertà anche in campo religioso» (*GS* 26).

[52] *GS* 17.

[53] Cfr. nn. 47-50.

[54] *GS* 48.

Concilio abbia inteso richiamare l'attenzione[55].

Del resto la Chiesa ha sempre lodato l'amore sponsale, fedele e casto. In particolare, nell'Enciclica *Arcanum* di Leone XIII l'amore coniugale era stato considerato ordinato al conseguimento dei fini del matrimonio, mentre nell'Enciclica *Casti Connubii*[56], che aveva segnato un importante progresso nella precisazione della dottrina dei fini del matrimonio, esso era presentato come uno dei fini secondari. Sicché la Costituzione conciliare *Gaudium et Spes* ha raccolto e ordinato alcuni degli accenti che erano già presenti nella dottrina e nel magistero della Chiesa in materia di amore coniugale; il Concilio non ha inteso definire con esso un ulteriore elemento essenziale per la validità del consenso matrimoniale[57], ma ne ha dichiarato l'indubbio valore e contributo per il conseguimento dei fini del matrimonio e per richiamare ad una pienezza di compenetrazione, di mutua donazione tra i coniugi e da questi ai figli.

Pertanto l'apporto del Concilio Vaticano II in materia di *metus*, sia pure se tale vizio non viene direttamente trattato, è considerevole, ed ha concorso a chiarificare quale sia la *ratio legis* della norma contenuta nel can. 1103 del vigente codice. Indubbiamente il consenso prestato dietro coazione, laddove si verifichi nel *metum patiens* la *aversio* al matrimonio, contraddice questi elementi rinvenuti nel Concilio e riguardanti la libertà del soggetto nella scelta dello stato di vita, il rispetto della dignità della persona umana, l'amore coniugale.

3.2 *I requisiti del metus: evoluzione verso criteri soggettivi*

Il Codice di diritto canonico promulgato nell'anno 1983 esige quindi, quali caratteristiche affinché il *metus* renda nullo il consenso prestato al matrimonio, la gravità e la estrinsecità, oltre al fatto che la persona si veda costretta, per liberarsi da esso, a scegliere il matrimonio.

Riguardo la gravità, in base a quanto emerso dall'*excursus* sul diritto romano, sulle fonti e sulla più rappresentativa letteratura canonistica, si possono certamente fare osservazioni e rilievi interessanti ed utili al fine della presente indagine.

---

[55] Cfr. U. NAVARRETE, *Structura iuridica matrimonii*, 108.

[56] «Habentur enim tam in ipso matrimonio quam in coniugalis iuris usus etiam secundarii fines, ut sunt mutuum adiutorium mutuusque fovendus amor et concupiscentiae sedatio» (*AAS* 22 [1930] 561).

[57] Cfr. al riguardo il già citato studio di U. NAVARRETE, *Structura iuridica matrimonii*, 108-154.

Se il diritto romano esigeva che il *metus*, onde avere rilevanza giuridica ed invalidare il negozio giuridico, fosse tale per un *vir constantissimus*[58] nel diritto delle Decretali il criterio, come visto, è passato a limitarsi alla commisurazione del *metus* al *vir constans*[59].

Attraverso i secoli si è via via tenuto conto di alcune caratteristiche proprie del soggetto *metum patiens*: l'età, il sesso, il contorno socio-culturale, la salute fisica e psichica, insomma, le condizioni specifiche del singolo, considerate quali elementi imprescindibili per stabilire la gravità della incidenza del *metus* sul negozio giuridico posto in essere dietro coazione. Non si considera più unicamente la gravità oggettiva della coazione, ma si presta particolare attenzione alla stima soggettiva della gravità di un tale male minacciato, pur senza cadere in una valutazione soggettivistica dello stesso[60].

Si può quindi rilevare che si è operato un necessario passaggio da un criterio puramente oggettivo, statico, dalla pretesa universalistica, a un criterio piuttosto soggettivo, commisurato alla diversità delle situazioni e, soprattutto dei singoli individui. Inoltre non si è più generalizzata la gravità di una determinata forma di coazione, ma si è ammesso, tralasciando in tal modo un criterio assoluto, che uno stesso tipo di coazione, nelle medesime circostanze, possa essere grave per un soggetto e lieve per un altro.

Di conseguenza si può affermare che l'elemento chiave per stabilire la gravità del *metus* è intrinseco al soggetto che subisce il *metus*: se infatti la reazione soggettiva di colui che subisce il *metus* è di contrarre matrimonio per liberarsi da quel male, il *metus* è stimato di gravità sufficiente per invalidare il matrimonio. Del resto la stessa definizione classica del *metus* pone l'accento sulla *trepidatio mentis* del *metum patiens* in conseguenza di un male minacciato. Come affermava U. Navarrete già diversi anni prima della promulgazione del Codice dell'anno 1983:

Iam vero, positis criteriis subiectivo et relativo ad dimitiendam gravitatem metus, nemo est qui non videat quam maxime minui momentum distinctio-

---

[58] Cfr. D. 4. 2. 6. 4.
[59] Cfr. X. 4. 1. 15.
[60] Cfr. al riguardo G. MICHIELS, *Principia generalia*, 510; e la edizione successiva (Parisiis – Tornaci – Romæ 1955², 628-629): nella seconda edizione l'autore mitiga quanto sostenuto nella prima edizione dell'opera citata, senza tuttavia venir meno al criterio soggettivo per la valutazione del *metus*; cfr anche quanto in merito scritto da U. NAVARRETE, «Oportetne ut supprimantur verba», 575.

nis inter metum ab extrinseco et metum ab intrinseco. [...] Certo iurisprudentia insistit in eo quod hic stimulus debet esse externus et in se consideratus alicuius gravitatis. At haec insistentia est potius theoretica. Nam tandem aliquando id quod decisivum est in singulis casibus non est gravitas obiectiva et absoluta mali, sed reactio subiectiva illius personae determinatae coram malo, quod ipsi impendet[61].

Ancora una volta si conferma che, per stabilire i parametri di un eventuale *metus invalidans*, è di fondamentale importanza non tanto la persona del *metum incutiens*, bensì quella del *metum patiens*.

A motivo di ciò, unitamente al riconoscimento del *metus* incusso indirettamente, della fondata *suspicio metus*, del *metus reverentialis*, e di quanto sul piano giurisprudenziale è stato oggetto di decisioni in alcuni casi specifici[62], essendosi tanto diluita la distinzione tra *metus ab extrinseco* e *metus ab intrinseco*, ci si poteva attendere che, come auspicato durante la revisione del Codice dell'anno 1917[63], venisse tralasciato il requisito del *metus ab extrinseco*. Del resto nel Codice Pio-Benedettino era contenuta esplicitamente la richiesta anche della ingiustizia del *metus*, tuttavia, essendo il *metus ab extrinseco* sempre ingiusto, ed essendo ogni *metus* necessariamente ingiusto, allora si impose all'evidenza la ridondanza di tali requisiti posti l'uno accanto all'altro. Pertanto si provvide ad eliminare il requisito dell'*iniustitia*, data anche la necessità di evidenziare la genuina *ratio legis* che sottostà al *metus*, mentre si mantenne nella nuova codificazione il requisito della provenienza del *metus ab extrinseco*.

Se da quanto rilevato poco sopra sembra che si sarebbe potuto omettere anche questo requisito della *extrinsecitas*, tuttavia forse il Legislatore ha ritenuto opportuno mantenerlo onde evitare di dar luogo ad interpretazioni eccessivamente ampie e all'applicazione selvaggia e impropria di questo vizio del consenso a troppi casi matrimoniali.

Resta tuttavia indubbio che, dati anche i rilievi emersi dal Concilio Vaticano II sopra menzionati, la omissione dell'*ab extrinseco* fosse più che auspicabile; unicamente ragioni di prudenza hanno frenato questo passo che tuttavia sarebbe senza dubbio da compiersi in una prossima revisione codiciale data la innegabile evoluzione cui si è assistito in

---

[61] U. NAVARRETE, «Oportetne ut supprimantur verba», 576-577.

[62] Cfr. in particolare la già citata setenza rotale c. Mattioli, sent. diei 24 martii 1956, *RRD* XLVIII, 285-295.

[63] Cfr. U. NAVARRETE, «Oportetne ut supprimantur verba», 560.

merito e che si rileva chiaramente dall'*excursus* storico presentato in questa prima parte del presente studio.

Va inoltre rilevato che nel can. 1103 permane in tal modo una certa incoerenza dovuta alla esigenza della estrinsecità (*ab extrinseco*) del *metus*, dal momento che il *metus* indiretto, chiaramente riconosciuto nella codificazione vigente, non sembra possa essere ritenuto *ab extrinseco*[64].

Che il requisito della ingiustizia fosse da eliminare dal dettato del canone circa il *metus*, è cosa palese: non avendosi nel diritto canonico vigente alcuna norma penale che sia connessa al *metus* e non avendosi quindi mai un *metus iustus* nel senso sopra esposto di *metus* inferto conformemente a prescrizione di legge, si deve necessariamente concludere che ogni *metus* in ordine al matrimonio è ingiusto[65].

Oltre alla gravità, l'elemento che deve necessariamente contraddistinguere il *metus* quale vizio del consenso matrimoniale è il fatto che il matrimonio sia scelto dal soggetto per liberarsi dal male che gli viene minacciato: «a quo ut quis se liberet, eligere cogatur matrimonium» (can. 1103). Fondamentalmente è questo il nesso dell'*ab extrinseco*, dal momento che, come visto, molte ragioni mostrano come di fatto si sia operato un passaggio da criteri oggettivi e generalizzati alla ammissione di criteri soggettivi e peculiari nella valutazione della gravità del *metus*; anche per tale motivo, insistendo necessariamente sul fatto che il *metum patiens* si veda costretto alla unica via di uscita del matrimonio per liberarsi dal *metus*, si assiste ad uno slittamento in secondo piano della nota della estrinsecità e, per così dire, allo svanire dei limiti tra *metus ab extrinseco* e *metus ab intrinseco*.

Sintesi conclusiva della prima parte

Nel Diritto Romano il matrimonio contratto dietro coazione era ritenuto valido, pur se rescindibile attraverso i rimedi processuali della *actio metus*, *exceptio metus* e *restitutio in integrum propter metum*. La validità di tale negozio si fondava sul fatto che, nell'aver ceduto alla coazione, il soggetto aveva agito volontariamente: aveva scelto, tra coazione e matrimonio, quest'ultimo, per cui la volontà di concludere quell'atto, seppure spinta da *metus*, era data.

---

[64] Cfr. D. SERENO, *Whether the Norm*, 253-256.
[65] Cfr. C. GULLO, *Il metus ingiustamente incusso*, 55-83; U. NAVARRETE, «Oportetne ut supprimantur verba», 585. 589.

Ugualmente nelle Fonti e nella tradizione canonistica fino ai nostri giorni si è costantemente affermata la validità degli atti giuridici posti per timore grave, e ciò in conseguenza del fatto che la volontarietà in tali atti non è compromessa, pur mancando ad essi, come sottolineano i Decretalisti, la *spontaneitas*: il soggetto non è sostituito nella scelta e non è privato della propria libertà di deliberazione; egli effettivamente vuole e sceglie, tra il male minacciato e l'atto da porre in essere, quest'ultimo. Indubbiamente il concorso di *metus* influisce sulla scelta del soggetto, il quale tuttavia rimane signore della propria decisione, pur se in assenza di timore grave avrebbe presumibilmente optato diversamente.

Certamente la Chiesa, per la quale era inaccettabile la dottrina della rescissione applicata a qualsiasi negozio giuridico, e tantomeno al matrimonio, doveva provvedere a tutelare la libertà del singolo. Questa fu la istanza che promosse approfondimenti e sviluppi particolarmente tra moralisti e canonisti al fine di giungere ad enucleare la natura e le proprietà del *metus* e il suo influsso sui differenti atti giuridici.

In seguito al Concilio Vaticano II non si poteva infine passare oltre a quanto richiamato da alcuni testi conciliari in materia di dignità umana, di libertà di scelta dello stato di vita e di matrimonio come comunione di vita e di amore.

La evoluzione del concetto in questione attraverso i secoli, senza assistere a rotture vere e proprie tra le diverse soluzioni e conclusioni, induce di fatto a concludere a favore di un mutamento sostanziale dei criteri per la valutazione della incidenza del *metus* sugli atti giuridici e in particolare sul consenso matrimoniale: come evidenziato, era urgente — date le istanze venute anche dalle scienze umane — e fu pressoché naturale il passaggio da parametri generalizzanti e generici, non rispettosi della vera natura di quello che giuridicamente si intende per timore grave, a criteri fondantisi anche su quanto avviene a livello soggettivo nella persona del *metum patiens*.

PARTE SECONDA

NOZIONE DI *CONSUMMATIO CONIUGII* E SUO FONDAMENTO STORICO-GIURIDICO

Onde meglio comprendere come si giunse, verso la seconda metà del XVI secolo, a definire in dottrina quali fossero i princìpi caratteristici della *consummatio matrimonii*, è necessario esaminare, almeno sommariamente, la graduale evoluzione e sistemazione storico-dottrinale di tale concetto e la sua preparazione remota, fin dai tempi della Patristica. Solo attraverso lo studio del pensiero e delle conclusioni tratte dalla dottrina classica, è infatti possibile giungere alla comprensione e a una retta valutazione delle varie costruzioni e soluzioni proposte dalla dottrina attuale.

Il concetto in esame non è di provenienza puramente giuridica: esso è piuttosto il risultato di una elaborazione e di dibattiti in campo teologico e, più specificamente, in campo morale. Di fatto la importanza e la necessità di chiarificazione di un tale concetto per il campo giuridico-canonico, è indiscutibile, se si pensa al ruolo che esso ha rivestito e riveste, specialmente in questioni quali quelle dell'impotenza, della affinità e della dispensa pontificia in caso di matrimonio rato e non consumato.

Per influsso dell'intendimento di consumazione proprio della scienza medica e delle legislazioni civili, il diritto canonico, in alcuni suoi anche autorevoli esponenti di diverse epoche, sviluppò un concetto di *consummatio* puramente incentrato sugli elementi materiali e, per così dire, meccanici della copula sessuale tra l'uomo e la donna, mentre dallo studio della evoluzione di tale concetto e dalla prassi teologico-giuridica della Chiesa si rileva come abbia di fatto prevalso il principio fondamentale secondo cui, per porre una *copula perfecta* ed aversi la *consummatio coniugii* in senso pieno non siano sufficienti gli elementi materiali del congiungimento, bensì si renda necessario che tale congiungimento dei corpi, aperto alla generazione, si compia tenendo conto anche degli aspetti psicologici coinvolti necessariamente in essa. Si vedrà come storicamente non mancarono tentativi di considerare anche gli aspetti più prettamente legati alla volontarietà con cui veniva compiuta la copula coniugale.

Evoluzione dei concetti di *copula perfecta* e di *consummatio coniugii* fino al Codice Pio-Benedettino

Dovendo passare a trattare dell'evoluzione dei concetti di *consummatio coniugii* e di *copula perfecta* attraverso molti secoli, dalla Patristica alla dottrina classica e, successivamente, fino alle codificazioni del 1917 e del 1983 per la Chiesa Latina, e rimanendo, la evoluzione di tali concetti, strumentale all'oggetto vero e proprio in questione, è doveroso operare una selezione tra tutto il materiale rinvenibile in materia e motivare tale limite posto all'approfondimento del presente capitolo: allo scopo di non sconfinare in altri complessi campi, intendendo invece rimanere nel solco della ricerca che il presente lavoro si prefigge, si preferisce menzionare solo sommariamente i passaggi che hanno caratterizzato questa prima fase della evoluzione storico-giuridica dei concetti in questione.

Il capitolo non ha quindi la pretesa di essere trattato se non a mo' di *excursus*, utile ai fini della presente indagine, la quale si incentra non tanto sugli elementi anatomico-fisiologici della copula coniugale, bensì su quelli psicologici, pur non potendo prescindere da quelli.

1. Dalla Patristica al sec. XII

Come accennato, i concetti in questione si evolsero piuttosto in ambito teologico-morale. I grandi Padri della Chiesa, ed in particolare S. Agostino, si dedicarono alla questione della *consummatio coniugii* ritenendo necessario giustificare moralmente l'atto sessuale tra i coniugi. Il matrimonio occupava per così dire un gradino inferiore rispetto alla verginità consacrata, perciò era necessario individuare dove fosse repe-

ribile la *bonitas matrimonii*, nonostante il *malum libidinis* necessariamente insito nell'atto sessuale posto dai coniugi.

La giustificazione, dunque, dell'amplesso sessuale, andava trovata in
prevalenza nella *honestas propagandae prolis*, vale a dire nella conservazione e propagazione del genere umano[1], pur se si riconosceva valore
pieno al matrimonio celebrato tra coniugi di cui uno o entrambi fossero
sterili. In detta propagazione era ravvisato non tanto il fine naturale
dell'istituto del matrimonio, bensì il mezzo principale per moderare e
limitare la concupiscenza della carne: il *bonum prolis* poteva giustificare l'incontinenza della carne, poteva essere *remedium concupiscentiae*,
cosicché, in vista della propagazione del genere umano si poteva fare
«bonus usus mali, hoc est bonus usus concupiscentiae carnis»[2].

Alla base della elaborazione patristica in genere si trova il concetto
biblico della *una caro*[3], concetto che indicherebbe la fusione dell'uomo
e della donna in un'unica carne ad opera del loro amplesso coniugale.
La *una caro* si verifica poi se l'amplesso è ordinato alla generazione
della prole[4].

Circa gli elementi materiali che dovevano contrassegnare una tale
copula coniugale, ci si rifaceva alle nozioni fisiologiche del tempo.
Poiché in base a queste ultime si riteneva che il processo generativo si
attuasse per mezzo di una *commixtio seminum* dell'uomo e della donna,
vale a dire per mezzo della fusione del *semen virile* e del *semen album
foemineum ad generationem a natura paratum*, emessi dall'uomo e
dalla donna nel momento culminante del loro amplesso, allo stesso modo ed in conseguenza di tale teoria fisiologica, alcuni Padri richiedevano, per la *unitas carnis*, la *seminum commixtio* tra i coniugi. Se nel-
l'amplesso coniugale non si era avuta tale *seminum commixtio*, allora la
unione tra i coniugi era ritenuta non atta a congiungerli in *una caro*[5].

---

[1] Cfr. AUGUSTINUS, *De Bono coniugali*, c. 3, n. 3, in *PL* 40, col. 375: «Habent
etiam id bonum coniugia, quod carnalis vel juvenilis incontinentia, etiamsi vitiosa est,
ad propagandae prolis redigitur honestatem, ut ex malo libidinis aliquid boni faciat
copulatio coniugalis. Deinde quia reprimitur et quodam modo verecundius aestuat
concupiscientia carnis, quam temperat parentalis affectus. Intercedit enim quaedam
gravitas fervidae voluptatis, cum in eo, quod sibi vir et mulier adhaerescunt, pater et
mater esse meditantur».

[2] AUGUSTINUS, *Opus imperfectum contra Julianum*, lib. 1, n. 65, in *PL* 45,
col. 1084.

[3] Cfr. Gen 2,24; Matt 19,5; Mc 10,7-8; Ef 5,31-32; 1 Cor 6,16.

[4] Cfr. J. FREISEN, *Geschichte des kanonischen Eherechts*, 151. 441.

[5] Cfr., per la esposizione di tale concezione, DE VIO CAIETANUS, *Summa.*, IV,

Anche sulle generazioni successive degli studiosi del diritto la concezione teologico-morale dell'*unitas carnis* esercitò una considerevole influenza: fra il VII e il IX secolo era comunemente ritenuto che i coniugi, per il loro amplesso, costituissero un tutto unico, *una caro*, ordinato alla procreazione Fu così fissata la regola giuridica in base alla quale, per aversi una vera consumazione del matrimonio, non bastava la semplice congiunzione materiale dei coniugi, bensì si richiedeva la *commixtio sanguinis vel seminis*[6]. Ciò veniva dedotto anche da testi inseriti nel *Corpus Juris Canonici* che facevano cenno alla *unitas carnis* e alla *commixtio sanguinis* quali presupposti essenziali per la unione sessuale coniugale in quanto tale[7], e si rinviene espresso in modo chiaro in S. Bonaventura[8], in S. Tommaso[9], e costantemente in tutti i commentatori delle Sentenze di Pietro Lombardo fioriti nel secolo XIII[10].

---

dist. 41, cap. 3: «Concubitus enim secundum naturam habet commixtionem seminum, ex qua tanquam causa possibilis generationis affinitas causatur».

[6] Cfr., tra altri, VINCENTIUS HISPANUS, *Apparatus super Decretales*, in X. 4. 2. 14, citato da I. ANDREAE, *In Decretalium libros*, in X. 4. 13. 7. 3; HUGUCCIUS, *Summa*, in C. 31, q. 3, c. 1, citato da GUIDO A BAYSIO (ARCHIDIACONUS), *Rosarium*, in C. 33, q. 3, c. 11, n. 3, nel quale si legge: «quod si sponsus et sponsa non sunt effecti *una caro*, quamvis sponsus corruperit, sive cognoverit sponsam, non est praejudicium ob hoc, quin ab ea possit discedere sicut et si cognita non fuisset, quod saepe metus et voluntas faciunt ut mulier *semen* non emittat et tunc non efficitur *una caro* cum masculo»; Papa INNOCENZO IV addusse poi l'esempio che fece scuola: «de frigido qui palpitando potest mulierem provocare ad seminis emissionem et e converso, et tamen non est ibi matrimonium vel *commixtio seminum*» (*In quinque decretaium*, in X. 4. 13. 7. 1). Tale testo venne ripreso ad esempio da I. TEUTONICUS, *Glossa Decreti*, X. 11. 35. 3, v. Impedire; B. BALBI PAPIENSIS, *Summa Decretalium*, in X. 4. 14. 16-17.; HENRICUS DE SEGUSIO [SEU HOSTIENSIS], *In decretalium.*, in X. 4. 13. 7; I. ANDREAE, *In Decretalium libros*, in X. 4. 13. 7. 3; PETRUS DE ANCHARANO, *In quinque decretalium*, in X. 4. 7. 1. Per una bibliografia completa di testi in riferimento a quanto si sta trattando, cfr. P.A. D'AVACK, *Cause di nullità e di divorzio*, 257.

[7] C. 27, q. 2, c. 18; C. 27, q. 2, c. 21; C. 30, q. 4, c. 1; C. 35, q. 3, c. 11; C. 25, q. 10, c. 1; C. 35, q. 3, c. 21, d.a.; X. 1. 21. 5; X. 3. 32. 2; X. 4. 8. 1; X. 4. 12. 4; X. 4. 13. 1.

[8] Cfr. *Commentarium in IV*, dist. 41, a. 1, ad c.: «Tunc autem dicuntur una fieri caro, quando per *commixtio*nem *seminum* fit *consummatio* illius operis».

[9] Cfr. *Commentarium in quattuor libros Sententiarum*, l. IV, dist. 41, q. 1, art. 1, ad 4: «Vir et mulier efficiuntur in carnali *copula una caro* per *commixtio*nem *seminum*».

[10] DE VIO CAIETANUS, *Summa*, IV, dist. 41, cap. 3, in fine; ID, *Summa*, II. II, q. 154, a. 12, § ultimo; DURANDUS A S. PORCIANO, *In Sententias theologicas Petri Lombardi*, IV, dist. 41, q. 1, a. 1, n. 7; DUNS SCOTUS, *Opus Oxoniense seu Commentarius*, III, dist. 4, q. unica; ALBERTUS MAGNUS, *In IV Sententiarum*, IV, dist. 41, a. 1; a. 2,

La dottrina canonistica, in base alle conoscenze fisiologiche del tempo, richiedeva dunque, al fine della *consummatio coniugii*, la *commixtio seminum*, intendendo con essa una contemporanea e concorrente *emissio seminis* da parte non solo dell'uomo, ma anche della donna, nella quale si confondeva quello che è di fatto il secreto vulvovaginale con una emissione di seme che si riteneva fosse fecondo (*semen foemineum*), ignorandosi la esistenza dell'ovulo, e pur conoscendo quella delle ovaie.

La *unitas carnis* si operava, quindi, solamente se questo *semen foemineum* si mescolava con il liquido spermatico maschile dando luogo alla *commixtio seminum*.

Si comprende quale potesse essere la difficoltà sul piano pratico ad accertare nei singoli casi concreti la avvenuta o meno *commixtio seminum*[11]. Una tale concezione necessitava dunque di revisione, non solo in considerazione delle difficoltà a tradurla sul piano pratico, bensì, soprattutto, per il fatto che, sulla base dell'insegnamento aristotelico, verso la fine del sec. XIII si era diffusa l'opinione secondo la quale non fosse necessaria la *seminatio* della donna per il concepimento; dunque poteva esserci generazione di prole, pur senza il *semen mulieris*[12].

Cadeva in tal modo la necessità della *seminatio mulieris* per la *unitas carnis* ordinata alla generazione, soprattutto in seguito alla influenza che esercitò S. Tommaso sui teologi e sui summisti del sec. XVI[13].

---

respons. ad 4, 5.

[11] Cfr. HENRICUS DE SEGUSIO [SEU HOSTIENSIS], *In decretalium*, in X. 4. 13. 7; I. ANDREAE, *In Decretalium libros*, in X. 4. 13. 7. 3.

[12] Cfr. THOMAS AQUINATIS, *Summa Theologiae*, III., q. 31, a. 5, n. 3. S Tommaso, che aveva insegnato quale necessaria la *commixtio seminum* dei coniugi per la *consummatio coniugii*, trattando del mistero della incarnazione di Cristo e del suo concepimento da parte della Vergine, si era posto due obiezioni che venivano dall'insegnamento della Chiesa: a) il corpo di Cristo non fu concepito *ex purissimis sanguinibus Virginis*; b) il *semen foeminae* si produceva con una certa concupiscenza, la quale nel concepimento verginale non poteva aver avuto luogo. Egli risolse tali obiezioni spiegando che, in base alla dottrina aristotelica, il «*semen foeminae* non est generationi aptum,... non est materia quae de necessitate requiratur ad conceptum» (Cfr. *loc. cit.* ad 3.); cfr. P.A. D'AVACK, *Cause di nullità e di divorzio*, 261-262.

[13] Cfr. S. ANTONINUS, *Summa maior*, P. III, tit. 1, c. 11; PRIERAS, *Summa Sylvestrina*, II, 7, 15, v. Matrimonium; A. DE CLAVASIO, *Summa Angelica*, par. 15, v. Matrimonii impedimentum, n. 7; I. CAGNAZZO DE TABIA, *Summa tabiena*, 4, 3, v. Impedimentum; GUILLELMUS REDONENSIS, *Apparatus seu Glossae super Summam*, IV, tit. 15, par. 5, ove è espressa in modo chiaro la nuova opinione: «ego credo, sine praejudicio, quod sive mulier emittat, sive non, surgit affinitas ex tali coitu, ex quo vir

Particolarmente sotto l'influsso dominante del pensiero agostiniano, la dottrina canonistica stabilì fin da principio una correlazione diretta fra *consummatio coniugii* e *generatio prolis*. Sul piano morale l'ordinazione alla prole giustificava l'amplesso sessuale, e così, sul piano giuridico, per la *consummatio coniugii* si richiedeva la *ordinatio ad generationem* propria degli atti nei quali vi era la *commixtio seminum* così come era andata ridefinendosi, come visto sopra.

Anche il concetto di *unitas carnis* sin dall'epoca patristica si era esteso a significare non solo la unione tra l'uomo e la donna, bensì quell'unione carnale quale principio generativo, quale *operatio* tesa *ad unam carnem procreandam*[14].

Unicamente la copula ordinata alla prole e tesa alla *sedatio concupiscentiae*[15] era pertanto moralmente accettabile ed aveva, già nel pensiero di questi più antichi teologi, la conseguenza, sul piano giuridico, di rendere il matrimonio consumato[16].

2. Teologi e canonisti dei secc. XII-XVI[17]

Nel *Decretum Gratiani* non è reperibile alcun passo in cui venga esplicitato quale debba essere l'intendimento corretto di *copula coniu-*

---

emittit».

[14] Esempi di tale interpretazione, che è da far risalire in particolare a S. Girolamo, si rinvengono in diversi testi di teologi e canonisti dell'epoca considerata. Esemplificativamente si riporta il seguente di Alessandro III [R. Bandinelli], *Sentenzen*, 116: «ita est interpretandum "et erunt duo in carne una", id est, ad unam carnem procreandam, videlicet unam sobolem, vel erunt duo in carne una, id est ad unum carnale opus perpetrandum. Hoc propter eos dicitur, qui non sobolis causae procreandae, sed libidinis explendae uxoribus admiscentur, vel erunt duo in carne una, id est, vellent *una caro* effici, si possent».

[15] Cfr., a mo' di esemplificazione, i seguenti testi dei SS. Padri: Irenaeus, *Contra Haereses*, l. 4, c. 15, n. 2, in *PG* 7, col. 1014; Clemente Alessandrino, *Stromatum*, l. 3, c. 12, in *PG* 8, coll. 1182-1183; Giovanni Crisostomo, *De virginitate*, c. 19, in *PG* 48, col. 547; Agostino, *De bono viduitatis*, c. 8, n. 11, in *PL* 40, coll. 436-437; Id, *De bono coniugali*, c. 5, in *PL* 40, col. 376.

[16] Cfr., tra i teologi e canonisti dei secc. XII-XVI, P. Lombardus, *Libri IV Sententiarum*, dist. 31, cap. 2; Thomas Aquinatis, *Commentarium*, l. IV, dist. 34, q. 1, art. 2 ad 3; G. de Trano, *Summa*, tit. De frigidis et maleficiatis, n. 7; N. de Tudeschis, *Abbatis panormitani commentaria*, tit. De frigidis et maleficiatis, cap. 4, n. 2; S. Antoninus, *Summa*, pars 3, tit. 1, cap. 12, v. Secunda impotentia; I. Cagnazzo de Tabia, *Summa Tabiena*, 12, 17, v. Impedimentum; M. Palacios, *Disputationes theologicae*, in IV, dist. 34, disp. 2; B. Balbi Papiensis, *Summa Decretalium*, l. IV, tit. 16.

[17] Testo chiave cui rimandiamo per una corretta comprensione del periodo preso in esame è lo studio di I. Gordon, «Adnotationes quaedam», 171-247.

galis o di *consummatio coniugii*. I testi che vi si rinvengono e che sono di interesse per il tema in questione riprendono alcune affermazioni di S. Agostino circa il fine secondario del matrimonio, vale a dire in merito alla *sedatio concupiscentiae*[18].

Nelle *Decretali di Gregorio IX* il *titulo*: «De frigidis et maleficiatis et impotentia coëundi»[19] fornisce elementi interessanti per quanto concerne la terminologia e la dottrina che stiamo esaminando. In detto titolo vengono presentati sette casi in cui i coniugi, pervenuti al matrimonio, non poterono consumarlo, o per un difetto nell'uomo (in quattro casi), oppure a causa di un difetto nella donna (per i restanti tre casi). Dalla presentazione di detti casi si ricava, pur se nulla viene esplicitamente detto circa la natura del coito, che la copula coniugale «consistere in penetratione cum aliqua eiaculatione; omissa enim eiaculatione, minor aut nullus esset locus ne quidem sedationi concupiscentiae»[20].

Differente era la posizione di teologi e canonisti del periodo che abbraccia i secoli dal XIII al XVI circa il matrimonio di coloro che mancavano di testicoli, fossero essi *castrati* o *spadones*[21]. Tre furono le principali posizioni che si formarono, così come descritte da Sánchez[22].

La prima posizione affermava la idoneità al matrimonio di quegli uomini che, mancando di entrambi i testicoli, potevano avere erezione del membro e penetrazione in vagina, pur non potendo emettere seme[23]. Le motivazioni a sostegno di detta conclusione erano da rinvenire nella

---

[18] C. 27, q. 1, c. 41; C. 32, q. 2, cc. 3. 6;

[19] X. 4,.15.

[20] Cfr. I GORDON, «Adnotationes quaedam», 201.

[21] Per brevità ci limitiamo unicamente a menzionare che per Hostiensis, il quale fu seguito dalla maggior parte dei canonisti e teologi suoi contemporanei, *castratus* era colui che, per natura, era *frigidus*, a differenza di *spado*, termine riferito a uomini che erano stati privati dei testicoli con intervento successivo alla nascita. Anche i termini che furono adottati da altri canonisti: *frigidi, secti, execti*, ecc., non erano altro che categorie più ampie, le quali comprendevano sia i *castrati* sia gli *spadones*. Gordon pone in evidenza la diversa valenza di tali termini nel Diritto Canonico dell'epoca in questione rispetto al Diritto Romano classico (cfr. «Adnotationes quaedam», 183).

[22] TH. SÁNCHEZ, *De Sancto Matrimonii Sacramento*, lib. 7, disp. 92, nn. 14-17.

[23] Tra i sostenitori di questa prima posizione sono da annoverare, i seguenti autori, citati da E. CASTAÑEDA DELGADO, «Una sentencia española», 264-271: I. TEUTONICUS, *Glossa Decreti*, C. 27, q. 1, c. 41; PETRUS DE ANCHARANO, *In quinque decretalium*, in X. 4, 15, 2; I. CAGNAZZO DE TABIA, *Summa Tabiena*, 12, 7, v. Impedimentum; M. PALACIOS, *Disputationes theologicae*, IV, dist. 34, disp. 2; M. DE ALPIZCUETA [SEU DOCTOR NAVARRUS], *Consiliorum et responsorum*, lib. 4, tit. *De frigidis et maleficiatis*, cons. 3, n. 11-12.

parità tra uomo e donna in quanto a soddisfazione dall'atto sessuale (soddisfazione che si diceva essere indipendente per la donna dalla emissione o meno di seme da parte dell'uomo) e anche nel fatto che un tale atto sessuale, pur senza emissione di seme, portava comunque a compimento il fine della *sedatio concupiscentiae*.

I sostenitori della seconda opinione[24] richiedevano, oltre a quanto esigito dai fautori della prima, la emissione di seme, pur se non fecondo, al fine di un matrimonio consumato. Senza la emissione di seme non avveniva infatti la *commixtio seminum* e non si verificava la *una caro*. Se poi il seme non risultava essere fecondo, allora l'uomo era da ritenere sterile, ma non frigido. Le motivazioni addotte a sostegno di detta posizione e contrarie alla prima erano appunto le seguenti: la necessità della *commixtio seminum* per la *copula perfecta* e la necessità della emissione di seme maschile al fine della *sedatio concupiscentiae*, almeno da parte dell'uomo.

I fautori della terza opinione tenevano la posizione per così dire più rigida: nessun uomo carente di testicoli poteva contrarre validamente matrimonio, pur se capace di erezione e di emissione di seme. Sánchez sosteneva che questa terza interpretazione fosse dottrina corrente e indubbia riferendosi anche al tempo antecedente al Breve *Cum frequenter*. Egli scriveva però successivamente al Breve stesso. Dei più importanti canonisti menzionati da Sánchez quali assertori di questa terza corrente, va rilevato che di fatto essi, il cui pensiero è compendiato negli scritti di Abbas Panormitanus, affrontano la questione generale della validità del matrimonio nel caso in cui l'uomo manchi di entrambi i testicoli, ma non approfondiscono la questione speciale circa la possibilità che un uomo, pur carente di testicoli, possa emettere seme, sia esso fecondo, oppure no.

I teologi annoverati da Sánchez come sostenitori di questa terza opinione toccano pertanto solo marginalmente e in modo assolutamente generale la questione, limitandosi ad affermare la impotenza di *eunu-*

---

[24] GUIDO A BAYSIO [ARCHIDIACONUS], il quale riporta, nella sua opera *Rosarium*, in C. 32, q. 7, c. 25, il pensiero di Huguccius in merito; I. DE FRIBURGO, *Glossae in Summam S. Raymundi*, IV, tit. *De impotentia coëundi*, § 2; S. RAYMUNDUS, *Summa*, lib. 4, tit. *De impedimento affinitatis*, § 1; PETRUS DE LA PALU, [SEU PALUDANUS], *Lucubrationum opus*, dist. 34, q. 2, a. 1; S. PRIERAS, *Summa*, v. Matrimonium, § 8, n. 16; I. GUTIÉRREZ, *Canonicarum quaestionum*, I, c. 16, n. 14; D. SOTO, *Commentaria*, dist. 34, q. 1, art. 2, § Atque hinc; per la citazione di brani dei sostenitori di questa seconda opinione, cfr. I. GORDON, «Adnotationes quaedam», 206-210.

chi, *abscissi* o *secti*, senza specificare il significato attribuito a tali termini, e senza scendere nell'esame di casi speciali.

Importanza particolare è da attribuire a D. Soto: egli menziona, in un primo paragrafo, ciò che accomuna i castrati, gli eunuchi e gli *spadones*, vale a dire la mancanza di testicoli[25], ed afferma che tali uomini, se non possono seminare, contraggono matrimonio invalidamente perché, mancando la *commixtio seminum*, non possono divenire *una caro* con la moglie. Se, al contrario, possono emettere seme, pur se infecondo, sono allora da ritenere sterili, e possono contrarre matrimonio validamente.

Tuttavia poche righe più oltre lo stesso Soto scrive: «Igitur eunuchi utroque vacui, quamvis virili polleant, illudque erigant et in vas inducant, revera nullum contrahunt matrimonium; quia vel non seminant, vel eorum semen non est eiusdem rationis cum prolifico»[26]. Alcuni autori trascurano o non conoscono la prima parte del pensiero di Soto. Gordon tenta una soluzione a detta discrepanza, soluzione che egli rinviene nel paragrafo successivo a quello «Igitur eunuchi», dal quale evince che, più probabilmente, il paragrafo «Igitur eunuchi» contiene un'opinione personale di Soto, che il teologo oppone alla posizione espressa nel primo paragrafo e che egli dà come infallibile e certissima. In tal modo, conclude Gordon, Soto va letto come l'unico teologo dell'epoca presa in esame, fautore della terza opinione, come lo definisce Sánchez, e, allo stesso tempo, egli è anche il massimo assertore della seconda opinione[27].

Gordon aggiunge inoltre che il solo responso negativo dato alla questione generale circa la capacità a consumare il matrimonio da parte di uomini carenti di testicoli, non implica necessariamente che il sostenitore di tale pensiero aderisca alla terza opinione, dal momento che alla questione specifica (riguardo il caso in cui un tale uomo privo di testicoli sia in grado di emettere seme pur non avendo testicoli), potrebbe rispondere in modo tale da rientrare tra gli assertori della seconda opinione.

Gordon conclude il proprio studio affermando, in base all'analisi dei testi citati, che non è possibile sostenere che prima del Breve *Cum frequenter* fosse comune la terza posizione mentre si deve ritenere che, te-

---

[25] D. SOTO, *Commentaria*, dist. 34, q. 1, art. 2, § Atque hinc.

[26] D. SOTO, *Commentaria*, dist. 34, q. 1, art. 2, § Atque hinc.

[27] Cfr., per la completa argomentazione di Gordon, il suo studio, più volte citato, alla nt. 21, 222-232.

nuto conto della differenza di opinioni che esisteva, lo fosse la seconda, vale a dire la opinione secondo la quale uomini carenti di testicoli che possono erigere, penetrare in vagina ed emettere seme, possano contrarre validamente matrimonio. È del resto vero che lo stesso Soto, unico chiaro fautore della terza opinione, indica questa seconda come «regula infallibilis et certissima»[28]. Per cui, chiude Gordon, non è verosimile che il Pontefice Sisto V, attraverso il Breve in questione, intendesse contraddire la interpretazione comune di teologi e canonisti dell'epoca in cui il Breve fu reso pubblico.

Il contributo di Gordon in materia è certamente un punto di riferimento indispensabile ed ha il pregio non solo di offrire una presentazione completa dello *status quaestionis* circa l'intendimento del concetto di copula coniugale all'epoca del Breve *Cum frequenter*, bensì anche di fare chiarezza tra le differenti interpretazioni del Breve, in modo da far comprendere come, per una retta interpretazione dello stesso, non si possa prescindere dall'effettivo dibattito del tempo in cui il Breve fu reso pubblico. Solo attraverso un tale studio preciso, ampio ed acuto per le conclusioni alle quali perviene e per le argomentazioni sulle quali si fonda, è possibile un approccio differente al dibattito che seguirà il Breve, tenendo conto appunto dei diversi parametri cui facevano riferimento alcuni canonisti rispetto a quelli che si sono voluti attribuire loro a posteriori, in base a mutazioni in ordine alla terminologia, alla scienza medica, a quella teologica e a quella canonistica.

3. Il Breve *Cum frequenter* di Papa Sisto V (27.VI.1587)

Eunuchi et spadones qui utroque teste carent et ideo certum ac manifestum est eos *verum semen* emittere non posse... et humorem forsan quemdam similem semini, licet ad generationem et ad matrimonii causam minime aptum effundunt, considerantes quod ex spadonum huiusmodi et eunuchorum nulla utilitas provenit, sed potius tentationum illecebrae ac incentiva libidinis oriuntur... Coniugis per dictos et alios quoscumque eunuchos et spodones, utroque teste carentes, cum quibusvis mulieribus, defectum praedictum, sive ignorantibus sive etiam scientibus, contrahi prohibeas eosque ad matrimonia quomodocumque contrahenda inhabiles auctoritate nostra declaras... Eos qui de facto matrimonium contraxerint separari cures et matrimonia ipsa sic de facto contracta, nulla, invita et invalida esse decernes[29].

---

[28] D. SOTO, *Commentaria*, dist. 34, q. 1, art. 2, § Atque hinc.
[29] SISTO V, Breve *Cum frequenter*, 298-299.

In tal modo il Sommo Pontefice Sisto V attraverso il Breve *Cum frequenter* sanciva solennemente e formalmente l'assoluta inabilità a contrarre matrimonio da parte di eunuchi, castrati e *spadones* che, privati dei testicoli, non potessero emettere *verum semen*, e stabiliva, di conseguenza, la radicale nullità di vincoli matrimoniali eventualmente contratti da dette persone.

Va però precisato, per una retta comprensione del Breve in questione e del suo significato nell'epoca in cui fu emanato, che le nozioni che si avevano allora e che erano comunemente diffuse circa l'anatomia umana e la funzionalità degli organi sessuali, in particolare di quelli maschili, in merito alla formazione del liquido spermatico e della sua conduzione all'esterno dell'organo sessuale maschile, erano alquanto generiche rispetto a quelle oggi disponibili.

Dal testo del Breve sembra si debba supporre che siano esclusi dal matrimonio gli eunuchi e gli *spadones* non a motivo dell'assenza di *verum semen*, ma proprio per l'incapacità di raggiungere anche il secondo fine del matrimonio, la *sedatio concupiscentiae*. Dal contesto del Breve, il *verum semen* sembra piuttosto indicare il liquido spermatico che si emette nella «seminatio ordinaria», da intendersi come contrapposta a quelle secrezioni che si verificano in qualsiasi attività sessuale incompleta e che non producono soddisfazione sessuale piena.

3.1 *Recezione del Breve Cum frequenter*

Al Breve è stata attribuita un'interpretazione erronea, sia esagerandone la portata dottrinale, sia non cogliendone correttamente il nucleo, dal momento che esso intende trattare unicamente di coloro che difettano di entrambi i testicoli, e non di tutti coloro i quali, per qualsiasi altro motivo, non possono emettere seme elaborato nei testicoli.

Va inoltre tenuto conto del fatto che solo con Gasparri[30] diviene comune la identificazione del *verum semen* con il liquido spermatico elaborato nei testicoli, quindi solo molto successivamente al Breve, nel quale, come detto, non esistevano le premesse per giungere a differenziare a tal punto la materia. Come afferma P.A. Bonnet: «mentre la locuzione "verum semen" trova la sua origine nella famosa epistula del 22 giugno 1587 *Cum frequenter* di Sisto V, l'espressione "semen in testiculis elaboratum", che pretende di offrire un contenuto ben determinato alla prima, ha invece le sue radici unicamente in affermazioni dot-

---

[30] P. GASPARRI, *Tractatus canonicus*, I, 302-303, n. 506.

trinali che il Gasparri, se non creato, ha indubbiamente, con la sua grande autorità, contribuito a diffondere»[31].

A partire dal secolo XIX ebbe inizio la reazione alla tendenza che richiedeva il seme elaborato nei testicoli per la copula coniugale perfetta. Tale reazione fu dovuta senza dubbio al fatto che, proprio nel sec. XIX, si iniziò ad intervenire chirurgicamente su soggetti cui venivano occluse le vie spermatiche attraverso vasectomia duplice: si iniziò a recidere oppure a legare i canali deferenti, o su richiesta del soggetto stesso che voleva essere reso sterile, oppure per ordine dell'autorità a scopo sia curativo, sia eugenico (alcoolizzati, tisici, ecc.), sia punitivo (leggi razziali)[32]: «In alcuni paesi sovrappopolati e nei quali il basso livello culturale della popolazione rende inefficace la propaganda anticoncezionale, la sterilizzazione chirurgica, oggi tecnicamente facile e sicura, viene insistentemente consigliata alle coppie che hanno più di tre figli ed a Ceylon si è arrivati a renderla obbligatoria per coloro che hanno raggiunto la quota di cinque figli»[33].

In seguito ad una prassi che si era andata diffondendo[34], si imponeva, per la Chiesa, un pronunciamento che chiarificasse il problema: si trattava di dichiarare se uomini sottopostisi a vasectomia duplice, e quindi che non potevano emettere liquido seminale elaborato nei testicoli, fossero o no atti al matrimonio, e se i vasectomizzati che avevano contratto matrimonio si trovavano in un'unione coniugale valida per la Chiesa oppure no, così che i loro matrimoni potessero essere dichiarati nulli.

Secondo la prassi dell'allora S. Offizio, non poteva essere impedito il matrimonio a quanti avevano subìto l'operazione di vasectomia duplice o i quali, pur non essendosi sottoposti a tale intervento chirurgico, si trovavano in analoghe condizioni avendo occlusi i canali deferenti. La Congregazione non impediva detti matrimoni, dal momento che riteneva non risultasse con certezza la impotenza di tali soggetti. Si vedano, quale esempio, le risposte date nel 1934 al Vescovo di Freiburg im Breisgau e al Vescovo di Aachen, i quali avevano sottoposto alla

---

[31] P.A. BONNET, «L'impotenza», 133.

[32] Cfr. B. MARCHETTA, *Scioglimento del matrimonio canonico*, 148.

[33] G. SANTORI, *Compendio di Sessuologia*, 194.

[34] La vasectomia fu praticata inizialmente a principio del XX secolo. Ne furono eseguite diverse migliaia negli anni tra il 1920 e il 1930. Nel 1969 furono praticate 250.000 vasectomie solo negli Stati Uniti d'America. Tale cifra salì a 750.000 nel 1970, fino a raggiungere il milione nel 1975. Nel 1976 in tutto il mondo vi erano 65 milioni di vasectomizzati (cfr. G. ORLANDI, *I «casi difficili»*, 44)

Congregazione il caso di coloro i quali, in conformità alla legge nazista, avevano subìto vasectomia duplice in quanto affetti da malattie ereditarie: il matrimonio non si doveva impedire[35]. Risposte dello stesso tenore furono date dal S. Offizio al Vescovo di Nantes, il quale il 2 gennaio 1948 chiedeva alla Congregazione se un giovane al quale erano stati asportati i due epididimi potesse essere ammesso al matrimonio, e al Vescovo di Cincinnati, che chiedeva se potesse essere ammesso al matrimonio un uomo al quale erano stati asportati i testicoli fin dall'infanzia[36].

La posizione del S. Offizio in materia, divergeva però dalla prassi della Rota Romana, al punto che i matrimoni dei vasectomizzati erano permessi dalla Congregazione stessa e, successivamente, venivano dichiarati nulli dal Tribunale Apostolico della Rota Romana, con accluso il *vetitum* per l'uomo di contrarre nuove nozze di fronte alla Chiesa. Era pertanto necessario un intervento chiarificatore da parte della Chiesa, non soltanto per rispondere alle differenti posizioni a livello accademico, bensì, soprattutto, per uniformare, nella prassi, le conclusioni dei Dicasteri preposti a decidere di tali matrimoni.

Non mancarono autorevoli canonisti che invocavano una soluzione della questione a favore della posizione che riconosce come validi i matrimoni dei vasectomizzati, come U. Navarrete:

> Iam vero, non obstante auctoritate iurisprudentiae tribunalium ecclesiasticorum et praxis S. Sedis, progredientibus scientiis anthropologicis atque doctrina catholica de matrimonio, probabilior fit in dies sententia qui tenet *semen* in testiculis elaboratum non esse elementum essentiale copulae coniugalis, ideoque potentes ad matrimonium exsistere posse, qui *semen* in testiculis elaboratum emittere nequeant, itemque matrimonium consummari posse copula carnali in qua *semen* testiculare non emittatur[37].

Seguono, nel citato articolo, le argomentazioni a sostegno di tale posizione, argomentazioni che trovano la loro radice nella retta interpretazione del Breve *Cum frequenter*, della sua recezione e della prassi di vasectomia duplice diffusasi nel sec. XIX.

Quando, nel febbraio 1970, la Commissione per la revisione del Codice di Diritto Canonico iniziò la discussione circa l'impedimento di

---

35 Plenaria del 6.2.1935, citata in B. MARCHETTA, *Scioglimento del matrimonio canonico*, 153.

36 Cfr. G. ORLANDI, *I «casi difficili»*, 47.

37 U. NAVARRETE, «De notione et effectibus», 628.

impotenza, i Consultori, come si vedrà al capitolo sesto, rigettarono la teoria del *verum semen* e proposero che si parlasse unicamente di *impotentia coëundi*.

3.2 *Posizione definitiva circa il «verum semen»: il Decreto della Congregazione per la Dottrina della Fede (13.V.1977)*

Il 15 dicembre 1973 Papa Paolo VI decise che si studiasse la questione dei vasectomizzati allo scopo di pervenire ad una formulazione chiara, vincolante e uniforme per tutti gli organi della Curia.

Il 13 maggio 1977 lo stesso Pontefice approvava in forma comune il Decreto emesso dalla Congregazione per la Dottrina della Fede circa l'impotenza che dirime il matrimonio e circa la copula coniugale consumativa del matrimonio dei vasectomizzati e degli affini. L'anno successivo, il 28 gennaio 1978, in occasione della annuale Allocuzione tenuta dal Sommo Pontefice ai Prelati Uditori del Tribunale Apostolico della Rota Romana, il Santo Padre ribadiva il particolare significato del Decreto, «emanato [...] dalla Congregazione per la Dottrina della Fede e da Noi esplicitamente approvato»[38].

Il testo del Decreto[39] esordisce con un richiamo alla prassi della Congregazione per la Dottrina della Fede basatasi sempre sul principio in base al quale non fosse da impedire il matrimonio ai vasectomizzati e a quanti versassero in condizioni analoghe, non risultando con certezza la loro impotenza.

Inoltre il Decreto afferma che l'impotenza che dirime il matrimonio consiste nella incapacità, antecedente e perpetua, sia essa assoluta o relativa, di portare a compimento la copula coniugale. Dichiara inoltre, senza alcuna possibilità di equivoco, che per la copula coniugale non si richiede necessariamente eiaculazione di seme elaborato nei testicoli, eliminando in tal modo ogni interpretazione erronea del Breve *Cum frequenter* ed uniformando la disciplina del Tribunale della Rota Romana, della Congregazione per la Dottrina della Fede e della Congregazione per il Culto Divino e la Disciplina dei Sacramenti. Questo ultimo Dicastero della Curia romana, da parte sua, aveva aderito alla posizione della Congregazione per la Dottrina della Fede, non ritenendo necessario il requisito del seme elaborato nei testicoli per una eia-

---

[38] *AAS* 70 (1978) 183-184.
[39] Cfr. *AAS* 69 (1977) 426.

culazione in piena regola e, quindi, per la copula coniugale perfetta e la consumazione del matrimonio[40].

Sostanzialmente, in quanto alla eiaculazione, il matrimonio, in senso canonico, viene consumato con quella che è solita essere chiamata «eiaculatio ordinaria», senza cioè che questa comporti una relazione con i testicoli. Pertanto, qualunque eiaculazione (per esempio anche l'emissione di liquido prostatico) sarà sufficiente per la consumazione del matrimonio.

Per quanto concerne la natura del Decreto in questione, esso è da ritenersi una dichiarazione riguardante il diritto naturale: la questione del *verum semen* è stata sempre considerata infatti di diritto naturale, sia precedentemente al Breve *Cum frequenter* di Sisto V, sia nel Breve stesso, il quale intende risolvere appunto una questione di diritto naturale (il Breve non si riteneva dover essere irreformabile, ma la materia sul quale verteva era ritenuta di diritto naturale)[41]. Conseguentemente si può parlare solo impropriamente di retroattività del Decreto nel senso che nell'ordine oggettivo delle cose (e non in forza del Decreto) l'emissione di seme testicolare non era essenziale alla copula coniugale prima del Decreto, come non lo sarà dopo. Per tale ragione i matrimoni dei vasectomizzati erano validi prima del Decreto come lo saranno dopo, e non per efficacia giuridica del Decreto stesso, bensì per l'ordine oggettivo della natura dell'uomo e del matrimonio. E' corretto dire non che il Decreto «interpreti» la legge naturale, bensì che «dichiari» la stessa[42]. In conseguenza di ciò, come osserva Navarrete nel citato articolo circa il Decreto, non si può rimuovere il *vetitum* di contrarre nuove

---

[40] Cfr. G. ORLANDI, *I «casi difficili»*, 36; B. MARCHETTA, *Scioglimento del matrimonio canonico*, 150: «Quanto alla consumazione del matrimonio, la S. C. per i Sacramenti ha seguito e segue la dottrina che non considera il seme elaborato nei testicoli come elemento essenziale della copula coniugale, per la quale invece è sufficiente la "seminatio ordinaria". Il risultato di questa dottrina è quello di limitare il concetto di copula perfetta alla "erectio – penetratio – eiaculatio", prescindendo dall'origine e dalla natura dell'eiaculato. Con ciò si restringe l'ambito dell'impotenza a vantaggio dell'ambito della sterilità. Il criterio per stabilire la capacità dell'atto copulativo si basa sul fenomeno della soddisfazione della concupiscenza, fenomeno di per se stesso sufficiente per giudicare dell'abilità sessuale del soggetto [...] introdurre altri elementi necessari nel concetto di copula perfetta, implica il subordinare la validità del contratto matrimoniale alla presenza di elementi conoscibili soltanto attraverso procedimenti straordinari, e alterare i criteri di validità di un contratto naturale, alla mercè di scoperte biologiche».

[41] Cfr. U. NAVARRETE, «De natura et de applicatione Decreti», 305-326.

[42] U. NAVARRETE, «De natura et de applicatione Decreti», 319.

nozze a coloro il cui matrimonio fu dichiarato nullo per incapacità di eiaculare il *verum semen*, dal momento che la realtà effettiva dell'impedimento di impotenza non è cambiata per nulla rispetto a prima del pronunciamento in questione, per cui i vasectomizzati, non essendo in realtà impotenti, sono di fatto legati da vincolo matrimoniale, anche se la nullità del matrimonio sia già stata affermata con due sentenze conformi[43].

Come si comprende da quanto accennato, la dichiarazione che veniva fatta attraverso il Decreto del 13 maggio 1997 aveva soprattutto incidenza sul piano pratico, riguardo la fattispecie di quei matrimoni contratti da vasectomizzati e riguardo coloro i quali avevano già ottenuto, perché vasectomizzati, dichiarazione di nullità di matrimonio dal Tribunale della Rota Romana il quale, come detto, si atteneva ad una interpretazione differente, in materia, rispetto alla Congregazione per la Dottrina della Fede e alla Congregazione dei Sacramenti.

Si è ritenuto opportuno ripercorrere brevemente e in modo unitario tutta l'evoluzione della discussione circa il cosiddetto *verum semen*, in modo da non frammentarlo nelle differenti epoche che si stanno prendendo in considerazione, per evitare così ripetizioni e rendere più agile da percorrere e da seguire la problematica in oggetto. Inoltre la discussione circa il *verum semen* può essere di aiuto e di stimolo per l'approccio delle altre problematiche che verranno di seguito presentate e che sono con quella connesse.

4. Sistemazione definitiva nella dottrina classica

Come si è avuto modo di rilevare, in seguito alle varie dispute dei secc. XII-XVI, i teologi e canonisti della seconda metà del sec. XVI avevano abbandonato la formulazione e la richiesta della *commixtio seminum* per la *copula perfecta* e la *consummatio coniugii*, ed esigevano la *copula de se apta ad prolis generationem*. Attraverso tale formula veniva indicato il fine cui doveva tendere la *copula perfecta*, non più tanto il dato materiale, fisiologico e quantitativo.

Fu quindi in quest'epoca che la nozione in questione trovò la sua sistemazione definitiva a livello scientifico nella indicazione della *ordinatio ad generationem*: pertanto si ricorreva a tale criterio per distinguere una *copula perfecta* con la conseguente *consummatio coniugii*, da una generica *copula sexualis de se inidonea ad generationem prolis*

---

[43] U. NAVARRETE, «De natura et de applicatione Decreti», 319-326.

e dunque illecita. Tale sentenza divenne ben presto comune a pressoché tutti i *doctores* e *iurisprudentes* di fine XVI secolo[44] ed ebbe ripercussioni in tutta la dottrina e la giurisprudenza canonica fino ai nostri giorni [45].

4.1 *Fattori fisici, organici e funzionali della copula perfecta*

Gli elementi per così dire materiali propri della *copula perfecta* venivano desunti dalle conoscenze dell'epoca in campo medico e da ciò che era richiesto per avere un coito idoneo al processo generativo. Si riteneva che tre dovessero essere le condizioni[46]: *erectio* che permanesse fino alla *consummatio*, vale a dire fino alla emissione del seme; una certa *penetratio* in vagina; *eiaculatio* nella stessa[47].

Va tenuto presente e sottolineato che furono sempre riconosciuti idonei al matrimonio gli sterili e coloro i quali, a motivo della loro età avanzata, non potevano che emettere un liquido seminale sterile e, per natura sua, infecondo: di fatto tale seme era pur sempre elaborato nei testicoli ed aveva così i requisiti del *verum semen*, a differenza ad esempio di coloro che erano carenti di entrambi i testicoli, e che, perciò, erano da ritenersi inidonei alla *copula perfecta*, pur avendo, di fatto, capacità copulatoria e, in alcuni casi, anche capacità generativa.

La dottrina classica passò a dare un valore e un'importanza preminenti alla effusione e alla recezione del seme al fine della *copula per-*

---

[44] Cfr. TH. SÁNCHEZ, *De Sancto Matrimonii Sacramento*, lib. 1, disp. 21, prob. 2, n. 5; lib. 2, disp. 21, prob. 2, n. 2; lib. 2, disp. 21, prob. 2, n. 5; lib. 7, disp. 6, n. 7; lib. 7, disp. 92, n. 28; i teologi di Salamanca così scrivono: «Matrimonium consummatur per copulam, qua coniuges fiunt *una caro*, quia tunc significatur perfectae coniunctio Verbi cum humanitate et Christi cum Ecclesia: sed non fit una caro per solam penetrationem... quia debet esse copula apta ad generationem illa, per quam coniuges fiunt una caro (inchoative videlicet, quia in una carnis prolis adunatur), qualis non est illa, in qua vir non emittit intra vas foemineum» (SALAMANTICENSES, *Cursus theologiae moralis*, tract. 9, c. 4, punc. 1, n. 3), citato in P.A. D'AVACK, *Cause di nullità e di divorzio*, 273.

[45] Cfr. P.A. D'AVACK, *Cause di nullità e di divorzio*, 274, nt. 1; 300-302.

[46] Cfr. TH. SÁNCHEZ, *De Sancto Matrimonii Sacramento*, lib. 2, disp. 21, n. 5; P. ZACCHIA, *Quaestiones medico-legales*, II, lib. 9, tit. 3, q. 2, nn. 4.5; E. PIRHING, *Jus Canonicum*, IV, tit. 14, sect. 2, n. 2; P. LAYMANN, *Theologia Moralis*, lib. 5, tract. 10, pars 4, cap. 11, n. 3; F. DE CASTROPALAO, *Operis moralis*, IV, tract. 28, disp. 3, punct. 2, § 1, n. 1; A. REIFFENSTUEL, *Jus canonicum*, lib. IV, tit. 15, § 2, n. 14, cit. in P.A. D'AVACK, *Cause di nullità e di divorzio*, 277, nt. 4.

[47] Si rimanda, per quanto concerne tutta la problematica della natura dell'eiaculato, alla trattazione fatta nel precedente sottocapitolo e alle note colà riportate.

fecta apta ad generationem prolis, mentre lasciò passare in ultimo ordine la *carnis commixtio*, per cui, come scriveva Sánchez: «Tota consummationis ratio est seminis receptio et carnium commixtio est omnino impertinens»[48]. Ciò non mancò di avere ripercussioni sulla evoluzione della dottrina in materia di fecondazione artificiale: dalla esperienza si era appreso che talvolta la donna aveva concepito e generato prole, pur se in stato di verginità, oppure senza che fosse intercorsa tra lei e il marito una vera e propria congiunzione sessuale, e pur in assenza di penetrazione. La dottrina predominante, dunque, influenzata dall'idea che la *copula perfecta* fosse esclusivamente ordinata alla procreazione, ritenne che, in caso di concepimento di prole, bisognava ritenere che fosse intervenuta consumazione del matrimonio[49]; tale fu la *sententia communis* indiscussa, così come la si ritrova in Sánchez: «Similiter conveniunt consummari, quacumque arte semen recipiatur intra vas naturale, absque illius penetratione, quia ea copula sufficiens est generationi, per eamque sponsi una caro efficiuntur... Et hoc verum est quamvis daemonis ministerio semen viri in vase debito recipiatur»[50]e nei teologi di Salamanca[51].

Il rischio di tale visione risiedeva nel fatto che, ampliando fino a tal punto il concetto di *consummatio*, si andava ad invadere anche il campo dell'impotenza, per cui non più tutti coloro che erano considerati impotenti erano perciostesso incapaci di *copula perfecta* e quindi inabili al matrimonio: ciò era evidentemente assurdo e in aperto contrasto con la costante dottrina della Chiesa.

Sánchez, dinanzi a tale rischio, considerò un'eccezione alla regola generale quella proposta con la dottrina ora considerata:

> Si revera foemina ita arcta sit aut vir ita debilis aut calidus, ut non possit cum foemina hac coire, ut semen intra vas emittat, sed foras fundat, in quo casu quando hoc judicatur perpetuum et immedicabile impedimentum... mihi persuadeo (quamvis in nullo auctore invenerim) adhuc esse vere irri-

---

[48] Cfr. TH. SÁNCHEZ, *De Sancto Matrimonii Sacramento*, lib. 1, disp. 21, n. 5.

[49] Così S. PRIERAS, I. CAGNAZZO DE TABIA, P. DE LA PALU [SEU PALUDANUS], F. ZABARELLA, cit. in P.A. D'AVACK, *Cause di nullità e di divorzio*, 280-281.

[50] TH. SÁNCHEZ, *De Sancto Matrimonii Sacramento*, lib. 2, disp. 21, n. 2.

[51] SALAMANTICENSES, *Cursus theologiae moralis*, tract. 9, c. 4, punct. 1, n. 4: «Si vero contingat *semen* a viro emissum intra vas naturale mulieris recipi, absque eius penetratione, etiam si hoc fiat arte daemonis, matrimonium est consummatum, quia sufficiens est generationi et per hoc sunt coniuges una caro... Et est communis».

tum ac proinde non consummari, licet arte aliqua absque viri penetratione sit receptum *semen* intra vas, aut per matricis attractionem[52].

Secondo Sánchez, infatti, non può essere il caso fortuito a determinare la validità o meno del matrimonio.

La questione della cosiddetta fecondazione artificiale fu risolta nel senso che essa, sul piano giuridico, era ritenuta idonea alla *consummatio coniugii* solo se compiuta da coniugi *potentes ad coëundum*, mentre era inidonea alla consumazione del matrimonio nel caso in cui si trattasse di coniugi dei quali anche uno solo fosse incapace di congiungersi sessualmente all'altro perché impotente.

Risulta chiaramente dalla dottrina classica come le nozioni di *copula perfecta* e di *consummatio coniugii* andassero intese nell'ambito della *ordinatio ad bonum prolis*. D'altra parte questo asserto non va frainteso, così come è stato fatto dai fautori di quella corrente che, all'inizio del presente secolo, enfatizzarono gli elementi fisici: essi sostenevano che la generazione, o, quanto meno, la possibilità intrinseca della generazione, costituisse il fine primario e immediato, e quindi il vero fattore essenziale della copula coniugale e dell'istituto matrimoniale stesso. La vera *copula perfecta*, quindi, necessaria e sufficiente a porre in essere la *consummatio coniugii*, era, secondo gli stessi, quella *apta ad prolem generandam*, per cui si richiedeva che alla congiunzione sessuale dei coniugi si accompagnasse sempre o la sopravvenienza effettiva o, quantomeno, la possibilità intrinseca di sopravvenienza di prole. Questa posizione della copula fecondativa, che ebbe in Antonelli l'enunciatore più deciso[53], non fece che portare alle estreme conseguenze il ruolo preminente che la Chiesa da sempre aveva attribuito alla finalità della procreazione nel matrimonio.

In realtà, quando i trattatisti classici insegnavano che, per la *consummatio coniugii*, era necessario che tra i coniugi intervenisse una *copula suapte natura idonea ad generationem*, non intendevano assolutamente fondare la consumazione del matrimonio sulla sopravvenienza effettiva o sulla possibilità di sopravvenienza della prole. La corrente che sosteneva la copula fecondativa, portata alle estreme conseguenze, riportava alcuni alle formulazioni di un romanista, Iason de Mayno, il quale sosteneva che nel caso in cui una donna «septuagenaria non po-

---

[52] TH. SÁNCHEZ, *De Sancto Matrimonii Sacramento*, lib. 7, disp. 99, n. 37.
[53] Cfr. G. ANTONELLI, *De conceptu impotentiae*; ID., *Pro conceptu impotentiae*; ID., *De mulieris excisae impotentia*; ID., *Brevis synopsis historica*.

test nedum actu, sed nec habitu sobolem procreare, ... illa non potest dici proprie uxor... quod requiratur saltem habitus et potentia ad liberos procreandos»[54]; o, in altri termini, giungeva a far dire ad alcuni «quod si iudicio medicorum matris mulieris ita sit destructa ut generare non possit, haec matrimonium contrahere non potest»[55].

Una tale posizione era decisamente respinta dalla canonistica classica, come si può constatare dalla formulazione di illustri scrittori: «matrimonium consummatur etiam sine spe prolis»[56]; «ad validitate matrimonii non requiritur susceptio sobolis neque in actu neque in habitu»[57]: ciò che si richiedeva era una ben precisa congiunzione corporea, che presentasse determinati elementi fisiologici, anatomici e funzionali sufficienti per porre in essere la *causa generationis*, indipendentemente dal fatto che altre ragioni, estranee all'atto sessuale in sé, concorressero a non rendere feconda tale congiunzione corporea. Era cioè nella *actio humana*, compiuta dai due coniugi attraverso la copula coniugale, che si dovevano avere tutti i fattori richiesti per mettere in moto il processo generativo, mentre era indifferente se poi, nell'*actio naturae*, successiva all'amplesso sessuale, non erano dati i fattori necessari per il conseguimento dell'*effectus generationis* [58].

Tale posizione della dottrina classica trova conferma nella soluzione di una questione che impegnò gli studiosi del tempo: il caso della copula posta durante la gravidanza: era essa da ritenersi moralmente lecita e giuridicamente valida in ordine alla consumazione del matrimonio?

Di fatto, dato lo stato di gravidanza della donna, la copula non poteva conseguire il *finis procreationis* né *in actu*, né *in spe*. Tuttavia la dottrina teologica e canonistica dell'epoca non esitò a riconoscere la liceità di una tale copula nel tempo di gravidanza della moglie, e la validità per la consumazione, «quia matrimonium non solum est institutum in officium naturae sed etiam in concupiscentiae remedium, quod minime praestaret, immo irritet matrimonium si tanto tempore coniugibus abstinendum esset»[59].

---

[54] IASON DE MAYNO, *In Codice et Digesto*, 115, nn. 6-10.

[55] IOANNES A. A S. GEORGIO [SEU PRAEPOSITUS], *Commentaria in Decretales*, IV, tit. 17, c. 6, n. 7.

[56] TH. SANCHEZ, *De Sancto Matrimonii Sacramento*, lib. 7, disp. 92, n. 25.

[57] A. BARBOSA, *Tractatus*, I, lex. 1, p. 1, n. 97.

[58] Come scriveva TH. SÁNCHEZ, *De Sancto Matrimonii Sacramento*, lib. 7, disp. 92, n. 30: «Quamvis enim matrimonium sit propter prolem at de essentia eius non est obligatio ad prolem, sed ad actum coniugalem».

[59] TH. SÁNCHEZ, *De Sancto Matrimonii Sacramento*, lib. 9, disp. 22, n. 3.

Era pertanto la copula coniugale, e non l'istituto stesso del matrimonio, a dover essere posta in maniera tale da risultare idonea a raggiungere il fine della procreazione, e dunque ad essere ordinata alla procreazione stessa, pur se qualche difetto funzionale dovuto ad altri fattori concorrenti al processo generativo la rendevano poi di fatto infeconda; in tal caso, seppure il matrimonio poteva dirsi sterile, esso era comunque consumato, essendo stata posta una *copula perfecta*, pur senza realizzazione della generazione.

4.2 *Fattori intellettivi e volitivi della copula perfecta*

La dottrina classica richiedeva nei coniugi, al fine della *consummatio coniugii*, oltre agli elementi materiali, organici e funzionali, una *capacitas animi*, fattori intellettivi e volitivi.

Il punto centrale e delicato della questione risiedeva nell'intenzione finale che doveva pervadere l'animo dei coniugi e che doveva costituire la *causa* e la *ratio* del compimento della copula matrimoniale. Le soluzioni proposte in merito differivano a seconda che ci si muovesse in campo teologico-morale o in quello strettamente giuridico.

In campo morale la dettagliatissima casistica che si rinviene nei manuali dell'epoca circa l'uso «lecito» del matrimonio e circa il cosiddetto debito coniugale[60], rimanda all'esigenza di una intenzione positiva nell'amplesso carnale tra i coniugi: essi compivano l'atto coniugale o per generare figli, o con il fine di soddisfare l'obbligo del debito coniugale, oppure come rimedio alla concupiscenza della carne; in caso diverso da quelli previsti, la copula carnale era posta in modo peccaminoso.

In campo giuridico bastava che i coniugi si unissero senza la intenzione di escludere positivamente la procreazione.

Dopo il breve cenno fatto circa la *voluntas preocreandi* che si richiedeva nei coniugi, si prende ora in esame un altro fattore centrale circa la volontarietà della *copula perfecta*: la *voluntas copulandi*. Ci si chiedeva se essa costituisse o meno un requisito *ad validitatem* per la *consummatio coniugii*[61]. Il problema si poneva soprattutto per la donna:

---

[60] Cfr., tra altri, TH. SANCHEZ, *De Sancto Matrimonii Sacramento*, lib. 9, disp. 1; ALPHONSUS M. DE LIGORIO, *Theologia Moralis*, VI, tract. 6, dub. 2; P. LAYMANN, *Theologia Moralis*, lib. 5, tract. 10, cap. 3, n. 1; B. PONTIUS DE LEÓN, *De sacramento matrimonii*, I, cap. 10, n. 1.

[61] Per completezza dell'*excursus* che si sta facendo, si anticipa un accenno alla questione che è centrale per la presente ricerca e che sarà oggetto specifico della terza

doveva esserci nella donna una specifica *voluntas copulandi* all'atto della consumazione del matrimonio, oppure era sufficiente quella dell'uomo, nel quale, in quanto agente, si dava, per così dire, per scontata?

Direttamente il problema non lo si trova affrontato nella dottrina classica, ma è trattato in modo indiretto nel contesto della *copula vi extorta intra bimestre ad deliberandum*: sulla base della decretale *Ex Publico* di Papa Alessandro III[62], ai coniugi erano concessi, onde favorire lo stato religioso, più perfetto di quello matrimoniale, due mesi di tempo dalla celebrazione delle nozze per decidere se intendessero consumare il matrimonio, rendendolo così assolutamente indissolubile, o se preferissero abbracciare la vita religiosa. Durante i primi due mesi di matrimonio, dunque, rimaneva sospeso il reciproco diritto e dovere che i coniugi si erano trasmessi, di *petere et reddere debitum coniugale*.

In conseguenza a questa possibilità, i trattatisti classici si posero il problema se la copula carnale estorta con violenza dall'uomo entro tale *bimestre ad deliberandum* fosse da considerare consumativa del matrimonio, rendendo così la loro unione assolutamente indissolubile, oppure non consumativa.

Due furono le correnti di pensiero che si schierarono in modo opposto circa la questione, fortemente dibattuta nell'età aurea delle decretali da teologi e canonisti.

Una prima corrente dichiarava consumato quel matrimonio in cui fosse intervenuta una tale copula coniugale, nonostante la donna fosse risultata contraria. I sostenitori di tale posizione si richiamavano alla Decretale *Discretionem* di Papa Innocenzo III[63], nella quale si affermava che da una tale copula era sorta affinità. I decretalisti che propugnarono questa prima soluzione della questione così si esprimevano: «Nec enim ideo quia coacta fuit mulier prima nocte et invita cognita, non consummatum matrimonium judicabo: quia negari non potest, quin una caro effecti sint, sacramento matrimonii praecedente»[64].

---

parte. Per una trattazione più esauriente della questione si rimanda pertanto colà.

[62] X. 3. 32. 7.

[63] X. 4. 13. 6.

[64] HENRICUS DE SEGUSIO [SEU HOSTIENSIS], *Summa aurea*, III, tit. *De conversione coniugatorum*, § *Te utrum possit exire*, n. 9. Similmente si esprimono gli altri esponenti della stessa corrente, tra cui menzioniamo i più autorevoli: BALDUS DE UBALDIS; PALUDANUS; DURANDUS A S. PORCIANO; S. ANTONINUS; D. SOTUS; D. COVARRUVIAS, cit. in P.A. D'AVACK, *Cause di nullità e di divorzio*, 293, nt. 1.

Questa prima corrente propugnava una soluzione del problema che non soddisfaceva molti, dal momento che lasciava impunito — per non dire che premiava — nell'uomo un abuso, violando la donna nel suo diritto di discernimento circa un eventuale ingresso nella vita religiosa.

Sostanzialmente fu per tali ragioni che reagì e sorse una seconda corrente dottrinale a prendere una posizione differente circa la questione dibattuta: una *copula vi extorta intra bimestre ad deliberandum* venne ritenuta invalida da tali teologi e canonisti, in nome dei seguenti argomenti: a) «quia dolus nemini debet patrocinari, nec viri culpa alterius bonum impedire debet, ne culpae reus inde commodum reportet»; b) «quia beneficium juris auferendum non est a foemina quae dissentit, quia sine culpa sua nemo debet jure suo privari»; c) «quae contra jus fiunt, debent utique pro infectis haberi, cum ergo contra jus et vitiose oppressa fuerit... quo ad facientem habeatur pro non facto»[65], richiamandosi, per questo ultimo argomento, alla *regula juris* 64 del *Liber Sextus*. Questa seconda corrente concludeva quindi affermando che non fosse una copula coniugale lecita quella posta con donna contraria, e che non fosse da ritenersi consumato il matrimonio, rimanendo in tal modo integro il diritto dei coniugi di transire alla vita religiosa.

Sánchez tentò una sorta di fusione tra le due contrapposte correnti di pensiero. Egli sosteneva che il matrimonio rato cui aveva fatto seguito una copula coniugale *vi extorta intra bimestre ad deliberandum* fosse da considerare consumato; tuttavia, dato il fatto della copula posta contro la volontà della donna, la stessa conservava integro il proprio diritto di passare alla vita religiosa[66]. Pontius de León[67] criticò con forza tale posizione conciliativa sostenuta da Sánchez, mentre non pochi altri autori vi aderirono[68]. La controversia si protrasse immutata, seguitando a trovare sostenitori della prima soluzione presentata (tra cui Victoria, Barbosa, Pontius de León, Zoesius, Tancredi, Engel), e sostenitori della seconda, a favore della non consumazione di un matrimonio in cui fosse intervenuta una copula estorta con violenza durante il *bimestre* (tra cui Fagnanus, Pirhing, Reiffenstuel, Schmalzgrueber e La Croix).

---

[65] I. ANDREAE, *In Decretalium libros*, in VI, tit. *De regul. juris*, reg. 64, n. 12.

[66] TH. SÁNCHEZ, *De Sancto Matrimonii Sacramento*, lib. 2, disp. 22.

[67] Cfr. B. PONTIUS DE LEÓN, *De sacramento matrimonii*, IX, cap. 10, n. 3.

[68] Tra i quali si citano P. DE LEDESMA, *Tractatus*, q. 61, a. 1; F. DE CASTROPALAO, *Operis moralis*, IV, tract. 28, disp. 3, punct. 2, § 1, n. 1; A. CONINCK, *Commentariorum ac Disputationum*, disp. 26, dub. 4, n. 53.

Fu con la emanazione del Codice Pio-Benedettino che, data l'abolizione dell'istituto del *Bimestre ad deliberandum*, si giunse al placarsi di tale controversia.

Gli argomenti favorevoli alla volontarietà della copula erano già stati enunciati dai sostenitori della seconda soluzione sopra presentata: innanzitutto «consensus potissime in matrimonio requiritur; sed matrimonium non est perfectum, nisi per copulam: ergo copula requirit consensum [...] patiens autem coactionem absolutam nihil agit, ergo non consentit»[69].

A tale argomento si aggiunse quello teologico, in base al quale il matrimonio consumato non era altro se non la rappresentazione dell'unione di Cristo con la Chiesa, unione caratterizzata dalla volontarietà:

> Per copulam carnalem vi extortam matrimonium penitus non consummatur; quia matrimonium consummatum repraesentat unionem Christi cum Ecclesia et sortitur jure divino indissolubilitatem. Ergo per eam solam copulam consummatur, quae potest hanc unionem repraesentare, cum omnes quod est alterius signum, debeat illi esse simile. Sed talis est sola copula voluntaria, cum unio Christi voluntaria fuerit, iuxta communem Theologorum[70].

Inoltre si insisteva sul fatto che c'era analogia con la invalidità della ordinazione sacra, qualora fosse intervenuta violenza morale[71]. Altro argomento addotto a sostegno della invalidità della *copula vi extorta intra bimestre* si fondava sul fatto che qualunque azione «per violentiam factam non imputatur quoad humanum vel divinum judicium»[72], per cui una tale copula era da ritenersi priva di ogni valore ed effetto giuridico.

Pertanto la conclusione cui giungevano tali autori era la seguente: soltanto per mezzo di una copula volontaria il matrimonio era da ritenersi consumato, in modo tale che si rendevano necessari due elementi per conferire la *firmitas* al matrimonio, vale a dire il *consensus animi* e la *commixtio corporum*[73].

Coloro che invece optavano per l'altra soluzione della questione si opponevano a tali argomentazioni sostenendo che di fatto i coniugi tra i quali fosse avvenuta la copula durante il *bimestre ad deliberandum*, pur

---

[69] I. ANDREAE, *In Decretalium libros*, in VI, tit. *De regul. jur.*, reg. 64, n. 13.

[70] A. REIFFENSTUEL, *Jus canonicum*, in X. 3. 32. 7.

[71] Cfr. P. FAGNANUS, *Ius canonicum*, in X. 3. 32. 8. 45.

[72] I. ANDREAE, *In Decretalium libros*, in VI, tit. *De regul. jur.*, reg. 64, n. 6.

[73] Cfr. P. FAGNANUS, *Ius canonicum*, in X. 3. 32. 8. 51.

se contro la volontà della donna, erano divenuti, in forza di tale copula coniugale, *una caro*, per cui era sorta quella affinità che non sorge se non dalla consumazione del matrimonio[74]. A detto argomento aggiungeva poi quanto segue: «ex parte viri libere fuit consummatum matrimonium; ergo ex parte eius est omnino indissolubile, quamvis sponsa profiteatur; et cum matrimonium vinculum claudicare nequeat, idem erit ex parte sponsae»[75].

Le due posizioni ora presentate sembrano basarsi su argomenti in sé plausibili, tuttavia esse si muovono su due differenti livelli, per cui riesce difficile, se non impossibile, metterle a confronto: mentre la seconda soluzione si preoccupa di valutare anche la intenzionalità dei coniugi e la incidenza di tale intenzionalità sulla *copula vi extorta intra bimestre ad deliberandum* ed esige quindi una *voluntas copulandi* da parte di entrambi i coniugi, la prima prescinde dalla intenzionalità ed esamina la questione dal punto di vista prettamente materiale e sostanziale, per cui conclude affermando che, essendo avvenuta la *unitas carnis*, il vincolo doveva ritenersi validamente consumato, pur se la donna fosse stata «prorsus invita, ignorans, dormiens, ebria, insana vel metu coacta». Gli stessi autori poi che riconoscevano la necessità della *voluntas copulandi* restringevano la applicazione di ciò che proponevano al solo caso della *copula vi extorta intra bimestre ad deliberandum*[76], oppure nutrivano dubbi circa la applicabilità della stessa a tutti i casi in cui fosse intervenuto *metus*[77].

Presentate le differenti posizioni sorte in merito all'istituto del *Bimestre ad deliberandum*, la questione verrà ripresa nella terza parte del presente studio, ove si approfondiranno il significato e la portata giuridica di detto istituto, particolarmente riguardo la incidenza del *metus* sulla consumazione del matrimonio. Si procede ora nella rassegna storico-giuridica riguardo i concetti di *copula perfecta* e di *consummatio coniugii*.

---

[74] Cfr. B. PONTIUS DE LEON, *De sacramento matrimonii*, IX, cap. 10, n. 2; TH. SANCHEZ, *De Sancto Matrimonii Sacramento*, lib. 2, disp. 22, n. 4; F. DE CASTROPALAO, *Operis moralis*, IV, tract. 28, disp. 3, punct. 2, § 1, n. 1; A. CONINCK, *Commentariorum ac Disputationum*, disp. 26, dub. 4, n. 53.

[75] TH. SÁNCHEZ, *De Sancto Matrimonii Sacramento*, lib. 2, disp. 22, n. 4.

[76] Cfr. E. PIRHING, *Jus Canonicum*, III, tit. 32, sect. 10, n. 55; F.X. SCHMALZGRUEBER, *Jus ecclesiasticum universum*, in X. 3. 32. 11; F. DE CASTROPALAO, *Operis moralis*, IV, tract. 28, disp. 3, punct. 2, § 1, n. 1.

[77] Cfr. TH. SÁNCHEZ, *De Sancto Matrimonii Sacramento*, lib. 2, disp. 22, n. 1.

CAPITOLO V

Correnti interpretative del concetto di copula coniugale sotto la vigenza del Codice Pio-Benedettino

Le nozioni di *copula perfecta* e di *consummatio coniugii* così come elaborate dalla dottrina classica rimasero praticamente inalterate e così le si ritrova nella dottrina e nella giurisprudenza fino agli anni '70 del presente secolo: per la consumazione del matrimonio non basta una qualsiasi congiunzione sessuale, bensì è necessaria la *copula perfecta*, interpretata nel senso di *copula suapte natura apta ad generandum*, posta in modo tale che ad essa possa seguire la generazione, pur se poi di fatto essa non si abbia[1].

Il Legislatore canonico accolse, nella codificazione dell'anno 1917, il termine, certamente poco felice, «actus per se aptus ad prolis generationem» (can. 1081 § 2), termine divenuto tecnico negli ultimi secoli per definire l'atto coniugale al quale è ordinato, per sua natura, il contratto matrimoniale, e attraverso il quale i coniugi consumano il loro matrimonio e divengono *una caro* (can. 1015 § 1). Il Legislatore era ben consapevole delle diverse tendenze che si erano manifestate circa la interpretazione del termine nei decenni immediatamente precedenti la codificazione, tuttavia ritenne che il termine fosse utile se considerato nel senso tecnico convenzionale, comprendente, tra gli atti idonei alla generazione della prole, anche gli atti coniugali degli sterili e quelli posti da persone idonee alla procreazione, ma effettuati in circostanze che

---

[1] Cfr. F.X. WERNZ, *Ius Decretalium*, IV, nn. 29. 427; A. DE SMET, *De sponsalibus et matrimonio*, n. 83; P. GASPARRI, *Tractatus canonicus*, I, n. 514; T.M. VLAMING, *Praelectiones iuris matrimonii*, nn. 264. 266.

rendono impossibile la generazione, ad esempio durante il periodo della gravidanza.

Nella codificazione dell'anno 1917 si richiede, ai cann. 1015 § 1[2] e 1081 § 2[3], che si abbia un atto coniugale che realizzi tra i coniugi la *unitas carnis*, vale a dire che sia idoneo alla procreazione: inoltre si precisa che il diritto fisico che ciascuno dei coniugi trasferisce ed accetta nei riguardi dell'altro coniuge, riflette il compimento degli atti sessuali diretti non tanto ad una qualsiasi congiunzione sessuale, ma appunto a quella almeno potenzialmente idonea alla *generatio prolis*.

Nel can. 1015 § 1 compare un inciso, «nondum consummatione completum est», che non verrà ripreso dal Codice del 1983, il quale si limiterà a contrapporre il matrimonio rato a quello anche consumato[4]. L'inciso del can. 1015 § 1 nel Codice Pio-Benedettino sta ad indicare per così dire un *completamento* apportato dalla consumazione al matrimonio valido tra due battezzati. Circa la omissione del Codice attualmente in vigore rimandiamo al capitolo successivo, nel quale si curerà un raffronto tra le due codificazioni in materia di consumazione del matrimonio.

Se gli elementi contenuti nella codificazione del 1917 circa la consumazione del matrimonio paiono essere recepiti in modo uniforme dalla dottrina e giurisprudenza, è d'altra parte vero che coesistono e si scontrano diverse opinioni circa la formulazione del concetto giuridico di *copula perfecta* e circa quegli elementi fisiologici da ritenersi necessari al compimento della stessa.

Le correnti principali che si vengono a formare circa il concetto di *copula perfecta* e circa i suoi elementi necessari possono essere classificate schematicamente in quattro, due delle quali estreme, e quindi inaccettabili, mentre le restanti due si distinguono per l'accentuazione, talvolta eccessiva, di elementi accolti dalla dottrina comune, pur se forse insufficienti di per se soli[5].

---

[2] «Matrimonium baptizatorum validum dicitur ratum, si nondum consummatione completum est; ratum et consummatum, si inter coniuges locum habuerit coniugalis actus, ad quem natura sua ordinatur contractus matrimonialis et quo coniuges fiunt una caro».

[3] «Consensus matrimonialis est actus voluntatis quo utraque pars tradit et acceptat ius in corpus, perpetuum et exclusivum, in ordine ad actus per se aptos ad prolis generationem»

[4] Cfr. can. 1061 § 1 CIC/1983.

[5] Si preferisce non definirle «teorie» come fa ad esempio P.A. D'AVACK, *Cause di nullità e di divorzio*, 299, dal momento che non assursero a tanto, bensì furono diffe-

1. Prima corrente estrema:
sopravvalutazione degli elementi fisici[6]

Qualifichiamo così la corrente di pensiero manifestatasi alla fine del secolo scorso e agli inizi del presente — quindi prima della promulgazione del Codice del 1917 —, in base alla quale si richiede, ai fini della copula coniugale, la presenza effettiva di tutti gli elementi necessari alla fecondazione. Si intravede subito quale fosse il pericolo di una tale visione: gli sterili, i quali da sempre e chiaramente erano stati ritenuti idonei al matrimonio, ne sarebbero invece stati esclusi.

Tale posizione sorge sul fondamento di una sopravvalutazione della *generatio prolis* quale fine primario e immediato del matrimonio. Per *copula perfecta* si intende dunque quella *de se apta ad prolem generandam*, nel senso che non solo il processo copulatorio, bensì anche quello postcopulatorio deve essere completo ed idoneo alla sopravvenienza della prole.

Tutta questa costruzione si basa sul presupposto secondo cui la procreazione è ritenuta oggetto e finalità essenziale del matrimonio: non soltanto la causa, bensì l'effetto generativo andrebbe verificato per aversi la *consummatio matrimonii*. Inoltre si intende affermare una equiparazione tra i sessi: anche nella donna, come nell'uomo, deve riscontrarsi l'esistenza non solo della *potentia copulandi*, bensì anche di quella *generandi*; come infatti nell'uomo si richiede la elaborazione del liquido seminale nei testicoli, così nella donna si deve avere la elaborazione degli ovuli nelle ovaie e deve darsi la loro fecondabilità ad opera del seme maschile[7].

Irrilevante rimane poi la eventualità che non si abbia procreazione dalla copula così intesa, dal momento che la causa può risiedere non in un difetto intrinseco dei coniugi, bensì in uno estrinseco, accidentale, fortuito e che si può rimuovere[8]. In tal modo si giustifica il fatto che gli adolescenti, le donne in menopausa e gli anziani siano da ritenersi idonei alla consumazione del matrimonio.

---

renti posizioni e interpretazioni alle quali aderirono alcuni anche autorevoli canonisti.

[6] Cfr. G. ANTONELLI, *De conceptu impotentiae*; ID., *Pro conceptu impotentiae*; ID., *De mulieris excisae impotentia*; ID., *Brevis synopsis historica*; F.X. WERNZ, *Ius Decretalium*, IV, 147, nt. 34; M. CONTE A CORONATA, *Institutiones iuris canonici*, III, n. 303.

[7] Cfr. G. ANTONELLI, *Brevis synopsis historica*, n. 32; ID., *De conceptu impotentiae*, nn. 78. 88; M. CONTE A CORONATA, *Institutiones iuris canonici*, III, n. 320-321.

[8] Cfr. G. ANTONELLI, *De conceptu impotentiae*, n. 59.

Il limite di tale posizione risiede nel fatto che essa pone a presupposto la procreazione effettiva: il fine della generazione viene assunto in modo assoluto quale fine essenziale ed effettivo del matrimonio stesso, a prescindere dagli altri fini del *mutuum adiutorium* e del *remedium concupiscentiae*. In realtà la Chiesa riconobbe sì al fine della procreazione il ruolo di *finis primarius coniugii*, ma non anche di causa e finalità unica necessaria del sacramento-contratto.

E' la copula coniugale a dover risultare intrinsecamente idonea e diretta alla finalità della procreazione, e non il vincolo stesso matrimoniale, intendendo, come facevano i sostenitori di questa corrente, che anche a livello postcopulatorio debbano essere dati tutti e perfettamente gli elementi per il concepimento.

Inoltre va rilevato che la equiparazione tra i sessi propugnata non teneva conto di un elemento importantissimo: nell'uomo gli organi generativi richiesti dalla teoria classica costituiscono fattori propri del congresso carnale, e quindi sono necessari per la *copula perfecta*, mentre i corrispondenti organi generativi richiesti nella donna dai sostenitori di questa corrente di pensiero sono fattori propri del processo postcopulatorio, che entrano in azione solo dopo che si è posta la *copula perfecta*, e non sono da ritenersi rilevanti ai fini della consumazione del matrimonio.

In pratica, pur se i fautori di questa corrente di pensiero non osavano affermarlo chiaramente, la sterilità, come visto, avrebbe costituito incapacità alla copula coniugale e, quindi, al matrimonio, la qual cosa sarebbe totalmente contraria alla dottrina tradizionale come alla prassi giudiziaria e amministrativa della Chiesa.

Questa tendenza dottrinale sembrava del tutto superata da decenni, quando, nel 1974, Anastasio Gutiérrez pubblicò un volume nel quale difese come dottrina certa il fatto che la donna priva degli organi postvaginali (ovaie e utero) fosse da ritenersi impotente al matrimonio. L'autore sintetizza nel modo seguente gli argomenti che invoca a sostegno della propria posizione:

a) manca la sessualità essenziale della donna da donare all'uomo per la mutua integrazione sessuale; manca il soggetto e l'oggetto del consenso; manca uno degli elementi costitutivi l'unificazione sessuale del matrimonio; b) è impossibile per sé in modo perpetuo e irrimediabile il fine oggettivo essenziale proprio del matrimonio; c) la donna recisa è canonicamente impotente, sia di impotenza coëundi matrimoniale, sia di impotenza generandi[9].

Già dal tenore di questa sintesi si comprende come l'autore si basi su un concetto di matrimonio e di essenza e fini del matrimonio tratto da sue personali costruzioni e deduzioni; ma ciò che è ancor più grave si rinviene nelle conclusioni cui giunge Gutiérrez a livello pratico: il matrimonio con donna recisa — e quindi priva di organi postvaginali (ovariectomizzata o isterectomizzata) — andrebbe impedito perché invalido; i tribunali ecclesiastici dovrebbero ricevere cause di nullità di matrimonio contratto da o con donna certamente e totalmente recisa prima del matrimonio; l'Ordinario dovrebbe procedere secondo il diritto dei fedeli di veder trattate le proprie cause in forma breve, in base al Motu Proprio *Causas Matrimoniales* di Paolo VI[10].

Tali affermazioni non potevano non suscitare reazioni, necessarie al fine di chiarire i presupposti dai quali partiva l'autore, presupposti assolutamente non in linea con la dottrina della Chiesa e con la prassi seguita dai Dicasteri della Curia Romana. Al riguardo va menzionato un articolo di Navarrete[11] che analizza, punto per punto, le argomentazioni di Gutiérrez mostrandone i punti deboli e quelli insostenibili a motivo dei concetti erronei in quanto ad essenza del matrimonio[12] (alla quale secondo Gutiérrez apparterrebbe la prole come un *ius*, come concausa costitutiva e terzo elemento essenziale, dopo la moglie e il marito!) e in quanto a fini del matrimonio (per Gutiérrez — che scrive anni dopo la chiusura del Concilio Vaticano II — il matrimonio avrebbe un unico fine intrinseco o *finis operis*, cioè la procreazione e l'educazione della prole). Come afferma Navarrete: «Si matrimonium non haberet alios fines operis praeter procreationem et educationem prolis, non posset iustificari nec validitas matrimonii sterilium et senum qui generare non possunt nec moralitas actus coniugalis qui scitur certo non foecundus, v. gr. tempore praegnationis»[13]. Infatti la posizione di Gutiérrez si pone in contraddizione con quanto da sempre era pacifico per la Chiesa, vale a dire il fatto che gli sterili e gli anziani (ormai non più fecondi) fossero ammessi senza obiezione alcuna al matrimonio.

---

[9] A. GUTIÉRREZ, *Il Matrimonio*, 190.
[10] Cfr. A. GUTIÉRREZ, *Il Matrimonio*, 190.
[11] Cfr. U. NAVARRETE, «De muliere excisa», 335-361; cfr. inoltre ID., «Nota», 378-381.
[12] Cfr. U. NAVARRETE, «De muliere excisa», 339-341.
[13] Cfr. U. NAVARRETE, «De muliere excisa», 349.

Come si comprende, Navarrete conclude negando che la donna recisa venga impedita al matrimonio e affermando — come era del resto prassi — che i Tribunali ecclesiastici non possano ammettere, per mancanza di *fumus boni iuris*, cause di nullità per carenza di organi postvaginali; respinge inoltre ovviamente che l'Ordinario possa procedere alla trattazione sommaria (forma breve) di tali casi[14].

2. Seconda tendenza estrema: sopravvalutazione degli elementi psicologico-affettivi[15]

Questa tendenza, che diede senza dubbio un notevole contributo al progredire della conoscenza del matrimonio, si manifestò con forza negli anni '30 ad opera soprattutto di autori tedeschi, pur se in precedenza non erano mancati indizi di un tale indirizzo di pensiero anche in Italia.

Sostanzialmente la posizione in questione riconosce il fine essenziale e immediato del matrimonio nel *mutuum adiutorium* e nella *unitas carnis* intesa quale integrazione a livello spirituale tra i coniugi e perfezionamento loro reciproco in una comunione profonda a livello psicofisico. Gli autori che propugnano tale interpretazione muovono una forte critica al presupposto sottostante alla posizione sopra esaminata, sostenendo che essa si volgerebbe unicamente in modo quantitativo a un dato puramente materiale del consorzio coniugale: la *copula ad generationem ordinata*, mentre per i fautori della copula unitiva l'effettivo senso del matrimonio risiede nell'unità dei due sposi come realtà vivente, come comunione vitale e fusione spirituale e fisica.

La *copula perfecta* sarebbe quindi quella in cui *coniuges efficiuntur una caro*, laddove la *una caro* è intesa nel senso ampio prospettato, e non quale semplice accostamento materiale di organi.

Con una accentuazione tanto radicale della compenetrazione della anime dei coniugi e del *mutuum adiutorium* si finiva, però, per debordare in una concezione estranea al diritto e ben difficilmente traducibile nella prassi giuridico-canonica: come è infatti possibile misurare il grado di intensità della compenetrazione tra i coniugi? Quando sarebbe da ritenersi sufficiente la loro integrazione psicofisica tanto da poter dichiarare avvenuta la *copula perfecta*?

---

[14] Cfr. U. NAVARRETE, «De muliere excisa», 361.

[15] Cfr. H. DOMS, *Sinn und Zweck der Ehe*; ID., «Du sens et de la fin du mariage», 524; C. VIGLINO, «Un curioso equivoco», 1-26; ID., «Fondamento dell'indissolubilità del matrimonio», 142.

In verità anche gli scrittori più antichi dell'epoca aurea dello *Ius Decretalium*, i quali, come visto sopra, fondarono sull'*unitas carnis* la loro concezione di *commixtio seminum*, non considerarono mai la *unitas carnis* quale fine a se stessa, o per il fine del completamento delle personalità dei coniugi, bensì la intesero ordinata alla generazione e, solo in ragione di tale *ordinatio*, la assunsero ad elemento essenziale della consumazione del matrimonio.

In base ad una siffatta concezione non si finirebbe che per riservare il matrimonio ad una élite di coniugi in grado di raggiungere un livello elevato di compenetrazione psicofisica; inoltre verrebbe minato alla base il fondamentale principio dell'indissolubilità stessa del matrimonio, giacché un tale vincolo perderebbe ragione di sussistenza allorché venisse meno l'amore tra i coniugi, oppure non venisse ad approfondirsi a sufficienza per una perfetta compenetrazione.

In ultima istanza non si comprende come possa giustificarsi la necessità nei nubenti della *potentia coëundi* per la capacità al matrimonio, dal momento che, anche senza una tale potenza, i coniugi possono ottenere quegli effetti unitivi e affettivi tanto sottolineati dagli autori che sostengono una tale posizione. Si deve anzi concludere che, portata alle estreme conseguenze, questa teoria non giustifica a sufficienza neppure la necessità dell'eterosessualità tra i coniugi, dal momento che un alto grado di compenetrazione affettiva può benissimo essere raggiunto anche tra omosessuali.

Questa tendenza fu motivo di grande preoccupazione durante il Pontificato di Pio XII e meritò diversi interventi del Magistero tendenti a correggere le possibili deviazioni. Si pensi alla esplicitazione fatta dal Pontefice in occasione della apertura dell'anno giudiziario 1941 alla Rota Romana[16]: l'insistenza è posta sull'equilibrio con il quale vanno

---

[16] Cfr. *AAS* 33 (1941) 423: «Due tendenze sono da evitarsi: quella che nell'esaminare gli elementi costitutivi dell'atto della generazione dà peso unicamente al fine primario del matrimonio, come se il fine secondario non esistesse o almeno non fosse *finis operis* stabilito dall'Ordinatore stesso della natura; e quella che considera il fine secondario come ugualmente principale, svincolandolo dalla essenziale sua subordinazione al fine primario, il che per logica necessità condurrebbe a illogiche conseguenze. Due estremi, in altre parole, se il vero sta nel mezzo, sono da fuggirsi: da una parte, il negare praticamente o il deprimere eccessivamente il fine secondario del matrimonio e dell'atto della generazione; dall'altra, lo sciogliere o il separare oltre misura l'atto coniugale dal fine primario, al quale secondo tutta la sua intrinseca struttura è primieramente e in modo principale ordinato»; cfr. U. NAVARRETE, *Structura iuridica matrimonii*, 29-30.

valutati i *fines matrimonii* escludendo tendenze estreme, le quali sono rappresentate proprio dalle prime due correnti ora esaminate circa il concetto di copula consumativa del matrimonio.

Pochi anni dopo il S. Offizio, in un Decreto del 1 aprile 1944, con una terminologia ancor più puntuale, richiamava alla necessità di un retto intendimento dei *fines matrimonii* e della loro subordinazione[17].

3. Terza tendenza: esagerata accentuazione degli aspetti fisiologici[18]

Questa tendenza dottrinale, sorta all'inizio del presente secolo come reazione alle opinioni che accentuavano esageratamente la finalità procreativa del matrimonio, fu particolarmente sviluppata attraverso il contributo di Arendt negli anni '20. Tolti gli elementi polemici del momento, questa corrente può, in ultima analisi, essere considerata come un anticipo della dottrina poi sancita dal Decreto della Congregazione per la Dottrina della Fede del 13 maggio 1977 circa la non necessità dell'eiaculazione di *semen in testiculis elaboratum* perché si abbia una copula coniugale, ferma restando la necessità della eiaculazione da parte dell'uomo.

Tuttavia non è da approvare, quale criterio determinante della copula coniugale consumativa del matrimonio, la insistenza sulla *satiatio* o *resolutio naturae*. In effetti, secondo la spiegazione fornita dai sostenitori della tendenza in oggetto, il fine dell'*ordinatio ad generationem* nell'istituto matrimoniale andava considerato in concorrenza con quello del *remedium concupiscentiae*, il quale, già da solo, quale oggetto e finalità essenziale del matrimonio, era da considerarsi sufficiente per la valida consumazione. Pertanto per *copula perfecta* si intendeva la copula che produceva l'orgasmo, quella cioè che comportava il requisito necessario della idoneità a sedare gli *appetitus concupiscibiles* dei coniugi.

Alla procreazione veniva assegnato il ruolo di fine primario dell'istituto matrimoniale, ma quale fine estrinseco e mediato attraverso l'atto della copula, non unico, né necessario in modo assoluto, mentre gli altri due fini del *remedium concupiscentiae* e del *mutuum adiuto-*

---

[17] Cfr. *AAS* 36 (1944) 103; cfr. il commento di P. U. NAVARRETE, *Structura iuridica matrimonii*, 30-31.

[18] Cfr. A. VERMEERSCH, *Theologiae moralis principia*, IV, 29, n. 34; G. ARENDT, «De genuina ratione», 28-69; H. NOLDIN – A. SCHMITT, *Summa theologiae moralis*, III, 573, n. 567; I. ZEIGER, «Nova matrimonii definitio?», 37-59.

rium, in quanto autonomi, seppure estrinseci, erano da ritenersi sufficienti di per se stessi per la validità del vincolo[19].

In tal modo, sempre secondo i sostenitori di questa teoria, si spiegherebbe il fatto che gli adolescenti, le donne in menopausa o quelle prive di ovaie, gli uomini affetti da vasectomia, gli anziani in età senile, ecc., pur se sterili, siano abili a contrarre matrimonio, al contrario di eunuchi e *spadones*: la discriminante sarebbe sempre costituita dalla capacità di porre un rimedio alla concupiscenza e di saziare gli impulsi sessuali della coppia.

Il limite di questa concezione risiede nella mancanza di coerenza e connessione fra il primo presupposto, cioè quello secondo cui il vincolo va riconosciuto come valido anche nel caso in cui non sia possibile raggiungere l'*effectus generationis*, e l'altro, in base al quale la consumazione avverrebbe anche senza una ordinazione alla procreazione, qualora la copula fosse idonea a sedare la concupiscenza della carne.

Del resto i fattori propri della copula saziativa, l'appagamento del desiderio sessuale, l'orgasmo venereo, la *sedatio libidinis*, sono irrilevanti (peraltro sarebbero anche di difficile «misurazione») per il sistema matrimoniale teologico-giuridico della Chiesa.

4. Interpretazione tradizionale del concetto di *copula perfecta*

I sostenitori di tale interpretazione seguono fedelmente la dottrina classica e le sue conclusioni, affermando che la vera *copula perfecta*, necessaria e sufficiente a porre in essere la *consummatio coniugii* sarebbe quella in cui l'atto copulativo, in sé considerato, è idoneo e ordinato alla generazione, indipendentemente dal fatto che poi essa sopraggiunga oppure no, sia per casualità che per cause esterne e successive all'atto coniugale. Pertanto la *procreatio prolis* è intesa da questa corrente quale finalità principale ma non unica e non da compiersi necessariamente.

Prolis generatio ita est finis a natura praestitus matrimonio, ut sit obtinendus non per ipsum matrimonium, sed per copulam maritalem, quae semper libera est coniugibus et quae non semper efficax est, ac proinde actus pro-

---

[19] Cfr. G. ARENDT, cit. in P.A. D'AVACK, *Cause di nullità e di divorzio*, 371.

prius matrimonii est ea ipsa copula maritalis, ad quam potestas per matrimonium obtinetur, sive exinde sequatur proles sive secus[20].

Per spiegare la dottrina tradizionale, Gasparri e molti altri autori distinguono due fasi proprie del processo generativo, di cui solo la prima sarebbe necessaria ai fini della *copula perfecta* e quindi della *consummatio coniugii*: la *actio humana*, vale a dire la penetrazione del membro virile in vagina e la seguente eiaculazione nella stessa, e la *actio naturae*, cioè il susseguente processo di transito dello sperma e della eventuale fecondazione dell'ovulo femminile. Da tale distinzione si evidenzierebbe che il «principio attivo» della copula coniugale è l'uomo, mentre la donna costituirebbe il «principio passivo», inoltre risulterebbe chiaro come unicamente la *actio humana* avrebbe rilevanza giuridica ai fini della *copula perfecta* e della *consummatio coniugii*: nella *actio humana* si avrebbe la *causa generandi*, mentre l'elemento proprio della *actio naturae* sarebbe l'*effectus generationis*[21]. Anche dalla giurisprudenza rotale emerge chiaramente lo stesso concetto desunto dalla dottrina classica[22].

Non mancarono critiche ad una tale netta distinzione tra *actio humana* e *actio naturae*[23], dal momento che la si vedeva come una recisione eccessiva e forzata tra i due momenti tra loro strettamente congiunti. Tuttavia va notato come il punto debole della interpretazione sia da ricercare piuttosto nella imprecisione del linguaggio adottato: questa spiegazione infatti non intendeva far altro che ribadire quanto affermato

---

[20] F.X. WERNZ – P. VIDAL, *Ius Canonicum*, V, n. 228.

[21] Cfr. P. GASPARRI, *Tractatus canonicus*, I, n. 509; F.X. WERNZ – P. VIDAL, *Ius Canonicum*, V, n. 216; F.M. CAPPELLO, *Tractatus canonicus*, V, n. 341, e molti altri autori.

[22] Cfr. c. Prior, sent. diei 17 aprilis 1916, RRD VIII, n. 10: «Huiusmodi actio humana copulae eo ipso quod per penetrationem vasis foeminei cum seminis effusione perficitur, in communi specie actus generativi constituitur, et apta per se est ad prolis generationem. Eius aptitudo ad generationem consistit in ordinatione ipsius essentiali ad finem primarium matrimonii, generationem nempe prolis, quae in ipsa natura copulae tali modo perfectae necessario inest, ita ut ex ea, quantum sit ex natura actus praecisivae considerata, sequi possit generatio. Praecisive dicimus, nam praescindere ab ulteriore opere naturae in prolis conceptione et evolutione, non est idem ac illud excludere, ut ex gr. fit per conditionem in pactum contra generationem prolis... Actio humana copulae igitur, praecisive considerata, opus ulterius naturae in generatione prolis non includit, quia istud in elementis constitutivis copulae non reperitur; sed nec illud excludit, quia copula relationem in sua natura insitam habet ad huiusmodi opus».

[23] Cfr. M. CONTE A CORONATA, *Institutiones iuris canonici*, III, n. 297.

nella dottrina classica e cioè il fatto che esistono due serie di atti e di operazioni: quelli propri dell'amplesso sessuale, e quelli successivi nel tempo, che permettono il compiersi del concepimento e della generazione. Unicamente i primi sono da considerarsi quindi giuridicamente rilevanti ai fini della consumazione del matrimonio, dato che la stessa non può certo dipendere dall'effettivo verificarsi della generazione[24].

Pertanto gli elementi per così dire materiali necessari ai fini della *copula perfecta*, secondo la corrente tradizionale sono i seguenti: a) penetrazione del membro virile in vagina; b) eiaculazione nella stessa del liquido seminale elaborato nei testicoli[25]; senza la necessità di organi generativi femminili, i quali partecipano non al processo copulatorio, bensì a quello postcopulatorio.

A conclusione del presente capitolo non sfugge l'importanza rivestita dalle contrastanti interpretazioni circa il concetto di *consummatio coniugii* e circa i fattori ritenuti propri di una *copula perfecta*: esse contribuirono infatti a chiarificare, attraverso argomentazioni in sintonia con le scoperte medico-scientifiche del tempo, con la tradizione canonistica e con le esigenze poste dalla teologia morale, concetti che avevano e che mantengono una importanza fondamentale e conseguenze giuridiche rilevanti sul piano pratico.

Tuttavia, come si è avuto modo di esporre al capitolo quarto, il vero problema che divise nel periodo intercodiciale persino la prassi dei Dicasteri della Santa Sede consisteva nel concetto di eiaculazione maschile e, particolarmente nella questione attorno al *verum semen*.

Dalle differenti posizioni brevemente schizzate appare chiaro come il concetto giuridico-canonico di *consummatio coniugii* e di *copula perfecta* sia reperibile in quella concezione presentata dalla dottrina tradizionale, la quale maggiormente si fonda sulla dottrina classica sopra presentata.

La *consummatio matrimonii* si ha pertanto allorché viene posta una *copula perfecta*, vale a dire allorché intercorra tra i coniugi, tra i quali è stato espresso un consenso valido al matrimonio, un amplesso sessuale

---

[24] Cfr. P. GASPARRI, *Tractatus canonicus*, I, n. 526, nt. 1; T.M. VLAMING, *Praelectiones iuris matrimonii*, n. 267.

[25] Cfr. CAPPELLO, *Tractatus canonicus*, V, n. 342, ove così si da la definizione di copula perfecta: «Actio qua semen verum effunditur modo naturali in vaginam mulieris».

tale da essere intrinsecamente idoneo e ordinato alla generazione della prole. Tale ordinazione alla prole deve darsi attraverso gli atti propriamente copulatori, mentre non si intende con esso anche la effettiva sortita dell'*effectus generationis*, alla quale concorre necessariamente il processo postcopulatorio. Se si intendesse anche questo ultimo quale elemento indispensabile per la *copula perfecta*, allora si dovrebbe per esempio concludere che la sterilità, allo stesso modo dell'impotenza, costituirebbe un impedimento al matrimonio, cosa che assolutamente e da sempre non é riconosciuta dalla dottrina né dalla giurisprudenza canoniche.

CAPITOLO VI

Evoluzione che preparò la Codificazione dell'anno 1983

Si passa ora a considerare la evoluzione che il concetto di consumazione subì nella seconda metà del presente secolo attraverso il contributo di autorevoli canonisti e attraverso i pronunciamenti di alcuni Dicasteri della Curia Romana, preparando così il campo per la formulazione che si rinviene nel *Codex Juris Canonici* dell'anno 1983.

Certamente anche a introduzione del presente capitolo va precisato che la intenzione di chi scrive non è, né potrebbe essere, quella di offrire una presentazione completa, bensì è guidata da una selezione operata tra differenti autori presi in esame. In tal maniera si intende offrire una panoramica dei canonisti più autorevoli e rappresentativi delle differenti correnti ed interpretazioni dei concetti in questione.

1. La nozione di consumazione in Felice Maria Cappello

Nel suo trattato canonico-morale sui sacramenti, Cappello dedica l'ultimo volume al matrimonio, dopo aver trattato degli altri sacramenti nei precedenti quattro volumi.

Al n. 380 della settima ed ultima edizione, pubblicata nell'anno 1961, egli tratta della consumazione del matrimonio, e pone come presupposto di essa il matrimonio valido, «quia consummari seu compleri nequit, quod non exsistit»: come espressione equivalente a *consumare* viene indicato il *portare a compimento, a pienezza*. Per indicare il momento in cui si ha tale pienezza, Cappello fa riferimento alla *una caro* desunta dai testi biblici[1] e ripresa dal can. 1015 § 1 del Codice Pio-Benedettino.

Egli critica le differenti posizioni sopra presentate ed aderisce alla concezione tradizionale, secondo cui la *una caro* si avrebbe con la vera copula, cioè con la effusione del vero seme, in modo naturale, in vagina[2].

Di seguito vengono prese in considerazione alcune questioni dibattute circa la consumazione, presentando casi particolari, come quello in cui si verifichi concepimento di prole per assorbimento: in questo caso, secondo Cappello, non si tratta sempre di matrimonio consumato, «cum aliquando conceptio haberi possit etiam sine copula seu carnali commixtione»[3].

Circa il modo in cui avviene detta consumazione del matrimonio, egli, rifacendosi ad autori come Tommaso d'Aquino, Sánchez, Bonaventura, Scoto, Pontius de León, Schmalzgrueber, Wernz, Gasparri, indica come necessaria la penetrazione del membro virile in vagina, pur se non perfetta e totale ma parziale, con effusione del vero seme.

L'accento viene posto fortemente sulla consumazione come fatto esterno, che sia possibile provare giuridicamente. Essa deve avvenire in modo naturale, nel modo istituito dalla stessa natura ed ordinato ad ottenere per sé i fini essenziali del matrimonio.

Utile è il rimando al Commentario di Wernz – Vidal che raccoglie quella che può essere considerata la sentenza comune, riproposta poi da Cappello: la consumazione del matrimonio si avrebbe con la copula carnale, la quale deve essere copula perfetta, ovvero atta alla generazione della prole; anche una copula avutasi con incoscienza, nel sonno, oppure estorta con violenza è consumativa del matrimonio. Per tale affermazione i commentatori si rifanno ad autori quali de Smet e D'Annibale[4]. La tematica viene ripresa ed approfondita in uno *Scholion* al capitolo circa l'impedimento di impotenza.

Ovviamente il commento è riferito al can. 1015 § 1 del CIC/1917, resta comunque importante come testo molto particolareggiato e approfondito circa varie tematiche giuridico-canoniche attuali. L'atto coniugale consumativo del matrimonio è la copula, consistente nella «vera

---

1 Cfr. Gen 2,22-24; Matt 19,1-9; Mc 10,1-12; 1 Cor 6,16; Ef 5,22-33.
2 Cfr. F.M. Cappello, *Tractatus canonicus*, V, 354.
3 F.M. Cappello, *Tractatus canonicus*, V, 354-355.
4 Cfr. F.X. Wernz – P. Vidal, *Ius Canonicum*, V, 21.

seminatione per membrum virile intra vaginam facta»[5]. Tale è la copula che rende i coniugi una sola carne ed il matrimonio indissolubile, mentre non si richiede che il seme virile fecondi l'ovulo. Si sottolinea che dietro alla *commixtio seminum* riportata da molti autori che scrivevano prima che si disponesse di una piena conoscenza in campo biomedico della dinamica fecondativa nella donna, vada intesa non tanto la fecondazione vera e propria, quanto l'azione umana che potenzialmente realizza la generazione della prole[6]. La fecondazione artificiale non può essere consumativa del matrimonio in quanto non si tratta di una unione coniugale avutasi in modo naturale. La generazione della prole non implica necessariamente che ci sia stata consumazione del matrimonio. Resta inoltre fortemente dubbio se sia da ritenersi consumato oppure no quel matrimonio valido in cui ci sia stata fecondazione per assorbimento[7]. Nei casi di impotenza dubbia in cui ai coniugi si concedeva un *triennium experimenti copulae* durante il quale si aveva fecondazione per assorbimento del seme e conseguente concepimento, Wernz – Vidal considera consumativa del matrimonio una tale unione, discostandosi dalle opinioni avanzate al riguardo da Cappello, de Smet e Gasparri. Wernz – Vidal conclude comunque affermando che tale questione rimane dubbia e che sia da deferirsi al giudizio della Santa Sede.

Tornando a Cappello, il canonista pone espressamente la questione se la consumazione del matrimonio postuli un atto umano. Egli presenta il consenso come atto propriamente umano, il quale esige necessariamente una sufficiente capacità discrezionale della mente e perfetto uso di ragione. Il consenso, così visto, viene contrapposto alla consumazione: «Consummatio, e contra, postulat tantum factum externum perfectae copulae naturalis, sive haec fiat per actum humanum sive alio modo, sive libere ac scienter ponatur, sive coacte et inadvertenter, sive iuste, sive iniuste. Quare coniux in statu ebrietatis consummare valet matrimonium»[8].

Cappello vede confermata tale sua comprensione della consumazione nel Responso dell'allora S. Offizio con data 2 febbraio 1949[9] circa

---

[5] F.X. WERNZ – P. VIDAL, *Ius Canonicum*, V, 285.

[6] F.X. WERNZ – P. VIDAL, *Ius Canonicum*, V, 285, nt. 70.

[7] Un tale dubbio è ora risolto e casi simili, pur rientrando tra i cosiddetti casi difficili, vengono considerati dispensabili. Si rimanda al riguardo alla normativa della Congregazione per il Culto Divino e la Disciplina dei Sacramenti circa la dispensa per matrimonio rato e non consumato.

[8] F.M. CAPPELLO, *Tractatus canonicus*, V, 356-357.

[9] Il testo del Responso e la relativa problematica vengono esaminati al numero 2

l'uso di mezzi afrodisiaci per porre la copula coniugale. Alla questione proposta, se una tale copula fosse consumativa, il S. Offizio aveva risposto affermando che il matrimonio, in tal caso, si doveva ritenere consumato.

Seguono altre questioni prossime a questa: se sia, oppure no, consumativa del matrimonio la fecondazione avutasi in modo artificiale; se lo sia la sola apposizione del seme maschile all'orifizio vaginale; se l'integrità imenale sia un segno certo della inconsumazione. Circa quest'ultimo punto, Cappello afferma, come ancor oggi è ritenuto dalla dottrina e giurisprudenza, che un imene integro e illeso non è necessariamente segno di non avvenuta consumazione, come, d'altra parte, «hymen corruptus non est semper certum signum consummationis [...], nec semper in primis copulis frangitur»[10].

Cappello affronta questioni ancora fortemente dibattute e per niente pacifiche per il tempo in cui scrive, fa affermazioni che mostrano dialogo interdisciplinare con la scienza medica, ad esempio riguardo la fecondazione artificiale.

Si nota in Cappello una sottolineatura particolare degli aspetti fisici legati alla sua concezione di consumazione del matrimonio: ciò conferisce un rilievo eccessivo all'atto coniugale considerato esclusivamente nel suo aspetto materiale. Alle affermazioni abbastanza all'avanguardia sopra menzionate circa questioni mediche, fanno seguito formulazioni molto severe circa la unione coniugale propriamente intesa: la consumazione del matrimonio viene contrapposta al consenso e viene implicitamente detto, attraverso l'inciso «*e contra*», che quella non postula un atto umano inteso in senso vero e proprio, come è invece per il consenso. Solo il fatto esterno della perfetta copula naturale è richiesto, e, come sopra riportato, poco importa se essa sia compiuta attraverso un atto umano oppure in altro modo, se vi sia stata libertà e coscienza, oppure coazione e inavvertenza, sia giustamente che ingiustamente. Sicché, anche se in stato di ebbrezza, secondo Cappello il matrimonio si deve ritenere consumato.

Una tale durezza di espressione sembra doversi attribuire ad una analisi puramente meccanica di un fatto tecnico, non certo di un atto umano, come quello della consumazione del matrimonio che interviene tra due persone tra cui sia stato espresso un consenso reciproco valido alla vita coniugale.

---

del presente capitolo, 95-97.

    [10] F.M. CAPPELLO, *Tractatus canonicus*, V, 359.

Non si tratta di affermazioni tanto lontane nel tempo, neppure dal tempo della codificazione attuale; esse sembrano basarsi unicamente sugli aspetti anatomici e fisiologici della copula coniugale; né si tratta della opinione isolata di un autore, pur se autorevole: essa rappresenta infatti la dottrina comune del tempo, pur se Cappello la presenta con particolare incisività. Presto, però, si leveranno altre voci contrarie, ed oggi una tale visione non è più condivisa da alcun autore.

2. Decreto del S. Offizio circa l'uso di afrodisiaci (2 febbraio 1949)

Il testo del Responso circa l'uso di afrodisiaci cui faceva riferimento Cappello, non fu mai pubblicato negli *Acta Apostolicae Sedis*, ma venne divulgato attraverso diverse riviste, tra le quali *Periodica*, accompagnato da un commento di F. Hürth che è interessante prendere brevemente in esame[11].

La questione sottoposta all'allora S. Offizio: «An matrimonium haberi debeat inconsummatum si essentialia copulae elementa posita sunt a coniuge qui ad unionem sexualem non pervenit nisi adhibitis mediis aphrodisiacis, rationis usum actu intercipientibus», ottenne, in data 2 febbraio 1949, la seguente risposta: «Negative».

Hürth afferma la caratteristica di atto umano quale propria del consenso *ex conceptu suo*. Resta dunque da ritenere che «ad consummationem matrimonii sufficere merum factum perfectae copulae naturalis, sive haec fuerit facta per actum humanum sive alio modo, sive fuerit exercita libere et iuste, sive tantummodo coacte et contra ius»[12].

A rafforzare ciò, vengono citati passaggi tratti da de Smet, Gasparri, Wernz, ed in ispecie da Sánchez, il quale rapporta la consumazione alla unione indissolubile di Cristo con la Chiesa, unione aventesi attraverso un atto libero. Sánchez non vede come una copula coniugale estorta con violenza possa ostacolare la consumazione, e motiva ciò sostenendo che è la sostanza del fatto compiuto ad avere valore, e non il modo in cui esso è stato realizzato; è la sostanza dell'atto a rendere i coniugi una sola carne, come Cristo, assumendo la natura umana, con la Chiesa; mentre la copula estorta con violenza non sarebbe che il modo in cui

---

[11] F. HÜRTH, «Dubium circa consummationem matrimonii», 220-227. Hürth nel 1949 era Consultore del S. Offizio ed è molto probabile che fosse l'autore del testo del *dubium*.

[12] F. HÜRTH, «Dubium circa consummationem matrimonii», 221.

viene rappresentata l'unione di Cristo con la Chiesa, spontanea questa, violenta quella.

Da ciò prende lo spunto Hürth per fornire un paragone con la consumazione avutasi nel sonno, o in altro stato senza per sé volontà contraria: quest'ultimo caso è presentato come consumativo del matrimonio: «sufficit enim merum materiale factum praestationis rei debitae»[13]. Nel contratto matrimoniale lo *ius quaesitum* ha come oggetto immediato il corpo del coniuge in ordine alla copula naturale; importante è dunque che si verifichino, secondo Hürth, quegli elementi essenziali caratterizzanti il fatto esterno, mentre per quanto riguarda la avvenuta o mancata consumazione, ciò resta indipendente dal motivo e dal modo in cui essa ha luogo. La conclusione suona così: «quemlibet etiam modum consummationis — (dummodo elementa essentialia integre praestentur) — esse licitum et honestum, dignitati personae humanae ac sacramentali matrimonii christiani sanctitati correspondentem»[14].

Di seguito viene poi considerata la relazione tra consumazione e impotenza: la questione relativa alla potenza non è quella riguardante l'atto, bensì riguardante il soggetto che lo pone, con il proprio essere dinamico e la disposizione interna, secondo la sua propria attuabilità abituale, costante e permanente.

L'uomo che fa uso di mezzi afrodisiaci non è che muti le proprie condizioni dall'interno in modo tale per cui da impotente diventi potente, bensì immette dall'esterno stimolanti chimici che non cambiano la naturale potenza interna di cui già deve essere dotato.

Così viene interpretato il Responso del S. Offizio da Hürth, e così argomenta questo teologo moralista sostenendone la presa di posizione.

Certo è che, se la copula coniugale viene posta sotto l'effetto di sostanze afrodisiache che privano dell'uso di ragione il soggetto che le ha assunte (così alla lettera suona il testo del Responso sopra riportato), allora le conclusioni alle quali perviene Hürth sono alquanto forzate, non intendendosi come un soggetto privato dell'uso di ragione possa porre validamente un atto con una rilevanza tanto grave. Come scrive Navarrete: «non apparet quomodo ille actus non humanus sit capax producendi effectus theologicos et iuridicos adeo graves et sacros, qui iure divino ex consummatione promanant»[15].

---

13 F. HÜRTH, «Dubium circa consummationem matrimonii», 223.
14 F. HÜRTH, «Dubium circa consummationem matrimonii», 224.
15 U. NAVARRETE, «De notione et effectibus», 637.

Solo il punto di partenza di Hürth (il considerare la consumazione del matrimonio unicamente nella sua materialità, per cui perde assolutamente importanza il modo in cui essa avviene) può far capire come egli possa pervenire a tali conclusioni.

Chi assume mezzi afrodisiaci in modo tale da perdere l'uso della ragione, da non essere *compos sui*, non si vede come possa essere capace di un atto umano. Ciò sia detto a maggior ragione per un atto come quello in questione, che comporta effetti giuridici tanto gravi in campo canonico.

3. La «consommation existentielle et dans la foi du mariage»: Jean Bernhard

A distanza di un solo decennio dalle formulazioni di Cappello sopra riportate emergeva dalle pubblicazioni di Jean Bernhard, Professore di Diritto Canonico presso la Facoltà di Teologia Cattolica dell'Università di Strasbourg, un approccio totalmente diverso al concetto e alla realtà della consumazione matrimoniale.

Egli pubblicava, nel 1970, un primo contributo di quella che sarebbe poi divenuta la ipotesi della «*consommation existentielle et dans la foi du mariage*». Il suo proposito consisteva nel tentativo di riformulare il concetto di *matrimonio rato e consumato* alla luce del Concilio Vaticano II, senza tuttavia porsi contro la dottrina comune indicata e seguita dal Magistero: «Certes nous n'avons pas la prétension d'énoncer des solutions définitives, que le Magistère n'aurait pour ainsi dire qu'à entériner»[16].

Il punto di partenza è proprio la domanda che si pone Bernhard: egli si chiede se la dottrina del Vaticano II circa il matrimonio non rimetta in causa il senso tradizionale dell'espressione *matrimonium ratum et consummatum*[17].

Altro presupposto al contributo di Bernhard è la sua adesione alla affermazione di Huizing: «Le sacrement n'est présent dans la plénitude de sa réalité, que si l'homme et la femme réalisent dans leur vie, intégralement, ce don mutuel»[18]. Bernhard trae da tale affermazione

---

[16] J. BERNHARD, «A propos de l'indissolubilité», 49.

[17] Onde evitare ripetizioni, si rimanda all'ultima parte del presente lavoro per l'apporto specifico del Concilio Vaticano II in materia di atti coniugali: si preferisce infatti trattare questo tema nel contesto dell'intendimento di *humano modo*.

[18] P. HUIZING, «L'indissolubilité du mariage», 53.

l'altra domanda: gli sposi sono realmente capaci di realizzare integralmente il dono mutuo di sé?

Non negando che la relazione carnale degli sposi apporti una dimensione nuova al loro matrimonio «ratificato», Bernhard si chiede se sia
sufficiente un tale atto coniugale per realizzare nel modo più perfetto
possibile l'immagine dell'unione di Cristo e della Chiesa. Egli aggiunge che il matrimonio rato non è che il simbolo dell'unione di Cristo e
dell'anima attraverso la grazia, anch'esso è l'immagine dell'unione di
Cristo con la Chiesa, almeno attraverso la carità e la grazia. Un tale legame di grazia non può essere spezzato. Bisognerebbe dunque concludere che anche il matrimonio non consumato è assolutamente indissolubile, in ragione del suo simbolismo, ma di fatto non è così. Il motivo
di questa indissolubilità così come viene intesa oggi sarebbe il risultato
di una «interferénce entre deux thèses divergentes sur la formation du
lien matrimonial»[19], cioè quello che, secondo Bernhard, è il compromesso realizzato da Alessandro III tra la tesi della Scuola di Bologna, e
quella della Scuola di Parigi.

In breve, proprio per la necessità di porre fine alla coesistenza di tali
teorie divergenti, si sarebbe dimenticato, almeno in pratica, che il matrimonio simbolizza, già a partire dallo scambio del consenso, l'unione
di Cristo e della Chiesa.

E' senza dubbio degna di attenzione una nota a piè di pagina di
quello che può essere detto l'articolo fondamentale di Bernhard circa la
«consumazione esistenziale e nella fede»:

> A notre avis, la consommation physique du mariage serait à considérer
> comme le complément du consentement au plan de la formation du lien.
> Etant donné l'originalité de l'homme qui est d'être un esprit-corp (et un
> corps esprit), la consommation physique permettrait au consentement de
> s'actualiser en un acte pleinement humain[20].

A ciò segue una interpretazione del passo di Matt 9,4-6 circa il concetto della *una caro*, letto non solo con riferimento all'atto coniugale,
ma anche in senso morale: essere *una caro* è formare un solo essere,
una comunità di vita in cui ognuno degli sposi ha parte della condizione
dell'altro mentre i due affrontano insieme le responsabilità. Le parole di
Gesù significherebbero che il matrimonio è sempre oltre il mero esercizio della sessualità.

---

[19] J. BERNHARD, «A propos de l'indissolubilité», 55.
[20] J. BERNHARD, «A propos de l'indissolubilité», 56, nt. 27.

Viene quindi considerata più da vicino la dottrina del Concilio Vaticano II in materia, in particolare la Costituzione Conciliare *Gaudium et Spes*, sottolineando la concezione personalistica dell'amore. Il Concilio avrebbe abolito, almeno implicitamente, la gerarchia dei fini del matrimonio, e, parlando della missione degli sposi, insisterebbe sul loro mutuo sostegno con l'intima unione delle loro persone e delle loro attività, dunque su quello che Bernhard chiama «l'approfondissement progressif de leur unité»[21]. Richiamando passi tratti dal primo capitolo della seconda parte di *GS*, egli conclude sottolineando come per la dottrina conciliare il matrimonio supponga un costante superamento di se stessi, la conversione permanente dei cuori; non concepisce dunque come il punto culminante della consumazione del matrimonio possa consistere nel primo atto coniugale che segue lo scambio del consenso.

Nulla vieterebbe, secondo Bernhard, di pensare che la dottrina conciliare del matrimonio possa condurre la Chiesa a rivedere nella pratica la nozione attuale di matrimonio sacramentale consumato, ciò anche per analogia con il processo di rinnovamento della formazione alla vita religiosa[22]: la prima decisione di un candidato per il noviziato implica presa di coscienza della chiamata di Dio ed un grado di maturità umana e spirituale che gli permetta di rispondere a tale appello con responsabilità e libertà sufficienti; questa prima decisione non esige necessariamente che il candidato sia in grado di realizzare immediatamente tutte le obbligazioni che vengono dalla vita religiosa o dalle opere dell'Istituto, bensì deve essere giudicato capace di pervenirvi progressivamente.

Analogamente viene proposta una riconsiderazione del concetto di matrimonio rato e consumato, perché si sottolinei la *progressività* della crescita nella relazione tra i coniugi, i quali realizzano sempre più perfettamente la *una caro* biblica. Il matrimonio sarà dunque considerato consumato, e pertanto assolutamente indissolubile, allorché gli sposi avranno condotto l'amore coniugale ad una certo «*achèvement humain et chrétien*», simbolo esplicito dell'Alleanza, allorché avranno acquisito piena coscienza del fatto che l'indissolubilità del loro matrimonio si radica nella loro fede e nella loro fedeltà a Cristo.

Bernhard riconosce che una tale visione si lascia difficilmente tradurre in termini giuridici, e vede la necessità di passare ad applicazioni concrete; la prima consisterebbe nell'innalzamento dei presupposti mi-

---

[21] J. BERNHARD, «A propos de l'indissolubilité», 59.
[22] Cfr. PAOLO VI, istruz. *Renovationis causam*, 103-120.

nimi perché un matrimonio sia consumato: non basterà più che i coniugi siano battezzati, che abbiano contratto matrimonio secondo le pre-
scrizioni del Diritto Canonico ed abbiano consumato fisicamente il
matrimonio. Una tale unione non sarebbe più considerata automaticamente come assolutamente indissolubile. E addirittura «peut-être même
pourrait-il arriver bien souvent qu'on soit en droit de tirer de la rupture
définitive d'un mariage la présomption de sa non-consommation»[23].

Quattro anni più tardi Bernhard mette ulteriormente a fuoco la propria ipotesi della consumazione esistenziale e nella fede del matrimonio
cristiano, sottolineando l'aspetto vivente, evolutivo e dinamico di tale
sacramento; in seguito a ciò egli dà al concetto di consumazione non
più il senso di un primo coito, o della pienezza di un'unione puramente
sessuale, ma quello «d'une "unité" charnelle, psychologique et spiri-
tuelle ayant acquis une réelle stabilité»[24]. Tale ipotesi permetterebbe di
orientare con forza i cristiani verso l'ideale elevato del matrimonio cristiano che si trova nel Nuovo Testamento, tenendo conto delle realtà
concrete dell'esistenza umana e del rispetto dovuto alla diversità delle
culture.

La nozione di consumazione deve dunque, secondo Bernhard, abbandonare tutto ciò che la rendeva statica, come deposito «cosificato»
ed inerte, per esprimere le caratteristiche proprie del sacramento del
matrimonio, vivente, evolutivo, dinamico. Essa deve inoltre essere
estesa ad un'unità psicologica e spirituale, oltre che carnale, un'unità
molto più ampia di quella unicamente sessuale e che si instaura in un
divenire che tende progressivamente alla perfezione.

Una tale visione ha incontrato approvazione, ma non ha mancato di
sollevare critiche ed obiezioni da più parti[25], e certamente induce a
chiedersi come possano categorie proprie del piano esistenziale-
psicologico essere adoperate con la valenza di categorie giuridiche.

Onde far luce sulla evoluzione dei termini in questione negli ultimi
decenni, è doveroso rifarsi a formulazioni che riteniamo essere diame-
tralmente opposte l'una rispetto all'altra quanto quelle sopra presentate,
pur se tra loro non lontane nel tempo: quella di una corrente canonistica

---

23 J. BERNHARD, «A propos de l'indissolubilité», 62.
24 J. BERNHARD, «Perspectives renouvelées», 337.
25 Siano qui menzionati soltanto F. LEBOEUF, *Le divorce*, 201; U. NAVARRETE,
«De notione et effectibus», 650; O. FUMAGALLI CARULLI, *Il matrimonio canonico*, 13;
M.F. POMPEDDA, «La nozione di matrimonio», 358-359.

di cui si è preso a rappresentante Cappello, e quella propugnata da Bernhard, vista con simpatia tutt'oggi da diversi autori.

Come si è già avuto modo di accennare nel sottocapitolo dedicato a Cappello, le formulazioni da questi proposte circa la consumazione testimoniano una concezione materiale, fattuale, esterna della copula coniugale. Cappello non mitigò tale sua posizione neppure nella ultima edizione della sua grande opera dedicata al matrimonio risalente all'anno 1961; edizione nella quale rivide altri punti discussi dalla giurisprudenza in campo matrimoniale, come ad esempio quello circa la necessità o meno del *verum semen*, e circa la impotenza nell'uomo.

Tali formulazioni, che del resto si ritrovano in altri autori sopra citati, sono da attribuire senza dubbio anche alla pressoché esclusiva attenzione della giurisprudenza e della dottrina canonistica, fino al tempo postconciliare circa, agli elementi fisiologici ed anatomici rilevanti per la consumazione, ed alla copula vista nella sua *meccanicità*, come unico elemento di prova per il campo giuridico. Per contro, quelli che sono gli elementi psicologici che concorrono alla copula coniugale sono stati generalmente trascurati o è stata riservata loro una attenzione davvero esigua.

Del resto è innegabile che questi ultimi non vadano sopravvalutati e che all'interno di essi si debba distinguere tra quegli aspetti psicologici fondamentali o essenziali perché la copula coniugale sia consumativa del matrimonio, e quelli che invece possono concorrere ad una maggiore piacevolezza dell'atto coniugale o ad un più sentito appagamento anche psicologico delle persone, dai quali, però, non può dipendere la consumazione stessa, né potrebbero essere invocati come criteri universali attraverso i quali *misurare* per così dire la avvenuta consumazione.

In quanto alla posizione di Cappello, essa non trova più sostenitori oggi, in particolare dopo il Concilio Vaticano II, la cui dottrina circa il matrimonio ha sottolineato fortemente l'aspetto personalistico della relazione tra i coniugi.

L'altra formulazione che si muove per così dire sul versante opposto rispetto a Cappello è quella di Bernhard, sopra presentata. Ad essa hanno aderito diversi autori, provenienti specialmente dall'area nordeuropea, ma anche da oltre oceano[26].

La consumazione del matrimonio così come è intesa in senso tradizionale, che ha luogo con la prima copula coniugale posta in modo

---

[26] A mo' di esemplificazione siano qui citati solo i seguenti: J.T. FINNEGAN, «When is a marriage indissoluble?», 309; R. CHARLAND, «La dispense», 49.

umano dopo il consenso validamente prestato, non sarebbe sufficiente: ai fini di una vera consumazione del matrimonio si richiederebbe una consumazione esistenziale, con compenetrazione psicologica e vitale di massimo grado tra i coniugi.

Come scrive L. Örsy, «He builds his hypothesis on the new understanding that Vatican Council II reached about marriage, and also on the less legal and more pastoral character that our norms must assume in the future»[27]. D'altra parte, come egli aggiunge, «in the practical order, no one has succeeded in determining the legal criteria for spiritual consummation; nor is it likely that the legislator would be willing to transfer such cases from the field of the law to that of pastoral care»[28].

Proprio in questo punto si inserisce la forte critica alla ipotesi proposta da Bernhard. Egli presenta un approccio alla consumazione senza dubbio molto interessante e da tenere, secondo il parere di chi scrive, come punto di riferimento importante sul piano pastorale nella formazione al matrimonio, come anche nella pastorale per gli sposati: l'aspetto di superamento e di dinamica che viene dal sacramento stesso è indubbio, e su di esso si deve insistere; tuttavia ciò non va applicato come tale a livello giuridico o, peggio, adoperato come se si trattasse di una categoria giuridica.

Che la copula consumativa comporti anche una partecipazione affettiva da parte dei coniugi, non può tuttavia essere esigito in ambito giuridico, dove si presuppongono limiti ben definiti ed accertabili. Già il concetto stesso di sentimento amoroso è in sé indefinito ed indefinibile, certamente non univoco per l'universalità delle culture e delle genti che l'ordinamento canonico abbraccia; e si tratta di qualcosa di psicologicamente inafferrabile, mutabile. Circa il presupposto di una comunità di vita perché si abbia copula consumativa, una tale ipotesi porterebbe con sé non pochi problemi:

> in essa infatti si delinea un matrimonio "in prova", sospeso nel suo valore fino al raggiungimento di tale comunità: quindi già il principio secondo cui il matrimonio nasce dal e nel consenso non avrebbe più alcun senso. Inoltre non si vede come potrebbero essere giustificati sul piano morale i rapporti intercorrenti fra i coniugi prima che tale comunità di vita sia stabilita [...]. Ma soprattutto non si vede come e quando potrebbe essere accertata l'esistenza di una tale comunità, la quale rimarrebbe in sospeso fino alla morte di entrambi i coniugi e la cui vitalità presenterebbe poi il problema di

---

[27] L. ÖRSY, *Marriage in Canon Law*, 267.
[28] L. ÖRSY, *Marriage in Canon Law*, 286.

determinare il minimo necessario perché essa sia effettivamente raggiunta e poi giuridicamente accertata. Né si dimentichi che in questa dottrina si capovolge addirittura il significato della vita intima fra i coniugi: essa infatti costituisce un mezzo attraverso il quale l'amore coniugale, cioè la comunanza di vita e di amore fra i coniugi riceve incremento, essendone in pari tempo dimostrazione. Quindi, come del resto generalmente ammette ed insegna la dottrina canonica, nell'elemento volontaristico necessario perché si realizzi la copula consumativa non è intesa questa componente affettiva, tantomeno è presupposta l'effettiva costituzione di una comunità totale di vita, naturale e soprannaturale[29].

Il matrimonio consumato esistenzialmente e nella fede, così come lo intende Bernhard, diverrebbe una istituzione riservata unicamente ad una élite di persone capaci di esso. E inoltre: come si potrebbero definire i criteri per essere in grado di stabilire quando in un matrimonio i coniugi hanno realmente raggiunto una massima compenetrazione umana, psicologica ed esistenziale? Sarebbero in grado i coniugi stessi di indicare questo momento? A partire da quando con certezza si potrebbe dichiarare la indissolubilità di un matrimonio rato e veramente consumato?

Quella proposta da Bernhard è certamente una ipotesi interessantissima tra quelle avanzate in materia matrimoniale in epoca postconciliare, proprio perché muove da premesse alle quali il canonista, sempre più sensibile alle esigenze spirituali del legame matrimoniale, non può restare indifferente.

Permangono tuttavia, al suo riguardo, i dubbi su esposti, e il convincimento della necessità di distinguere chiaramente i differenti livelli, onde non creare confusione alcuna.

Presentate le posizioni di Cappello e di Bernhard in materia di consumazione, va detto che esse appaiono palesemente quali posizioni estreme e risulta facilmente ravvisabile in esse ciò che non può essere accettato sul piano giuridico-canonico. Tuttavia la discussione vera e propria in materia di consumazione non ebbe luogo tra queste due posizioni estreme, bensì tra coloro che si mantenevano all'interno di detti estremi e che, non sposando posizioni tanto estreme quanto quelle menzionate, propugnavano una soluzione intermedia e una visione per così dire sinfonica degli elementi richiesti al fine appunto di una copula consumativa del matrimonio: quelli anatomico-fisiologici e quelli psicologico-esistenziali.

---

[29] M.F. POMPEDDA, «La nozione di matrimonio», 358-359.

4. Il *Coetus studiorum* per la revisione delle norme matrimoniali

Papa Giovanni XXIII costituiva, in data 28 marzo 1963, la Pontificia Commissione per la Revisione del Codice di Diritto Canonico, appunto perché i suoi membri, in vista della promulgazione di un nuovo Codice di Diritto Canonico, si occupassero dello studio del Codice Pio-Benedettino e di ciò che in esso doveva essere rivisto. Detta Commissione sviluppò progressivamente il proprio lavoro secondo le direttive opportunamente date da Paolo VI, il quale precisò i compiti specifici di investigazione e di studio della Commissione stessa in un triplice indirizzo: oltre all'incarico primario di rivedere l'intera legislazione canonica della Chiesa Latina alla luce soprattutto dei Decreti del Concilio Vaticano II, il Santo Padre affidò alla Commissione altri due importanti compiti: quello di studiare la possibilità di elaborare una Legge fondamentale o costituzionale per l'intera Chiesa Cattolica[30] e quello di essere organo consultivo per tutti gli atti normativi che richiedevano una modifica oppure una integrazione del diritto allora vigente[31].

Nella relazione pubblicata in *Communicationes* si legge, circa la questione che interessa il presente capitolo, che

> l'impedimento dell'impotenza, dopo lunga e laboriosa discussione di un'intera settimana, è stato configurato in maniera che dovrebbero anche essere eliminate la questione del *verum semen* e la doppia giurisprudenza finora seguita dalla S. Rota e dalla S. Congregazione per la Dottrina della Fede. Nel canone, infatti, si precisa che si tratta della *impotentia coëundi* e che nel dubbio *sive iuris sive facti* il matrimonio non si può impedire, *nec, stante dubio, nullum declarandum*[32].

I consultori del ceto di studio per la revisione delle norme matrimoniali si erano infatti riuniti per discutere gli schemi proposti in merito alla questione «De impotentia matrimonium dirimenti» nei giorni 16–21 febbraio 1970.

Riassumendo la prima discussione circa la questione posta: «Quaenam copula sit apta ad matrimonii consummationem», si legge negli *Acta Commissionis*:

---

[30] Cfr. PAOLO VI, «Discorso ai Membri e Consultori della Commissione (20 novembre 1965)», 38-42.

[31] Cfr. Lettera circolare della Segreteria di Stato, nn. 115.121 (25 marzo 1968), *Communicationes* 6/1 (1974), 29.

[32] *Communicationes* 6/1 (1974), 38.

His omnibus prae oculis habitis, videtur dicendum ad copulam perfectam, quatenus est actio humana, praescindendo ab actione naturae, requiri in viro erectionem et penetrationem membri virilis in vaginam mulieris ibique seminis depositionem in mulieris vaginam aptam ad receptionem membri. Semen virile requiritur et sufficit quod communiter emittitur, quin necessario sit prolificum seu etiamsi spermatozoide careat[33].

Tra le questioni proposte all'attenzione del *Coetus* vi fu, rilevante per il nostro studio, quella inerente la copula violenta. Con detta locuzione, precisa il Cardinale Presidente del Ceto, si intendono quei casi in cui l'uomo possieda con violenza una donna nolente, oppure in cui l'uomo o la donna assumano afrodisiaci per poter compiere l'atto sessuale, o, ancora, casi in cui la donna debba sottostare a dolori intollerabili. Il primo di questi casi viene risolto con votazione nella quale la maggioranza è costituita da consultori che ritengono non si abbia vera copula coniugale compiuta in modo naturale e umano se l'uomo possieda violentemente una donna nolente a compiere l'atto sessuale.

Nel secondo caso la maggioranza ritiene vera copula coniugale quella in cui uno o entrambi i coniugi abbiano assunto mezzi afrodisiaci per compiere con facilità la copula.

La maggior parte dei consultori ritiene poi essere una vera copula quella esigita dall'uomo quando la donna è sottoposta a dolori intollerabili, purché la donna vi acconsenta[34].

Da quanto considerato, reperito dai lavori del *Coetus* preposto allo studio per la revisione del Codice di diritto canonico, va ritenuto come di fatto gli studiosi del diritto canonico fossero pressoché concordi circa gli elementi anatomico-fisiologici propri della copula coniugale, e come permanesse irrisolta la questione inerente il seme maschile e la sua natura, testicolare o meno.

5. Nozione di consumazione in Urbano Navarrete[35]

L'articolo, che tratta direttamente della nozione di consumazione del matrimonio, scritto come voto per la Commissione codificatrice, utilizzato per le discussioni del «De impotentia matrimonium dirimenti» cui si è fatto cenno nel precedente sottocapitolo, e pubblicato nell'anno

---

[33] *Communicationes* 6/2 (1974), 180.

[34] Cfr. *Communicationes* 6/2 (1974), 191.

[35] Si fa riferimento in particolare al già citato articolo dell'autore stesso: «De notione et effectibus», 619-660.

1970 in *Periodica*, era frutto di una approfondita elaborazione, iniziata già nell'anno 1968. Tale articolo assumerà una importanza fondamentale non solo per la dottrina riguardante la consumazione del matrimonio espressa dal nuovo Codice di Diritto Canonico, ma anche circa la problematica inerente il *verum semen*[36].

Dopo una trattazione sugli elementi anatomici e fisiologici, viene dato ampio spazio agli elementi psicologici e ai presupposti perché un matrimonio sia da ritenersi consumato: l'autore si chiede se basti la prima copula coniugale dopo il matrimonio rato, o se si richieda qualcosa di più. Quindi vengono menzionati brevemente gli effetti della consumazione.

La nozione di copula coniugale esposta nell'articolo comprende diversi elementi: penetrazione del membro virile in vagina[37], effusione del seme virile (qualunque seme, e non necessariamente quello elaborato nei testicoli), capacità di ricezione del seme da parte della donna. La consumazione, il divenire una sola carne, si ha con la copula coniugale, e non necessariamente per il fatto di un avvenuto concepimento di prole, dal momento che potrebbe aversi anche una fecondazione per assorbimento del seme maschile apposto all'orifizio vaginale.

Sottolineata la prevalente attenzione della giurisprudenza e della dottrina canonistica per gli aspetti anatomici e fisiologici, Navarrete si addentra piuttosto nell'approfondimento di quelli che sono gli elementi psicologici che entrano in gioco e che si richiedono come sufficienti e necessari perché la copula sia consumativa del matrimonio. Di detti elementi si fa in questo capitolo unicamente un breve cenno, essendo essi oggetto di attenzione specifica nella terza parte.

---

[36] Al riguardo si rimanda al Decreto della Congregazione per la Dottrina della Fede del 13 maggio 1977, di cui al capitolo IV, 67-69.

[37] La dottrina al riguardo è espressa nel Responso del S. Offizio del 1. marzo 1951: «Utrum ad copulam perfectam et ad consummationem matrimonii requiratur et sufficiat, ut vir aliquo saltem modo, etsi imperfecte, vaginam penetret atque immediate in eam seminationem saltem partialem naturali modo, peragat an atanta vaginae penetratio requiratur, ut glans tota intra vaginam versetur». – R.: «Affirmative ad primam partem; negative ad secundam» (I. CASORIA, *De matrimonio rato et non consummato*, 237). Tale Responso non fu pubblicato negli *AAS*. Certamente la questione non si può definire in modo fermissimo e matematico; P. U. Navarrete rimanda al riguardo a quanto affermato nel seguente articolo di R. BIDAGOR, «Quelques remarques sur les causes matrimoniales», 96.

L'atto coniugale deve essere posto dall'uomo e dalla donna in modo loro proprio specifico, deve trattarsi di un atto umano in sé[38], posto con avvertenza della ragione e libertà della volontà. Se venissero a mancare questi elementi o non ci fosse immunità da coazione intrinseca, allora non si potrebbe più parlare di atto umano. Al riguardo viene richiamato il Responso del S. Offizio del 2 febbraio 1949[39], che, come scrive Navarrete, «non videri feliciter exprimere veram doctrinam»[40], dato che un tale atto è posto con *interruzione* dell'uso di ragione, come diceva il testo della questione sottoposta al S. Offizio.

Né si può, secondo Navarrete, ricorrere alla categoria del *voluntarium in causa*: questi atti devono essere volontari in sé, posti con intenzione attuale, o almeno virtuale. Sicché non possono essere validamente posti da chi si trovi in stato di ebrietà o di sonno procurato a tale scopo.

In caso poi di violenza fisica non c'è atto umano, ma solo il fatto esterno della copula, estorta appunto in modo che, impedendo la libera volontà, si produce un atto invalido.

Il caso più delicato è quello in cui si verifichi violenza morale o timore. Secondo Navarrete la copula estorta con timore è consumativa del matrimonio, purché il *metus* sia tale da non turbare l'uso della ragione, e da non impedire che l'atto sia veramente umano, cioè che sia posto con avvertenza della mente e libertà intrinseca della volontà.

E' richiesto infine che l'atto coniugale sia posto con animo maritale. Al riguardo è sufficiente che si intenda porre la copula coniugale con il proprio coniuge, e non è necessario che la volontà intenda esplicitamente consumare il matrimonio con la prima copula coniugale, da cui si producano poi gli effetti teologici e giuridici della consumazione.

Nessun altro elemento di ordine psicologico, affettivo o di intensità di amore e/o piacere si richiede perché la copula sia posta con animo maritale; non si richiede un amore che sia altro, che sia più intenso della volontà unitiva con il proprio coniuge.

Nella seguente sezione dell'importante articolo in questione viene esaminato il presupposto teologico perché la consumazione produca gli effetti teologici e giuridici: tale matrimonio deve essere rato, cioè sacramento, tra due battezzati.

---

[38] U. NAVARRETE, «De notione et effectibus», 636.
[39] Cfr. F. HÜRTH, «Dubium circa consummationem matrimonii», 220-227.
[40] U. NAVARRETE, «De notione et effectibus», 637.

Analizzando le tre dimensioni del matrimonio: esistenziale, giuridica e sacramentale, Navarrete conclude con la affermazione che, evitando di confondere i differenti livelli, è con la prima copula coniugale, posta in modo umano tra l'uomo e la donna uniti da matrimonio valido, che si ha la consumazione di tale matrimonio, con tutti gli effetti giuridici e teologici che ne promanano.

6. Normativa applicata dalla Congregazione per il Culto Divino e la Disciplina dei Sacramenti

Detto Dicastero è l'organo della Santa Sede competente a trattare le cause *super rato et non consummato*: ad accertare il fatto della inconsumazione e della giusta causa per tutti i casi di inconsumazione dei matrimoni rati, e a presentare i casi ritenuti dispensabili al Sommo Pontefice, tramite Foglio per l'udienza pontificia il quale, dopo la concessione della Grazia, torna in Congregazione, dove si procede alla compilazione del Rescritto, poi trasmesso all'Ordinario, perché ne dia notizia alle parti interessate e affinchè prescriva le annotazioni nei libri parrocchiali. Il Rescritto è concesso in forma graziosa e vale dal momento della concessione della grazia da parte del Romano Pontefice, con effetti *ex nunc*.

Dopo la codificazione del 1983, con la introduzione dell'inciso *humano modo* di cui al can. 1061 § 1, la Congregazione per il Culto Divino e la Disciplina dei Sacramenti ritenne importante una precisazione circa tale locuzione, in modo da bene applicarla ai casi sottoposti all'esame della Congregazione stessa. La Pontificia Commissione per la interpretazione autentica del Codice di Diritto Canonico, espressamente interpellata dalla Congregazione, rispondeva con lettera del 15 luglio 1985 di non ritenere opportuno, a quel momento, dare un'interpretazione autentica della locuzione, mancando un previo approfondimento dottrinale, teologico e giuridico in materia, nell'attesa dell'avvio di un periodo di studio e di attuazione giurisprudenziale utile per arrivare ad una fondata *communis opinio doctorum* e ad una definitiva e completa chiarificazione di detta locuzione[41].

Poiché diversi casi richiamantisi all'*humano modo* cominciarono a giungere frequenti alla attenzione della Congregazione per il Culto Divino e la Disciplina dei Sacramenti, essa, nell'aprile 1986, radunava la Congregazione Plenaria dei suoi membri ponendo il quesito di come si

---

[41] Cfr. R. MELLI, *De processu super matrimonio rato*, 10.

dovesse intendere interinalmente quella pericope, allo scopo di applicarla ai casi concreti, finché non fosse data una definizione autentica. Dopo ampia discussione si pervenne alla seguente conclusione:

> Perché si abbia consumazione del matrimonio è necessario che essa sia un atto umano da ambo le parti, ma è sufficiente che sia virtualmente volontario, anche se posto per timore, purché non sia esigito con violenza (violenza fisica); tutti gli altri elementi psicologici che rendono l'atto umano più agevole e più appetibile non appartengono alla sfera del diritto, né possono essere inclusi in esso[42].

Il Santo Padre nella Udienza concessa al sostituto della Segreteria di Stato dell'epoca, Martínez Somalo, il 17 giugno 1986 approvava tale conclusione, autorizzando la Congregazione a procedere secondo la medesima, riservandosi tuttavia di stabilire criteri più precisi sulle singole fattispecie, per stabilire se in ognuna di esse si fossero date la volontarietà sufficiente per la consumazione e l'opportunità di concedere la dispensa. La decisione della Plenaria dell'aprile 1986, in linea con il responso della maggior parte dei Consultori della Pontificia Commissione per la Riforma del Codice, diede all'*humano modo* il senso di «assenza di violenza nell'amplesso con donna nolente»[43].

Così sintetizza R. Melli, allora Sottosegretario, che cosa intenda detta Congregazione per copula consumativa del matrimonio: «supposti gli elementi anatomici e fisiologici sopra indicati, si richiedono e sono sufficienti detti elementi: a] che la copula sia un atto umano in sé; b] che sia posta senza violenza fisica; c] che sia posta con animo maritale; d] che sia posta con un atto di volontà almeno virtuale»[44]. Circa quest'ultimo elemento la Congregazione non richiede che il *voluntarium* sia attuale (nonostante la formulazione del punto a], la quale fa pensare ad una contraddizione con il punto d]), ma ritiene sufficiente che lo sia virtualmente, ossia posto in antecedenza e non revocato. Consenso all'atto copulativo sarà dunque quello espresso dal coniuge al momento del consenso matrimoniale, e «sarà quindi compiuta in modo umano quella copula che un coniuge esige dall'altro in stato di sonnolenza o di semiebrietà purché l'altro coniuge espressamente non si op-

---

[42] R. MELLI, *De processu super matrimonio rato*,15.
[43] Cfr. *Communicationes* 6/2 (1974) 191-192.
[44] R. MELLI, *De processu super matrimonio rato*, 44-45.

ponga [...]. Il momento della consapevolezza del soggetto va collocato non in *actu copulandi*, ma nel momento in cui viene decisa»[45].

Anche il Responso del S. Offizio del 2 febbraio 1949 circa l'uso di afrodisiaci viene letto seguendo questa linea interpretativa e ricorrendo al volontario in causa, distanziandosi dalla interpretazione che Navarrete dà dello stesso Responso, come riportato nel presente lavoro: non si può ricorrere al volontario in causa e dichiarare consumato un tale matrimonio in cui c'è stata copula coniugale sotto effetto di afrodisiaci che abbiano privato dell'uso di ragione.

Documento fondamentale della Congregazione per il Culto Divino e la Disciplina dei Sacramenti circa l'argomento trattato sono le *Litterae Circulares 'De Processu super matrimonio rato et non consummato'* del 20 dicembre 1986. Nella introduzione i Vescovi vengono esortati a porre particolare attenzione al nuovo elemento richiesto per la consumazione, l'*humano modo* con cui deve essere posto l'atto coniugale, «scilicet ad habendam consummationem *matrimonii* oportet ut actus sit humanus ex utraque parte, sed sufficit ut sit virtualiter voluntarius, dummodo non violenter exigitus. Cetera elementa psycologica, quae actum humanum faciliorem vel magis appetibilem reddunt, non attenduntur»[46]. Viene così espressa praticamente alla lettera la conclusione cui era giunta la Plenaria della Congregazione stessa nell'aprile 1986. Nel breve commentario alle *Litterae Circulares* Melli aggiunge la presa di distanza del Dicastero stesso da una concezione esclusivamente fisicista della consumazione intesa come mero fatto esterno.

Da parte della Congregazione non viene posta particolare attenzione al *metus* che potrebbe intervenire nella consumazione.

Al di là della divergenza terminologica con le affermazioni di autori come Navarrete circa il *voluntarium* necessario perché si possa parlare di consumazione, pare di rilevare che di fatto la Congregazione per il Culto Divino e la Disciplina dei Sacramenti ponga piuttosto attenzione alla prassi, senza tanto approfondire questioni teorico-sistematiche circa l'intenzionalità, cosicché in realtà non si può affermare, esaminando le posizioni assunte in occasione di casi sottoposti al suo esame per la concessione della dispensa, che la Congregazione si discosti poi dalla

---

[45] R. MELLI, *De processu super matrimonio rato*, 8.
[46] CONGREGATIO PRO CULTU DIVINO ET DISCIPLINA SACRAMENTORUM, *Litterae Circulares «De Processu super matrimonio rato»* (20. dec. 1986) Prot. n. 1400/86, *Communicationes* 20 (1988) 79.

concezione di *consummatio humano modo* così come Navarrete stesso la espone.

Dalla carrellata di autori particolarmente rappresentativi nel campo giuridico-canonico ora percorsa, emerge come nel giro di pochi decenni il concetto di *consummatio* abbia subìto una forte evoluzione, a motivo di una diversa interpretazione dei presupposti per la copula coniugale consumativa del matrimonio, non tanto a livello anatomico o fisiologico, quanto a livello psicologico.

Una tale evoluzione, con l'apporto di ricerche condotte non solo sul piano giuridico, ma anche su quello pastorale, medico, morale, unitamente alle affermazioni del Concilio Vaticano II in materia matrimoniale, dovevano preparare il terreno alla formulazione del *Codex Iuris Canonici* promulgato nell'anno 1983.

CAPITOLO VII

La Codificazione dell'anno 1983
in materia di *consummatio coniugii*

Il Codice di Diritto Canonico sancisce nel modo seguente, al can. 1061 § 1, ciò che si intende per matrimonio rato e consumato: «Matrimonium inter baptizatos validum dicitur ratum tantum, si non est consummatum; ratum et consummatum, si coniuges inter se humano modo posuerunt coniugalem actum per se aptum ad prolis generationem, ad quem natura sua ordinatur matrimonium, et quo coniuges fiunt una caro».

Inoltre il can. 1141, circa la separazione dei coniugi, stabilisce che «Matrimonium ratum et consummatum nulla humana potestate nullaque causa, praeterquam morte, dissolvi potest», e il can. 1142: «Matrimonium non consummatum inter baptizatos vel inter partem baptizatam et partem non baptizatam a Romano Pontifice dissolvi potest iusta de causa, utraque parte rogante vel alterutra, etsi altera pars sit invita».

E' utile accostare al can. 1061 §1 questi ultimi due canoni riportati, onde precisare il significato e le conseguenze giuridiche della consumazione di un matrimonio rato: il matrimonio rato, sacramento, valido tra battezzati, acquista, attraverso la consumazione, il carattere della assoluta indissolubilità, per cui nessuna potestà umana e per nessuna causa può scioglierlo, se non la morte.

Evitando di addentrarci nuovamente nella problematica che investe principalmente gli aspetti anatomici e fisiologici della consumazione, come anche in quella derivante dal dibattito storico in materia tra teoria consensualistica e teoria della copula, è possibile affermare dunque che sul piano giuridico la consumazione di un matrimonio rato tra battezzati conferisce a quel matrimonio valido la peculiare ed assoluta *firmitas* della indissolubilità.

Tale effetto primario del matrimonio rato e consumato è fondato sulla visione del matrimonio come rappresentazione più sublime, come sacramento, dell'unione mistica tra Cristo e la Chiesa: l'unione tra uomo e donna nel matrimonio non è soltanto compimento della volontà della creazione, ma del mistero della salvezza, annunciata nella creazione e attuata nella incarnazione, nell'unione sponsale di Cristo con la Chiesa, pienamente visibilizzata nel mistero pasquale[1].

La indissolubilità di un tale sacramento con i requisiti sopra indicati non è quindi norma di diritto positivo, ma si pone quale norma di diritto divino, da cui la Chiesa e la codificazione canonica non possono prescindere.

Pur non intendendo la codificazione canonica fornire definizioni, dalla formulazione del can. 1061 è possibile trarre gli elementi che caratterizzano il *matrimonium ratum et consummatum*, distinguendolo da quello *ratum tantum*: i coniugi devono aver compiuto in modo umano l'atto per sé idoneo alla generazione della prole, al quale il matrimonio è, per natura sua, ordinato, e attraverso cui essi divengono una sola carne. Troviamo in questi elementi una specificazione che richiede una esegesi approfondita, onde trarre maggior chiarezza possibile in particolare a servizio della prassi giudiziaria come di quella amministrativa della giurisprudenza matrimoniale.

Per una intelligenza corretta del can. 1061 § 1, è necessario considerare, tra le sue fonti, il corrispettivo canone della precedente codificazione, e prendere in esame i principali commentatori.

1. Raffronto del can. 1061 § 1 (CIC/1983) con il can. 1015 § 1 (CIC/1917)

Il can. 1015 § 1 del Codice Pio-Benedettino stabilisce quanto segue: «Matrimonium baptizatorum validum dicitur *ratum*, si nondum consummatione completum est; *ratum et consummatum*, si inter coniuges locum habuerit coniugalis actus, ad quem natura sua ordinatur contractus matrimonialis et quo coniuges fiunt una caro». Vi compare dun-

---

[1] Spesso si farà riferimento a questa visione del matrimonio come sacramento dell'amore di Cristo e della Chiesa. Una visione cara alla tradizione patristica, al Magistero e alla dottrina costante della Chiesa, e reperibile in Ef 5,21-33, il brano che offre il fondamento biblico della sacramentalità del matrimonio. Cfr. al riguardo la esegesi di H. SCHLIER, *Der Brief an die Epheser*.

que un inciso, «nondum consummatione completum est», che non verrà ripreso dal nuovo Codice, il quale si limita a contrapporre il matrimonio solamente rato a quello anche consumato. L'inciso esprimeva un *completamento* apportato dalla consumazione al matrimonio valido tra due battezzati; esso viene ora omesso. Certamente il can. 1061 § 1 del CIC/1983 non può essere letto, come visto più sopra, se non unitamente ai cann. 1141 e 1142, ove si trova lo *specificum iuridicum* apportato dalla consumazione al matrimonio .

L'omissione del nuovo Codice sembra doversi interpretare, secondo Pompedda, già Decano della Rota Romana e attuale Prefetto del Supremo Tribunale della Signatura Apostolica, come l'ultima affermazione implicita del principio consensualistico valente per l'istituto matrimoniale, intendendo che il matrimonio è già completo e perfezionato col semplice scambio del consenso dei coniugi, con il *matrimoniale foedus*. Riguardo la copula coniugale «in realtà non di perfezionamento si tratta, bensì dell'acquisizione, attraverso la copula, della assoluta indissolubilità del matrimonio rato cioè valido fra battezzati»[2]. Si aggiunga a ciò quanto contenuto nel can. 1085 § 1, secondo cui un matrimonio *ratum tantum* costituisce un impedimento dirimente a contrarre validamente un altro matrimonio.

Stando ad una tale formulazione del testo, a Pompedda sembra che l'accento vada posto piuttosto sull'

> aspetto pattizio del matrimonio nella sua conclusione o perfezionamento e nel suo valore, attribuendo quindi alla copula soltanto un riferimento esterno, al potere di scioglimento cioè, e pertanto si dovrà negare all'atto copulativo, nel suo puro fatto materiale, una qualsiasi efficacia giuridica sul consenso e sullo stato coniugale da esso derivante, mentre tutta l'attenzione va ancora rivolta all'aspetto volontario, se non proprio spirituale ed etico, del patto matrimoniale[3].

Così sia detto circa le conseguenze giuridiche della consumazione. Ma va aggiunto che solo attraverso essa in quanto atto posto dai coniugi tra i quali si suppone la prestazione di un valido consenso, si ha la rappresentazione piena dell'unione sponsale tra Cristo e la Chiesa. Anche dal punto di vista spirituale ed umano si deve dire, senza per questo tornare alla teoria della copula, che la consumazione comporta, se non un completamento (quasi che il consenso non sia sufficiente a creare

---

[2] M.F. POMPEDDA, «La nozione di matrimonio», 340.
[3] M.F. POMPEDDA, «La nozione di matrimonio», 341.

vincolo matrimoniale) certamente la significazione piena del matrimonio cristiano-sacramento. Lo stesso senso del verbo *consummare* accenna a questo «completamento» o perfezione.

Dal raffronto dei due canoni paralleli presi in esame appare una seconda novità del nuovo Codice: l'aggiunta dell'inciso «per se aptus ad
prolis generationem», riferito al «coniugalis actus». Certamente questa
specificazione non va letta come casuale, pur se non doveva essere
aliena dalla mente del Legislatore del Codice Pio-Benedettino. Là non
la si riportava esplicitamente, ma la si deduceva dai cann. 1081 § 1,
1086 § 2, 1082 § 1, oltre che dalla fedeltà della codificazione alla se-
colare tradizione teologico-giuridica della Chiesa.

Secondo Pompedda tale determinazione del nuovo Codice specifi-
cherebbe meglio la *impotentia coëundi*, che coinvolge anche i presupposti fisico-fisiologici necessari alla realizzazione della copula e quindi
dell'atto coniugale; inoltre essa sarebbe da vedere in stretta relazione
con l'*humano modo* dello stesso canone: «potremmo forse dire che
nell'atto coniugale — per essere veramente tale in senso canonico —
confluiscono e devono confluire l'elemento psichico e l'elemento biologico, l'elemento spirituale (in senso lato) e l'elemento naturistico,
l'elemento personalistico e l'elemento finalistico procreativo»[4].

In terzo luogo si nota una differenza nella formulazione dei canoni
messi a confronto, circa gli agenti dell'atto coniugale. Nel CIC/1917
tale atto viene espresso come un fatto oggettivo che avviene, che ha
luogo, mentre nel CIC/1983 i coniugi sono presentati come soggetti at-
tivi che pongono l'atto coniugale. Nella consumazione assume quindi
una sottolineatura l'operazione attiva da parte dei coniugi, il loro essere
soggetto di un atto con effetti giuridici e teologici imponenti. Ciò è senza dubbio da vedere collegato con lo spirito che animò il Concilio Vaticano II, volto a sottolineare particolarmente l'aspetto personalistico del
patto coniugale, senza per questo tralasciare il fine della generazione ed
educazione della prole, pur se queste stesse osservazioni non vanno so-
pravvalutate, quasi che prima della attuale codificazione non si considerasse la partecipazione attiva dei coniugi agli atti coniugali.

Infine compare nel CIC/1983 l'inciso *humano modo* (che non com-
pariva nel CIC/1917) riferito al porre la copula da parte dei coniugi. Per
un approfondimento del senso di tale locuzione si rinvia alla parte ad
essa dedicata nel presente lavoro e ai relativi riferimenti bibliografici[5].

---

[4] M.F. POMPEDDA, «La nozione di matrimonio», 341-342.
[5] Cfr. cap. IX, 139ss.

2. Interpretazione del can. 1061 § 1

Il primo livello di lettura esegetica lo offre il dettato del canone stesso: per *matrimonium ratum* si intende il matrimonio sacramentale, cioè quello nel quale i coniugi siano battezzati; se non è ancora stato consumato, esso si dice *ratum tantum*; *ratum et consummatum* sarà quel matrimonio valido tra battezzati i quali avranno compiuto — dopo il battesimo di entrambi, se non erano battezzati all'inizio della loro vita coniugale — in modo umano l'atto per sé idoneo alla generazione della prole, al quale atto il matrimonio è ordinato per sua natura, e attraverso il quale i coniugi divengono una sola carne. Nel matrimonio non sacramentale l'atto coniugale non produce alcun effetto giuridico.

Ulteriori elementi per una completa interpretazione del can. 1061 § 1 sono reperibili in altri canoni che menzionano la avvenuta o non avvenuta consumazione del matrimonio[6]: can. 1681 circa il passaggio dalla via giudiziaria a quella amministrativa in caso dell'insorgere di un dubbio assai probabile che il matrimonio non sia stato consumato, e can. 1697; cann. 1141 e 1142, già menzionati, circa la conseguenza giuridica della consumazione.

Il can. 1061 offre per così dire l'ultimo grado della peculiare saldezza propria del matrimonio-sacramento di cui al can. 1056. Tale peculiare saldezza si ha appunto in grado assoluto con il matrimonio rato e consumato.

I commentatori del nuovo Codice concordano nel vedere come assoluta novità del can. 1061 l'inciso *humano modo*. Evidentemente di novità si tratta, dato che esso compare per la prima volta nella codificazione, ma di fatto esso appare altrettanto scontato, in quanto la dottrina circa il matrimonio, specie dal tempo del Vaticano II era assolutamente matura in questo senso. Più che una innovazione, si può vedere nell'*humano modo* «una importante precisazione»[7] D'altra parte veniva giudicato opportuno introdurre tale inciso proprio in ragione di formulazioni non lontane nel tempo che esigevano per la consumazione unicamente la materialità della copula coniugale. Si tornerà sullo *specificum* di tale inciso nella terza parte del presente studio.

---

[6] Cfr. X. OCHOA, *Index verborum ac locutionum*, 98; H. ZAPP, *Codex Iuris Canonici*, 385. Gli altri canoni menzionati sotto le voci «consummatio» e «consummare» che non sono riportati nel presente capitolo sono stati tralasciati in quanto non direttamente inerenti la questione trattata, o perchè relativi al Lib. VI del CIC/1983.

[7] P. V. PINTO, ed., *Commento al Codice*, 620-621.

Affinché tale atto sia compiuto in modo umano, esso deve essere posto, in senso tecnico-filosofico del termine, con avvertenza della ragione e libertà della volontà come specifiche dell'uomo. Alcuni commentatori non scendono a determinare nei particolari di che tipo di volontarietà si debba trattare: «Humano modo equivale ad un atto umano, seguendone le regole; perciò impediscono la consumazione solo quei vizi che tolgono la volontarietà, non quelli che solo la sminuiscono»[8].

Altri commentatori affermano, circa il can 1061 § 1, che:

> consecuencia jurídica más relevante es que el matrimonio rato, indisoluble intrínsecamente, se hace ya indisoluble extrínsecamente, pues entonces se considera teológicamente que simboliza la plena unión de Cristo con la Iglesia (c. 1141). De lo dicho se deduce la importancia de delimitar el concepto de cópula conyugal consumativa del matrimonio: la doctrina canónica entiende que para que pueda hablarse de tal cópula es necesaria la existencia y realización de una serie de elementos físicos [...] y psicológicos [...]. *Modo humano* es decir: debe ser un acto humano, realizado sin violencia física alguna y entendida como un acto conyugal[9].

Il modo umano necessario perché sia compiuto un vero atto coniugale deve indicare, secondo Chiappetta, conformità alla dignità della persona; tale atto deve essere posto con libertà, senza violenza o inganno e non in stato di incoscienza causato da alcoolici o droghe. Inoltre, affinché si abbia vero atto coniugale, esso deve essere idoneo alla generazione della prole alla quale il matrimonio è ordinato per sua natura. E' attraverso tale atto che i coniugi divengono una sola carne secondo la espressione biblica tratta da Gen 2, 24. Viene specificato inoltre che «si è parlato di violenza e di inganno, non di timore grave. L'atto sessuale, anche se compiuto per timore grave e ingiusto, è vero atto coniugale in ordine alla consumazione del matrimonio, tranne che il timore incusso al partner sia stato tale da compromettere la sua capacità d'intendere e di volere»[10].

Circa l'intendimento della locuzione humano modo, così si legge nel Comentario exegético al Código de derecho canónico:

> Se trata de asegurar el mínimo de racionalidad, voluntariedad y normalidad que permita calificar el acto de humano en su contenido y en su realización:

---

[8] P. LOMBARDIA – J. I. ARRIETA, ed., *Codice di Diritto Canonico*, I, 752.
[9] L. DE ECHEVERRIA, ed., *Código de Derecho Canónico*, Madrid 1983, 508.
[10] L. CHIAPPETTA, *Il Codice di Diritto Canonico*, II, 176, nt. 7.

humano por tener consciencia de lo que se hace y advertencia acerca del propio acto; humano por no lesionar la libertad de la persona del otro cónyuge; y humano por respectar el orden natural del acto mismo, sin contradicción objectiva con él. Se excluye, por consiguiente la actuación irracional, violenta, gravemente desproporcionada o antinatural. Se acepta en cambio todo acto que no adolezca de la presencia de estas notas, aunque tal vez no sea perfecto o pleno: es decir, aquel acto que goza de voluntariedad — que no está privado de ella — aunque esté algo disminuida[11].

Tali affermazioni ed interpretazioni sono esemplificative di molti altri commentatori dell'attuale Codice[12].

Dal can. 1061 § 1 emergono dunque da una parte aspetti dottrinali di definizione per una precisazione della copula coniugale consumativa del matrimonio, e, dall'altra, problemi processuali di prova onde dover ritenere il matrimonio consumato oppure no.

La questione, pur se differente da quella sull'impotenza, ha senza dubbio collegamenti con essa[13].

Se il matrimonio deve considerarsi consumato o meno a seconda che fra i coniugi è stato posto o non l'atto coniugale (can. 1061 § 1) che è la copula; e se il matrimonio è nullo per impedimento di impotenza quando le parti sono incapaci "*coëundi*"(can. 1084 § 1) cioè di porre il coito: è allora evidente che tanto per la consumazione quanto per l'impotenza il parametro unico e necessario di valutazione è costituito dalla copula[14].

Ciò è valido, pur se è certo che la consumazione include qualcosa di più del semplice atto fisico della copula, come lo stesso can. 1061 § 1 richiede, anche in linea con l'intendimento del Vaticano II.

Tali affermazioni non devono ricondurre indietro la dottrina canonistica alla teoria della copula[15], anche se, pur essendo

---

11 *Comentario exegético al Còdigo de derecho canònico*, Instituto M. De Azpilcueta Universidad de Navarra, Pamplona, 1996, 1093.

12 Siano solo menzionati: J.A. CORIDEN – T.J. GREEN – D.E. HEINTSCHEL, ed., *The Code of Canon Law*, 745-746; K. LÜDICKE, ed., *Münsterischer Kommentar zum CIC*, IV, 1061/1-1061/4; P.V. PINTO, ed., *Commento al Codice*, 620-621; *Il Diritto nel Mistero della Chiesa*, III, 282-284; L. CHIAPPETTA, *Il Codice di Diritto Canonico*, II, 175-176; *Code de Droit Canonique annotée*, 607.

13 U. NAVARRETE, «De notione et effectibus», 620.

14 M.F. POMPEDDA, «La nozione di matrimonio», 344.

15 Cfr. P.A. D'AVACK, *Cause di nullità e di divorzio*, 23.

il negozio matrimoniale valido e perfetto nel suo atto costitutivo col solo consenso scambiato fra le parti, è in realtà soltanto in forza della *unitas carnis* che esso riceve nella sua vita e nei suoi effetti il suo sigillo supremo, in quanto è soltanto con la consumazione, quale *matrimonium ratum et consummatum*, che esso diviene, *iure divino et positivo*, assolutamente indissolubile[16].

Inoltre non va disgiunto quello che è l'effetto giuridico da quello di ordine teologico: è soltanto con la consumazione del matrimonio valido che si realizza la piena 'rappresentazione' tra i coniugi, e nei coniugi, del connubio tra Cristo e la Chiesa. Secondo la tradizione teologica e canonistica, sostenuta dal Magistero della Chiesa, i coniugi divengono *una caro* precisamente con la copula consumativa del matrimonio, e non nella sola prestazione del consenso. Se per la consumazione a livello teologico i coniugi divengono *una caro*, a livello giuridico, proprio a seguito di tale significazione, si produce la indissolubilità del matrimonio.

In tale senso è da intendersi la saldezza assoluta che acquisisce il matrimonio valido tra battezzati attraverso la consumazione.

Sintesi conclusiva della seconda parte

A conclusione della parte seconda, rileviamo che, dall'*excursus* storico-giuridico presentato, attraverso le differenti formulazioni prese in considerazione circa la consumatio coniugii, appare evidente una evoluzione: da visioni che enfatizzano esclusivamente elementi anatomico-fisiologici e considerano come rilevante per la consumazione il puro fatto esterno della avvenuta copula coniugale, in qualsiasi modo essa sia stata realizzata, si giunge ad un apprezzamento degli elementi psicologici e della dimensione personalistica del matrimonio così come espressa dal Concilio Vaticano II.

É con la consumazione, così come intesa dal can. 1061 § 1, che i coniugi battezzati tra i quali è stato espresso un consenso valido al matrimonio, divengono una carne sola, cosicché la indissolubilità che ne segue non è che la espressione dell'ultima perfezione («consummatio») data con la copula coniugale a tale matrimonio, il quale, nella sua essenzialità, già esiste attraverso la prestazione del consenso valido.

---

[16] P.A. D'AVACK, *Cause di nullità e di divorzio*, 35.

Una retta comprensione di quale sia l'intendimento del canone in questione assume importanza particolarmente per la sua incidenza nella prassi matrimoniale canonica, nella via giudiziaria come in quella amministrativa. Lo sviluppo successivo a questa presentazione va ad esaminare — considerando il concorso di timore grave nella consumazione del matrimonio — gli elementi intellettivi e volitivi che entrano in gioco e che eventualmente si richiedono affinché la consumazione si compia modo humano; in seguito alla chiarificazione di tali presupposti si affronterà la questione relativa alla incidenza del timore grave sulla prima copula coniugale.

PARTE TERZA

CONSUMAZIONE DEL MATRIMONIO
E *METUS GRAVIS*

CAPITOLO VIII

Un precedente giuridico?

Nel presente capitolo si prendono in esame gli elementi intellettivi e volitivi della copula coniugale a partire dall'istituto del *Bimestre ad deliberandum*, cui si è fatto cenno nel contesto dell'intendimento di *consummatio coniugii* e della sua evoluzione. Avendo infatti trovato rilievo, in detto istituto giuridico, il *metus* ed il suo concorso sulla *consummatio coniugii*, esso è da considerare, a livello storico-giuridico, il punto concreto di partenza per la riflessione sistematica circa il tema che si propone il presente studio.

1. L'istituto giuridico del *Bimestre ad deliberandum*[1]

Dato il carattere introduttorio di questo punto, non intendiamo seguire lo sviluppo storico del complesso istituto del *Bimestre ad deliberandum*. In questa sede sarà sufficiente cogliere gli elementi di più rilevante significato rinvenibili nello sviluppo finale della sua lunga vita giuridica. A questo scopo ci avvarremo dell'esposizione dell'ultimo dei grandi commentatori delle Decretali, Schmalzgrueber, al Titolo *De conversione coniugatorum*[2].

Il Decretalista tedesco, tra i grandi classici della *Schola culta* del Diritto canonico posttridentino[3], inizia col presentare quegli elementi che

---

[1] L'istituto in questione è trattato nella Decretale *Ex publico* di Papa Alessandro III (cfr. X. 3. 32. 7).

[2] Cfr. F.X. SCHMALZGRUEBER, *Jus ecclesiasticum universum*, in X. 3. 32. 7.

[3] Cfr. F. VON SCHULTE, *Geshichte der Quellen*, 160; E.H. FISCHER, «Auf den Spuren eines großen Dillinger Kirchenrechtlehrs», 3-18.

sostanziano l'istituto in questione: alla sposa e allo sposo *de praesenti* sono concessi due mesi di tempo per scegliere eventualmente la vita religiosa; durante tale periodo essi si asterranno dal consumare il matrimonio, proprio per riservarsi il diritto di entrare *in religionem*. Al Giudice è riconosciuta la facoltà di restringere o prorogare tale termine di due mesi nei casi in cui gli sia concesso di intervenire in merito, altrimenti il termine di riferimento rimane quello dei due mesi fissati dalla legge.

Secondo alcuni autori — la Glossa, la *Summa Sylvestrina*, Sánchez, Pontius de León — il *bimestre ad deliberandum* competerebbe anche a coloro i quali, prestando il consenso matrimoniale, non espressero il proposito di abbracciare eventualmente la vita religiosa; ciò al fine che i contraenti possano volgere il loro proposito a qualcosa di migliore e di superiore[4].

Tuttavia risulta essere più conforme al diritto la sentenza contraria, che prevede la concessione del *bimestre* unicamente a coloro i quali, prestando il consenso alle nozze, si erano riservati di usufruire eventualmente di tale istituto: al canone *Ex publico* dello stesso titolo si legge infatti che il *bimestre* è concesso alla sposa che abbia asserito di voler entrare *in religionem*. Il Decretalista cita, in favore di questa interpretazione, la *Summa Angelica*, il doctor Navarro, Coninck, Castropalao, Pirhing, Wiestner[5].

Trascorso tale termine di due mesi la sposa[6], se non aveva deciso di abbracciare la vita religiosa, era tenuta a rendere allo sposo il *debitum coniugale*; diversamente il Giudice la poteva scomunicare. Tuttavia lo Schmalzgrueber — citando la Glossa, la *Summa Sylvestrina*, Sánchez,

---

[4] Cfr. F.X. SCHMALZGRUEBER, *Jus ecclesiasticum universum*, in X. 3. 32. 7, n. 4.

[5] Cfr. F.X. SCHMALZGRUEBER, *Jus ecclesiasticum universum*, in X. 3. 32. 7, n. 5: «Colligitur ex *can. ex publico 7. h. tit.* ubi Bimestre conceditur mulieri, quae assereret, se velle ad religionem transire. Ratio est, quia post contractum Matrimonium continuo utrique acquiritur jus ad mutuum usum corporis, qui proinde non recte negatur, nisi SS. Canones obligationem suspendant, vel aliter inter ipsas partes expresse conventum sit; atqui SS. Canones, ut notavi paulo ante, excipiunt illum dumtaxat casum, quo alteruter conjux ingredi religionem cogitat».

[6] Nei testi di riferimento si tratta più spesso della sposa in quanto più frequentemente accadeva che fosse la stessa a volere eventualmente abbracciare la vita religiosa; inoltre era più frequente che fosse lo sposo a ricorrere al *metus* per l'ottenimento del *debitum coniugale* da parte della donna. Perciò, nonostante il diritto di entrare eventualmente *in religionem* fosse riconosciuto ad entrambi i coniugi che ne avessero espresso il proposito, si parlerà più spesso della sposa in quanto caso ricorrente.

Castropalao, Pirhing «et alii ab his citati» che egli ritiene conformi alla propria posizione[7] — sostiene la possibilità, per la sposa *de praesenti*, di negarsi, anche oltre i due mesi stabiliti, allo sposo *de praesenti*, onde meglio ponderare la propria decisione: ella invero è in uno stato di peccato ma conserva il diritto di entrare *in religionem* e potrà, allorché opterà per la vita religiosa, essere assolta dal peccato che ha commesso negando il debito coniugale al marito[8].

Schmalzgrueber passa quindi a considerare la questione centrale per noi: «Quaeritur an Religionis ingressus adhuc permissus sit sponsae de praesenti, si a sponso carnaliter cognita sit per copulam violenter extortam?»[9].

Nel caso in cui la sposa abbia espresso il proposito di entrare in un ordine religioso, trascorso tuttavia il *bimestre* senza che la stessa abbia realizzato tale proposito, ed avendo lo sposo estorto con violenza la copula consumativa del matrimonio, per la sposa non sarà più possibile passare alla vita religiosa, dal momento che, scaduto il tempo concessole, ella è tenuta a rendere il *debitum coniugale* al marito; inoltre si aggiungerà che lo sposo ha fatto uso, a ragione, del proprio diritto sul corpo della sposa.

Nel caso in cui la sposa che non aveva espresso il proposito di abbracciare la vita religiosa sia stata forzata all'atto idoneo alla consumazione del matrimonio entro il tempo del *bimestre ad deliberandum*, tale atto l'avrà resa inidonea alla professione religiosa, dal momento che ella non si era pronunciata circa la propria intenzione di usufruire di tale istituto che le permetteva di differire la consumazione del matrimonio e di *mutare in melius propositum suum*. Questa interpretazione, dice lo Schmalzgrueber, «certum est satis inter DD.».

La difficoltà si pone per quella sposa che, avendo espresso tale proposito, viene posseduta con violenza durante il *bimestre*. Gli autori che adottano la soluzione per così dire restrittiva sostengono che in tale caso la sposa, pur se posseduta carnalmente con violenza dallo sposo, non può entrare *in religionem* per le seguenti ragioni: a) ella costituisce già

---

[7] Cfr. F.X. SCHMALZGRUEBER, *Jus ecclesiasticum universum*, in X. 3. 32. 7, n. 9.

[8] Cfr. F.X. SCHMALZGRUEBER, *Jus ecclesiasticum universum*, in X. 3. 32. 7, n. 9: «Ratio est, quia etsi post lapsum Bimestre debitum negans conjugi peccet, jus tamen ingrediendi Religionem adhuc retinet, utpote quod Christus intuitu religionis conjugibus, quamdiu Matrimonium nondum est consummatum, sine temporis determinatione concessit».

[9] Cfr. F.X. SCHMALZGRUEBER, *Jus ecclesiasticum universum*, in X. 3. 32. 7, n. 11.

una caro con lo sposo; b) il matrimonio è da ritenere a tutti gli effetti consumato, non meno della copula ottenuta liberamente da parte della donna; c) la consumazione del matrimonio rato produce l'impedimento a passare alla vita religiosa; d) dalla copula sorgono determinati effetti, quali l'affinità; e) diversamente lo sposo dovrebbe rimanere senza speranza di coniugio per tutta la vita, dato che la professione religiosa della sposa non dissolverebbe il loro matrimonio, in quanto rato e consumato. Il Decretalista cita, in favore di questa interpretazione, l'Ostiense, la *Summa Sylvestrina*, Covarruvias, Henriquez, Zoesio, Engel[10].

Tuttavia Schmalzgrueber, insieme ad altri autori dallo stesso citati — la Glossa, il Panormitano, la *Summa Sylvestrina*, Felino, Fagnanus, Sánchez, Castropalao, Pirhing, Schambogen, Wiestner — ritiene più probabile la tesi contraria, in base alla quale la donna che, avendo espresso il proposito di passare eventualmente alla vita religiosa, è stata posseduta con violenza durante il *bimestre ad deliberandum*, possa di fatto optare per la professione religiosa per i seguenti motivi: a) la grave ingiuria messa in atto dall'uomo contro la donna; b) la privazione, da parte dell'uomo, del diritto della donna; c) inoltre, se la sposa può lasciare lo sposo che sia caduto in eresia o in adulterio, altrettanto potrà farlo in caso di copula estorta con violenza durante il *bimestre ad deliberandum*: questo è infatti da ritenersi un atto «contra ius matrimonii» non meno grave di quelli. Si fa tuttavia eccezione per il caso in cui sia nata prole da quel matrimonio: alla donna non è in tal caso concesso di abbandonare i figli per entrare *in religionem*[11].

L'ingresso della sposa nella vita religiosa dopo il matrimonio rato, produrrebbe lo scioglimento dello stesso; in tal caso lo sposo, dopo la professione religiosa della sposa, potrebbe passare ad altra scelta[12]. Secondo Schmalzgrueber non si opporrebbe a tale soluzione il testo evangelico di Matt 19, 9[13], dal momento che al canone *Ex publico* si legge che quel testo evangelico è da riferirsi al matrimonio rato e consumato.

Riguardo poi l'obiezione che si potrebbe muovere a tale posizione, dato lo *ius in corpus* di ciascun coniuge sull'altro, si legge: «Neque obstat quod per ipsum Matrimonii contractum conjugum utrique quaesi-

---

[10] Cfr. F.X. SCHMALZGRUEBER, *Jus ecclesiasticum universum*, in X. 3. 32. 7, n. 12.

[11] Cfr. F.X. SCHMALZGRUEBER, *Jus ecclesiasticum universum*, in X. 3. 32. 7, n. 13: il Decretalista cita Sánchez, Pirhing e Schambogen.

[12] Cfr. F.X. SCHMALZGRUEBER, *Jus ecclesiasticum universum*, in X. 3. 32. 7, n. 15.

[13] «Perciò io vi dico: Chiunque ripudia la propria moglie, se non in caso di concubinato, e ne sposa un'altra, commette adulterio».

tum sit jus in corpus alterius [...] et hoc jure sibi quaesito invitus nemo privari debeat; quia jus istud conjugi non est quaesitum absolute, sed sub tacita conditione, *Nisi alter ingediatur Religionem, et in ea Professionem edat*»[14]. Riguardo il momento in cui si dissolverebbe il matrimonio rato per il passaggio alla vita religiosa, Schmalzgrueber non ritiene essere sufficiente l'ingresso della sposa nell'ordine religioso, ma richiede la avvenuta professione religiosa[15]; vengono quindi enumerate le condizioni affinchè la professione religiosa abbia la forza di sciogliere il matrimonio rato[16].

Tuttavia questi argomenti presuppongono piuttosto che il matrimonio sia stato consumato tramite quella copula *vi extorta*, tenuto conto sia della eccezione, cioè se la donna è rimasta incinta, sia della analogia con l'adulterio dal quale segue il diritto, per il coniuge innocente, di interrompere la vita coniugale anche perpetuamente, come è ovvio *manente vinculo*. Schmalzgrueber non si pone direttamente e chiaramente il problema di fondo, e cioè se questa copula sia consumativa del matrimonio oppure non lo sia. Soltanto di passaggio, rispondendo a una obiezione contro il secondo argomento, afferma: «Ad 2. Multi negant per huiusmodi copulam Matrimonium consummari; sed esto hoc, quod fateor probabilius esse, dicendum, quod Regula, qua post Matrimonium consummatum prohibetur Religionis ingressus, intelligenda sit, nisi sit consummatum per vim contra ius Sponsae»[17].

Resta quindi senza risposta la questione chiave, cioè se la copula *vi extorta intra bimestre* sia o meno consumativa del matrimonio, in quanto nelle due ipotesi può avere luogo l'esercizio del diritto della sposa a farsi religiosa: a) se detta copula non consuma il matrimonio — opinione che Schmalzgrueber ritiene più probabile —, la professione scioglierà il matrimonio rato e non consumato e lo sposo rimarrà libero di passare ad altre nozze; b) se invece si ritiene che detta copula sia consumativa, la sposa — come nel caso di adulterio — avrà il diritto di rompere per sempre la convivenza coniugale entrando *in religionem*,

---

[14] F.X. SCHMALZGRUEBER, *Jus ecclesiasticum universum*, in X. 3. 32. 7, n. 16.

[15] F.X. SCHMALZGRUEBER, *Jus ecclesiasticum universum*, in X. 3. 32. 7, n. 17.

[16] F.X. SCHMALZGRUEBER, *Jus ecclesiasticum universum*, in X. 3. 32. 7, n. 18: «1. Ut emittatur in effectu; non enim sufficit propositum eam emittendi; 2. Ut sit solemnis professio, vota tria substantialia continens; quia vota simplicia, ut suo loco dicetur, Matrimonium ratum non dissolvunt; 3. Ut emittatur in manibus eius, qui habet potestatem incorporandi Religioni...; 4. Ut fiat in aliqua religione a Sede Apostolica approbata».

[17] F.X. SCHMALZGRUEBER, *Jus ecclesiasticum universum*, in X. 3. 32. 7, n. 14.

mentre il marito non potrà contrarre nuove nozze se non dopo la morte della moglie, in quanto permane il vincolo di quel matrimonio.

Schmalzgrueber prende in considerazione soltanto la copula *vi vel violenter extorta*, non parla esplicitamente della copula *metu gravi extorta*, la figura che direttamente interessa il nostro studio. Gli argomenti però che il Decretalista presenta hanno la stessa forza riguardo la copula *metu gravi extorta*. Pirhing, ad esempio, lo fa notare espressamente alla fine della sua esposizione: «Notandum hic praeterea primo. Non tantum si sponsa de praesenti per vim absolutam, sed etiam per gravem metum solum sit violata a sponso, nihilominus ingredi potest, intra tempus praescriptum, Religionem». Ed espone con estrema chiarezza la ragione: «Quia non ob defectum liberae, seu spontaneae voluntatis; sed ratione injuriae sponsae illatae, et ob injustitiam a sponso commissam, conceditur sponsae ingressus in Religionem, quae etiam subest, quandum per metum gravem copulam extorsit»[18].

Raccogliamo pure il «Notandum secundo», con cui Pirhing chiude la trattazione, dove egli si pone la questione generale se la *copula vi extorta* sia o meno consumativa del matrimonio, prendendo in considerazione, come base della argomentazione, la portata teologica della consumazione: soltanto il matrimonio consumato rappresenta perfettamente l'unione di Cristo e della Chiesa, argomentazione già ampiamente sviluppata da Sánchez[19] e da altri autori.

Scrive Pirhing nel secondo *Notandum*: «Aliqui dicunt, per copulam vi extortam non consummari matrimonium» e il motivo fondamentale è il seguente: «quia matrimonium consummatum significat conjunctionem Christi cum Ecclesia, per assumptionem carnis, quam repraesentare potest sola copula carnalis voluntaria, non violenter extorta, sicut unio Christi cum Ecclesia per assumptionem carnis fuit voluntaria». L'argomentazione viene sviluppata con la affermazione secondo cui la consumazione del matrimonio esige la «unio animarum» e la «commixtio corporum». Ora, come la *vis absoluta* impedisce la consumazione nella formazione del matrimonio spirituale, cioè l'unione delle anime «ob defectum liberi consensus», allo stesso modo, anzi, «multo magis impedit consummationem matrimonii carnalis». Il fatto che dalla copula *vi extorta* nasca l'impedimento di affinità non costituisce una

---

[18] E. PIRHING, *Jus canonicum*, in X. 3. 32. 7, n. 57.
[19] Cfr. TH. SÁNCHEZ, *De Sancto Matrimonii Sacramento*, lib. 2, disp. 22, n. 6.

difficoltà particolare poiché per questo effetto non è necessario che i coniugi «efficiantur una caro»[20].

Altri invece, continua Pirhing, «admittunt, quod conjuges etiam per copulam violentam fiant una caro, sicut Christus per carnem est unitus Ecclesiae». E la ragione è data dal fatto che, anche se tale copula non rappresenta la unione di Cristo con la Chiesa *quoad modum*, per mancanza della volontarietà, «repraesentat tamen illam quoad substantiam»[21].

Va rilevato che gli autori di tutte e due le tendenze applicano questa argomentazione soltanto al periodo in cui la donna ha diritto di negare il debito coniugale al marito per poter deliberare di entrare in religione. Ciò sta a significare con evidenza che il motivo determinante dell'efficacia della copula *metu gravi extorta* dipende dalla *injustitia* del *metus*, dato che tutti sono d'accordo nell'affermare l'efficacia consumativa della copula se il marito esige anche con timore grave l'atto sessuale consumativo del matrimonio, al quale ha diritto.

Illustrati i passaggi chiave dello studio di Schmalzgrueber, avendo ora innanzi le argomentazioni di altri canonisti e di quelle che il Decretalista mostra a supporto della propria posizione, è necessario valutare quali elementi sono ritenuti propri della *copula vi extorta intra bimestre ad deliberandum*.

2. **Valutazione degli elementi caratterizzanti il *Bimestre ad deliberandum***

Intendendo cogliere quale riconoscimento giuridico venga riservato alla consumazione del matrimonio avvenuta con incussione di violenza morale da parte dell'uomo sulla donna, rileviamo subito che la problematica non viene sollevata, in sé e per sé, né nelle Decretali di Gregorio IX, né nei testi dei Decretalisti. Piuttosto si direbbe che si giunge ad approcciare tale tematica a partire da un istituto giuridico ben preciso, appunto quello del *Bimestre ad deliberandum*. Pertanto sembra che all'intervento di *metus* nell'esigere la prima copula coniugale non sia riconosciuto particolare rilievo giuridico in sé.

Un istituto inutile, quindi, quello del *Bimestre ad deliberandum*? Una previsione superflua?

---

[20] E. PIRHING, *Jus canonicum*, in X. 3. 32. 7, n. 57.
[21] E. PIRHING, *Jus canonicum*, in X. 3. 32. 7, n. 57.

A ben considerare gli elementi che concorrono a caratterizzare questo istituto, si nota come la questione in esso sollevata non costituisca una semplice appendice: di fatto essa viene trattata da grandi esponenti della teologia morale e della canonistica, e conserverà rilevanza per diversi secoli, fino alla promulgazione del Codice Pio-Benedettino.

Innanzitutto rileviamo che la questione ruota attorno alla possibilità, che si vuole assicurare agli sposi, di vestire l'abito religioso e di mutare in tal modo il loro proposito *in melius*, scegliendo uno stato di vita ritenuto «superiore»; soprattutto si vuole assicurare agli sposi la possibilità di prendere tale decisione anche dopo aver contratto le nozze. Tuttavia, allo scopo di non andare contro la disposizione divina in base alla quale i due, una vola divenuti *una caro*, non devono essere separati da nessuna potestà umana (Matt 19, 5-6), nella Decretale si prevede che, durante il tempo del discernimento, non intercorra tra gli sposi la prima copula coniugale, la quale, essendo consumativa del matrimonio, conferirebbe all'unione quella stabilità ed indissolubilità intangibili ed in conseguenza delle quali ai coniugi non sarebbe permesso di sciogliere l'unione passando alla vita religiosa.

È pertanto fuori dubbio il fatto che questa previsione sia sorta per sottolineare la superiorità della vita celibataria rispetto a quella matrimoniale e per assicurare la possibilità di percorrere quella via anche a chi avesse con incertezza optato per le nozze riservandosi la possibilità di decidere diversamente.

In secondo luogo si deve notare che la questione ha assunto una certa importanza in considerazione della sua rilevanza, prima ancora che per il campo giuridico, per quello morale, considerata la valutazione di peccato in caso di rifiuto di rendere il *debitum coniugale* al consorte, e considerata anche l'*injuria* commessa da chi ha privato il proprio coniuge di un suo diritto, quale è quello di usufruire del *bimestre ad deliberandum*. Nel percorso compiuto nella prima parte del presente lavoro si è del resto evidenziato come, già a partire dal diritto romano, e successivamente anche nel diritto canonico fino a pochi decenni fa, il motivo principale, se non talvolta unico, per il riconoscimento del *metus* e per la previsione di un'azione a tutela del *metum patiens* era dato dalla punizione della *injuria* commessa ai danni di un'altra persona nell'averla spinta, dietro l'incussione di timore, a compiere un determinato atto giuridico.

Infine si noti che anche la insistenza di quei canonisti che argomentano in modo non restrittivo, come è il caso di Schmalzgrueber[22], è posta sulla *injuria* compiuta ai danni della sposa, dato che lo sposo avrebbe violato un di lei diritto, mentre non si fa menzione, se non indirettamente, della *voluntas copulandi* richiesta per tale atto consumativo del matrimonio. Nei testi non si approfondisce la questione circa il grado di volontarietà richiesto nella donna, ma è certo che alla stessa è riconosciuta una tutela contro la eventualità che venga forzata ad un atto colmo di conseguenze per lei durante un determinato termine di tempo.

Mai si fa riferimento alla tutela della libertà della donna nello scegliere lo stato di vita che la stessa ritiene esserle proprio. Piuttosto si tende a voler trovare dove stia la ingiustizia dell'atto compiuto dall'uomo. Resta vero che, pur non affrontando direttamente la questione generale circa la volontarietà di un atto quale quello della copula consumativa del matrimonio, molti e autorevoli Decretalisti che hanno commentato il titolo in questione, hanno sottolineato che una certa volontarietà è richiesta anche nella donna, la quale era tradizionalmente ritenuta soggetto passivo nella congiunzione corporale tra i coniugi[23].

Tuttavia quanto affermato viene fatto valere unicamente nel contesto di una previsione quale quella del *bimestre ad deliberandum*, né dai testi si evince una pretesa di applicabilità a qualsiasi caso di copula *vi extorta*. Se anche si poteva tentare una riflessione che conducesse ad una evoluzione della questione, di fatto essa non si è avuta, forse proprio per il fatto che la problematica è sorta in merito ad un caso ben preciso e delimitato, previsto e descritto con dovizia di particolari e con abbondante casistica.

Nel vigente Codice di Diritto Canonico non esiste la previsione del *Bimestre ad deliberandum*. Essa era già assente nel Codice del 1917, dove si rinveniva la esplicita possibilità di scioglimento del matrimonio rato e non consumato attraverso la solenne professione religiosa[24], pur

---

22 Cfr. F.X. SCHMALZGRUEBER, *Jus ecclesiasticum universum*, in X. 3. 32. 7, n. 13.

23 Cfr. N. DE TUDESCHIS [SEU PANORMITANUS], *Abbatis panormitani commentaria*, in X. 3. 32. 2, n. 9; TH. SÁNCHEZ, *De Sancto Matrimonii Sacramento*, lib. 2, disp. 22, n. 3; P. FAGNANUS, *Ius canonicum*, in X. 3. 32. 7, n. 50-53; A. REIFFENSTUEL, *Jus canonicum*, in X. 3. 32. 7.

24 Cfr. can. 1119 del CIC/1917: «Matrimonium non consummatum inter baptizatos vel inter partem baptizatam et partem non baptizatam dissolvitur tum ipso iure per solemnem professionem religiosam, tum per dispensationem a Sede Apostolica ex iusta causa concessam, utraque parte rogante vel alterutra, etsi altera sit invita».

se questa possibilità era resa inattuabile dalla legge, la quale dichiarava invalida la ammissione al noviziato dei coniugi *durante matrimonio* (can. 542, 1 CIC/1917). Proprio per tale motivo è stato eliminato dal Codice del 1983 il canone relativo allo scioglimento del matrimonio rato *ipso iure* per la professione solenne. Oggi, nel caso di matrimonio rato e non consumato, esiste — sia pure indirettamente e non per esplicita previsione — la possibilità di abbracciare la vita religiosa, chiedendo al Santo Padre, se ne ricorrano gli argomenti, la concessione della grazia di dispensa da tale matrimonio non consumato.

Pertanto l'istituto giuridico del *Bimestre ad deliberandum* in sé non ha rilevanza se non per quella discussione che da esso e dal suo intendimento scaturì, e dalla quale emerse, pur in modo indiretto, l'istanza di una considerazione da riservare alla *voluntas copulandi* in relazione ad un atto talmente pregno di conseguenze personali, morali e giuridiche.

Solo impropriamente si potrà quindi considerare il *Bimestre ad deliberandum* quale precedente giuridico per una eventuale rilevanza del *metus* sulla consumazione del matrimonio, trattandosi di un caso ben delimitato e che non ha trovato applicazione indipendentemente dai requisiti previsti in esso, nonostante alcuni canonisti, come visto, auspicassero che si potesse far valere la previsione del *Bimestre ad deliberandum* e quanto ad esso connesso per qualsivoglia matrimonio, pur in assenza della esplicita riserva da parte di uno dei coniugi di optare eventualmente, entro due mesi dalla prestazione del consenso, per la vita religiosa.

CAPITOLO IX

Elementi intellettivi e volitivi
della copula consumativa del matrimonio

La formulazione giuridica circa la necessità di un apporto intellettivo e volitivo per la consumazione valida del matrimonio è attualmente contenuta nel can. 1061 § 1 del Codice promulgato nell'anno 1983 e nei canoni ad esso correlati, che si è precedentemente avuto modo di presentare. È infatti attraverso la locuzione *humano modo*, riferita alla prima copula coniugale, che viene esplicitamente riaffermata questa istanza circa una partecipazione tipicamente «umana» ad un atto di tale portata giuridica; parliamo di riaffermazione in quanto di fatto la dottrina era già maturata in questo senso soprattutto a partire dal Concilio Vaticano II.

Il presente capitolo tratterà di quanto è specifico del modo umano in cui deve aversi la consumazione del matrimonio; in particolare si prenderanno in esame quegli elementi che, a livello intellettivo e volitivo, sono necessari e sufficienti per quanto richiesto al can. 1061 § 1 della vigente Codificazione.

1. Precedenti della istanza di *humano modo* nel Concilio Vaticano II

Come emerso dall'*excursus* presentato nella seconda parte in materia di consumazione del matrimonio, per diversi secoli e fino al XIX, il dibattito attorno agli aspetti più propriamente intellettivi e volitivi della copula coniugale si è evoluto a partire dalla problematica della *copula vi extorta intra bimestre concessum ad ingrediendam religionem*.

Dopo la promulgazione del Codice Pio-Benedettino, che abolì l'istituto del *Bimestre ad deliberandum* e sopì, per così dire, la discussione circa gli aspetti volontaristici della consumazione del matrimonio, la attenzione ed il dibattito si incentrarono dapprima quasi esclusivamente sugli aspetti fisici, biologici e materiali della copula coniugale; solo successivamente anche la questione circa la necessità o meno di un atto umano, corredato di determinati aspetti psicologici, per una valida consumazione del matrimonio assunse rilevanza e divenne oggetto di discussione tra i canonisti. Tale discussione avveniva nel contesto del dibattito circa la impotenza femminile, circa l'uso di sostanze afrodisiache (particolarmente in seguito al Decreto del S. Offizio del febbraio 1949), e circa lo studio del processo di generazione umana con la distinzione tra *actio hominis* ed *actio naturae*.

Pertanto la dottrina non sembrava accettare pacificamente, come sostengono invece alcuni autori[1], la posizione secondo cui gli aspetti legati all'intelletto e alla volontà dell'uomo non fossero richiesti nei contraenti per porre una copula consumativa del matrimonio. A maggior ragione si può affermare che non vi fu pacifica accettazione di ciò, se si pensa a quei canonisti che, pur passando ad affermazioni talvolta un poco azzardate ed eccessive, insistettero particolarmente sugli aspetti personalistici e psicologici della *consummatio*[2].

È nell'insegnamento del Concilio Vaticano II, e precisamente nella Costituzione *Gaudium et Spes*, che la consumazione è trattata non più in termini di «debito coniugale» che i coniugi hanno da rendersi vicendevolmente, ma in termini personalistici, quale espressione e perfezione dell'amore umano tra i coniugi stessi. Si passa in tal modo da una impostazione prettamente giuridica della questione, così come era lo Schema preparatorio[3], alle espressioni che, attraverso le quattro differenti redazioni, furono scelte per la redazione definitiva promulgata:

> Haec dilectio proprio matrimonii opere singulariter exprimitur et perficitur. Actus proinde, quibus coniuges intime et caste inter se uniuntur, honesti ac digni sunt et, modo vere humano exerciti, donationem mutuam significant

---

[1] Cfr. P.A. D'AVACK, *Cause di nullità e di divorzio*, 298; M.F. POMPEDDA, «La nozione di matrimonio», 349.

[2] Cfr. G. MARCONE, «An Matrimonium consummetur», 631-656; P. FEDELE, «Actus humanus», 337-350; G. FELICIANI, «Il problema dell' "actus hominis"», 427-440; J. BERNHARD, «Perspectives renouvelées», 337.

[3] Cfr. «De Castitate, Virginitate, Matrimonio, Familia: Schema propositum a Commissione Theologica» in *AD* II/II,III, 893-937.

et fovent, qua sese invicem laeto gratoque animo locupletant[4] [...] Deus enim, Dominus vitae, praecellens servandi vitam ministerium hominibus commisit, modo homine digno adimplendum[5].

Nella prima redazione, nella quale non appare ancora l'inciso *humano modo*, si trovano tuttavia espressioni chiaramente ispirate alla Enciclica *Casti Connubii*[6], volute da alcuni consultori appositamente per sottolineare un apprezzamento dell'amore coniugale e della sessualità umana tra i coniugi e per bilanciare, in un certo senso, le espressioni giuridistiche dello Schema preparatorio. Si legge nella redazione del 20 ottobre 1964:

> Verus amor coniugalis, mutuum et liberum sui ipsius donum in uno spiritu et in una carne mutuaque interior conformatio, tener affectu et opere probatus, plane exsuperat labilem inclinationem mere affectivam, quae, si egoistice excolitur citius et misere evanescit. Qui amor, fide ratus et in Chrsiti amore sanctus, est indissolubiliter fidelis, inter prosperas et adversas vitae vicissitudines[7]

Solo nel settembre 1965, nella seconda redazione del testo che si stava preparando, si utilizzò per la prima volta la locuzione *modo humano* nel contesto della espressione dell'amore coniugale nel matrimonio:

> Longe igitur exsuperat meram "eroticam" inclinationem, quae, "egoistice" exculta, citius et misere evanescit. Haec dilectio proprio opere exprimitur et perficitur. Actus proinde, quibus coniuges intime et ordinatim inter se uniuntur, honesti sunt et, modo vere humano perpetrati, donationem mutuam plenam significant et fovent. Amor ille fide ratus et in Christo sanctus est, atque, inter prospera et adversa, indissolubiliter fidelis[8].

Si trattava dunque di una terminologia più adatta a considerare la sessualità dei coniugi come espressione dell'amore sponsale tra di essi,

---

[4] *GS* 49.

[5] *GS* 51.

[6] Si pensi al brano seguente: «Haec mutua coniugum interior conformatio, hoc assiduum sese invicem perficiendi studium, verissima quadam ratione, ut docet Catechismus Romanus, etiam primaria matrimonii causa et ratio dici potest, si tamen matrimonium non pressius ut institutum ad prolem rite procreandam educandamque, sed latius ut totius vitae communio, consuetudo, societas accipiatur» (PIO XI, encicl. *Casti Connubii*, 548-549).

[7] *AS* III/V, 132.

[8] *AS*, IV/I, 479-480.

come espressione della reciproca donazione ed accettazione, della partecipazione all'amore creativo di Dio, Signore della vita.

Nella terza e quarta redazione fu mantenuto l'inciso *humano modo*, con alcune precisazioni: ad esempio nella formulazione del 15 novembre 1965 si sostituì al precedente «perpetrati» il verbo «exerciti», per significare l'ordine umano, e non soggettivistico, secondo cui venivano posti tali atti[9], vale a dire per enfatizzare la natura interpersonale dell'amore coniugale e scongiurare il fatto che il modo umano richiesto potesse far pensare ad una modalità determinata soggettivamente.

Infine, nel testo presentato alla Congregazione Generale del Concilio il 2 dicembre 1965, si avrà la redazione definitiva, dopo una vivace discussione circa l'opportunità o meno di inserire la locuzione «in ordine ad generationem» riferita agli atti coniugali[10]; un tale inserimento fu respinto, ritenendo, la commissione, che gli atti coniugali fossero compiuti in modo umano e che significavano la mutua donazione degli sposi, pur se a tali atti non seguiva generazione di prole.

Dal Concilio emerge, riguardo il punto che è ora oggetto del nostro interesse, una visione teologica del matrimonio con una sottolineatura personalistica: l'atto coniugale viene descritto come espressione positiva dell'amore coniugale[11]; la sessualità viene approcciata in modo completo, e non più a livello puramente biologico e fisiologico del sesso. Si comprende allora come sia fondamentale, per una retta comprensione del dettato codiciale, questa svolta nell'approccio al matrimonio in generale e agli atti che ad esso sono propri in particolare.

Indubbiamente fu importante la evoluzione cui si assistette, pur se a nostro avviso non si trattò di una vera e propria contrapposizione a quanto previsto in passato, ma di una precisazione a livello terminologico. Se è vero che nel Codice Pio-Benedettino si rinveniva l'espressione relativa allo *ius in corpus*, oggi scomparsa, di fatto essa

---

9 Cfr. *AS*, IV/VI, 486: «Actus proinde, quibus coniuges intime et caste inter se uniuntur, honesti ac digni sunt et, modo vere humano exerciti, donationem mutuam significant et fovent, qua sese invicem laeto gratoque animo locupletant».

10 Cfr. *AS*, IV/VII, 491: «Actus proinde, quibus coniuges intime et caste inter se uniuntur in ordine ad generationem, honesti ac digni sunt et, modo vere humano exerciti, donationem mutuam significant et fovent, qua sese invicem laeto gratoque animo locupletant».

11 Un ulteriore approccio positivo alla sessualità dei coniugi come espressione dell'amore sponsale è rinvenibile nella esortaz. apost. di Papa GIOVANNI PAOLO II, *Familiaris consortio*, 81-191; cfr. P.A. BONNET, *L'essenza del matrimonio canonico*, 156. 314.

conserva il suo fondamento biblico-teologico in San Paolo (1 Cor 7,4) e, potremmo dire, rientra nello *specificum* del matrimonio canonico, prescindendo dal quale si avrebbero conseguenze non irrilevanti.

2. Intendimento della locuzione *humano modo*

Per la consumazione del matrimonio si richiede quindi che la copula coniugale consumativa sia posta *modo humano*, che sia cioè compiuta in modo degno della persona umana, la qual cosa esige necessariamente che tale atto sia rispettoso di ciò che è proprio dell'indole della persona umana, in modo che il soggetto che lo pone ne sia signore.

A proposito della introduzione di tale inciso nel can. 1061 del vigente Codice di Diritto Canonico, è interessante notare come non fu pacifica la discussione in sede di revisione del Codice, si pensi in particolare alla formulazione degli anni 1975 e 1977 e alla discussione che ne seguì[12] e che diede luogo al can. 1014 § 1 dello Schema dell'anno 1980[13].

---

[12] Al can. 247 § 2 (Schema del 1977) si leggeva: «Matrimonium baptizatorum validum dicitur ratum, si nondum consummatione completum est; ratum et consummatum si coniuges inter se (*humano modo*) posuerunt coniugalem actum per se aptum ad prolis generationem, ad quem natura sua ordinatur matrimonium, et quo coniuges fiunt una caro» (COETUS STUDIORUM DE IURE MATRIMONIALI, «Opera Consultorum in apparandis canonum schematibus», *Communicationes* 9/1 [1977] 128). Dalla relazione circa l'andamento dei lavori e la discussione avutasi a proposito di tale paragrafo in seno alla Commissione preposta ai lavori di revisione, emerge che la maggioranza delle risposte pervenute alla Commissione da parte degli Organi consultati era favorevole alla conservazione di tale inciso nel testo del canone «ita ut clare appareat non haberi actum coniugalem nisi ponatur modo humano» (*Communicationes* 9/1 [1977] 129). D'altra parte fu sollevata da alcuni consultori l'obiezione secondo cui la introduzione della locuzione «humano modo» si dovesse ritenere superflua «quia nemo admittit haberi actum coniugalem quando non peractus sit modo humano» (*Communicationes* 9/1 [1977] 129). Del resto la dottrina propugnata nel Responso del 2 febbraio 1949 dell'allora S. Offizio era ormai da ritenersi superata, per cui non si poneva la necessità di una espressione codiciale che la respingesse, come invece sostengono alcuni (cfr., tra altri, O. FUMAGALLI CARULLI, *Il matrimonio canonico*, 23). È inoltre comprensibile che alcuni dei consultori nutrissero la preoccupazione che, una volta introdotto l'inciso in questione nel canone circa la consumazione del matrimonio, si aprisse la possibilità ad infiniti casi di dispensa per matrimonio rato e non consumato. Altri ancora ritenevano opportuna la eliminazione di tale locuzione dal testo del canone, partendo dalla considerazione dell'atto coniugale come un esercizio del diritto da parte dei coniugi.

In seguito a tale discussione i consultori erano favorevoli alla eliminazione della locuzione «humano modo» dal canone in questione «quia nihil addunt doctrinae quae

Si è fatto cenno alla discussione riguardo la introduzione nel testo codiciale della locuzione *humano modo*; circa la necessità o meno di tale inciso, si aggiunge ora soltanto una breve osservazione. Dalla relazione stesa in merito ai lavori di revisione, non è dato di comprendere come mai, dopo la decisione di eliminare quell'inciso, si votò a favore del suo mantenimento[14]: tale decisione rimane semplicemente un dato di fatto da constatare, mentre erano senza alcun dubbio giustificate le argomentazioni di coloro i quali chiedevano la eliminazione dell'*humano modo* dal testo del Codice sostenendo che di fatto una tale istanza fosse ormai pacificamente accettata in dottrina e in giurisprudenza. Si pensi anche alle inequivocabili formulazioni della costituzione *Gaudium et Spes* circa gli atti coniugali. Né era ormai necessario introdurre una tale locuzione esclusivamente a motivo della visione fisicista e materialista della copula coniugale: tali formulazioni erano sì non lontane nel tempo, tuttavia esse erano state ampiamente superate ed erano ormai ritenute inaccettabili, specialmente dopo il contributo del Concilio Vaticano II.

Il Cardinal Palazzini aveva chiesto, in seno alla Pontificia Commissione per la revisione del Codice, il motivo dell'inciso ed il significato giuridico da attribuire ad esso. La risposta non fu dettagliata quanto lo era stata la domanda:

> Locutio «humano modo» post profundum studium et amplam discussionem introducta, a longe maiore parte Conferentiarum Episcoporum aliorumque organorum consultationis probata est et videtur absolute necessaria ex ipsa natura matrimonii, quod postulat ut actus coniugalis humano modo ponatur.

---

tenet matrimonium non consummari nisi per actum humanum ab ambobus sponsis volitum» (*Communicationes* 9/1 [1977] 129). Tuttavia, come si continua a leggere nella relazione stesa in seguito a quella seduta della Commissione, «quoniam illa Organa consultationis, quae suppressionem illorum verborum petierunt, aliquantulum videntur indulgere doctrinae contrariae, ipsi Consultores censent ut opportune verba "humano modo" retineantur in textu canonis, salvo iudicio altioris instantiae» (*Communicationes* 9/1 [1977] 129).

[13] In tale redazione vengono eliminate dal testo del canone le parentesi che racchiudevano la locuzione "humano modo": «Matrimonium inter baptizatos validum dicitur ratum si non est consummatum; ratum et consummatum si coniuges inter se humano modo posuerunt coniugalem actum per se aptum ad prolis generationem, ad quem natura sua ordinatur matrimonium, et quo coniuges fiunt una caro» (PONTIFICIA COMMISSIO CODICI IURIS CANONICI RECOGNOSCENDO, *Schema CIC*, 232).

[14] Cfr. *Communicationes* 9/1 [1977] 129.

Etiam si talis locutio supprimeretur semper subintelligenda esset in canone[15].

La spiegazione segue un andamento che, *salva reverentia*, sembra in verità una tautologia. Inoltre, dalle ultime parole della risposta stessa si evince che la Commissione si rese conto della imprescindibilità di considerare l'*humano modo* al fine della validità degli atti coniugali, pur se tale locuzione fosse stata omessa nel testo codiciale. Tuttavia si ritenne opportuno lasciarla.

Infine, da quanto emerso, si può affermare che, se è vero che tale specificazione riguardo gli atti coniugali trovò ampi consensi tra i canonisti, essa era, se così si può dire, divenuta ormai ovvia e scontata.

Che cosa deve allora intendersi per copula posta dai coniugi *modo humano*?

Innanzitutto si chiede[16] che la copula coniugale sia un atto umano, un atto su cui l'uomo eserciti il proprio dominio e la propria sovranità, un atto di cui l'uomo non sia semplice causa, come potrebbe essere per un *actus hominis*, ma di cui sia causa libera. Già la formulazione del can. 1061 § 1, in cui i coniugi risultano essere soggetto agente che pone l'atto consumativo — a differenza di quanto previsto nel Codice Pio-Benedettino, ove l'atto coniugale veniva presentato in modo impersonale con la locuzione «locum habuerit» — è da interpretare come una sottolineatura della modalità dell'atto stesso: esso non è un atto che ha luogo, che succede tra i coniugi, sono questi stessi a porlo in essere[17]. Un tale atto, in quanto atto umano, esige la cooperazione di intelletto e volontà: «Illae solae actiones vocantur propriae humanae quarum homo est dominus; est autem homo dominus suarum actionum per rationem et voluntatem. Illae ergo actiones proprie humanae dicuntur, quae ex voluntate deliberata procedunt»[18].

Posta tale premessa, è necessario approfondire quali siano gli elementi propri della prima copula coniugale a livello intellettivo e voliti-

---

[15] Cfr. Pontificia Commissio Codici Iuris Canonici Recognoscendo, *Relatio complectens Synthesim Animadversionum*, 247.

[16] Si omettono in questo contesto i necessari elementi fisici che debbono darsi e concorrere per la validità della copula coniugale: di essi si è trattato nella seconda parte e sono riconosciuti in modo pacifico dalla dottrina e dalla giurisprudenza, come si è avuto modo di indicare.

[17] Cfr. A. Albisetti, «Brevi note sul can. 1061», 633; L. Musselli, «La consumazione del matrimonio», 747; M.F. Pompedda, «La nozione di matrimonio», 342.

[18] Thomas Aquinatis, *Summa Theologiae*, I.II., q. 1, a. 1.

vo, onde situare giuridicamente tale atto in modo corretto: dalla retta comprensione della natura della consumazione promanano infatti, sul piano pratico ancor più che su quello teorico, conseguenze notevoli in quanto a validità o invalidità dell'atto stesso e, pertanto, in quanto a valutazione circa la concessione o meno della dispensa *super rato* e circa eventuali capi di nullità matrimoniale.

2.1 *Elementi intellettivi*

Per la valida consumazione del matrimonio si presuppone che i coniugi partecipino all'atto consumativo del matrimonio con coscienza di quanto si apprestano a compiere. Ma che cosa significa ciò? E quale livello di coscienza e di conoscenza è richiesto nei coniugi?

La problematica inerente gli aspetti intellettivi e volitivi richiesti al fine di una copula coniugale posta *humano modo* non viene trattata direttamente da molti autori che, come visto, prendono in considerazione unicamente gli aspetti anatomico-fisiologici della consumazione.

Allo stesso modo gli aspetti intellettivi e volitivi non sono oggetto di studio da parte di autori come J. Bernhard, i quali anzi si basano precipuamente su una lettura psicologica ed esistenzialista della vita matrimoniale dei coniugi[19]. Nella parte seconda del presente lavoro si è avuto modo di esporre il pensiero del canonista francese in merito al suo intendimento di copula consumativa del matrimonio: non è difficile comprendere come l'autore, incentrandosi su di una concezione esclusivamente esistenziale-evolutiva del rapporto tra i coniugi, insista sul fatto che si debba attendere la maturazione del rapporto di coppia nei suoi molteplici aspetti per poter affermare non solo che il matrimonio sia consumato, ma che sia consumato *humano modo*[20]. L'autore sottolinea la necessità di una reinterpretazione in termini giuridici di quanto contenuto nel Concilio Vaticano II ed in particolare nella Costituzione *Gaudium et Spes* riguardo l'intendimento di matrimonio come intima

---

[19] Cfr. A. BRIDE, «Le pouvoir du Souverain Pontife», 68; R. CHARLAND, «La dispense», 49; J.T. FINNEGAN, «When is a Marriage indissoluble?», 309; P. HUIZING, «La conception du mariage», 135; per quanto riguarda l'apporto di J. Bernhard vedi la bibliografia alla nota seguente.

[20] Cfr. J. BERNHARD, «A propos de l'indissolubilité», 49; ID., «Réinterpretation (existentielle et dans la foi)», 243-278; ID., «Où en est la dissolubilité», 59-82; ID., «Perspectives renouvelées», 337; ID., «Réflexion critique», 274; ID., «Le sens des interventions des officialités», 97; ID., «L'exclusion de l'indissolubilité du mariage», 159.

comunità di vita e di amore. Egli insiste sull'indubitabile costante evolversi e maturare di tale relazione e, in base a ciò, esige che si conceda, per così dire, un tempo molto ampio agli sposi perché si possa dire *consumata*, e quindi indissolubile, la loro unione. Laddove pertanto non si sia raggiunta una certa qual maturazione nella comunione di vita tra i coniugi, una certa pienezza umana e cristiana, non si può parlare ancora di matrimonio consumato; né tantomeno lo si potrebbe fare, sempre secondo Bernhard, esclusivamente in seguito alla prima copula coniugale intercorsa tra gli sposi. Questa, in estrema sintesi, la teoria della consumazione esistenziale del matrimonio.

Bernhard fornisce degli indicatori atti a provare una mancata consumazione esistenziale del matrimonio, quando parla ad esempio di «brièveté de la vie commune; infidélités entretenues dès le début et durant toute la vie commune; absence de tout témoignage conjugal ou familial, humain ou chrétien; difficulté insurmontable à établir avec son conjoint une relation authentique de personne à personne; intolérance à la vie commune»[21].

Lo stesso Bernhard si rende conto della difficoltà a tradurre in termini giuridici tali criteri; in verità sembra impossibile desumerne categorie giuridiche applicabili sul piano giurisprudenziale, trattandosi di criteri di difficile delimitazione, che sfumano piuttosto ed eccessivamente nel piano psicologico e individuale di ogni singola persona. Inoltre non si possono non intravedere i rischi che comporterebbe la applicazione della «inconsumazione esistenziale e nella fede»: si violerebbe il diritto naturale di ogni cristiano alle nozze, facendo del matrimonio un istituto riservato a pochi, ad una élite di persone, e si aprirebbe in tal modo la strada al «matrimonio in prova» o meglio al divorzio. Se Bernhard si richiama soprattutto al Concilio Vaticano II per fondare la propria tesi, di fatto le conclusioni che da essa sono state tratte nella prassi di alcuni Tribunali Ecclesiastici conducono lungi dalla visione magisteriale in materia[22].

---

[21] J. BERNHARD, «Réinterpretation (existentielle et dans la foi)», 271.

[22] Si pensi alla Sentenza *Ultraiectens.*, 12 agosto 1971, nella quale si legge che, in base alla *Gaudium et Spes*, il consenso al matrimonio avrebbe perso il suo carattere formalistico per adottare il senso più esistenziale di una unione di vita che comprende tutti i suoi molteplici aspetti e che si estende in tutto il tempo di evoluzione del rapporto di coppia. Tale decisione viene riformata nella nota Sentenza del Supremo Tribunale della Signatura Apostolica, coram quinque Cardinales, 25 novembre 1975 (*Periodica* 66 [1977] 299), in cui si respinge energicamente una tale falsata interpretazione dello spirito conciliare.

Il rischio che consegue a una tale visione comporterebbe inoltre una riduzione, per così dire, della realtà sacramentale del matrimonio alla mera vicenda umana e alla volontà dei coniugi.

Altri autori richiedono, perché l'atto consumativo del matrimonio sia posto *modo humano*, che nei coniugi vi siano coscienza e volontà di compiere la copula coniugale: si pensi alle formulazioni di Ombretta Fumagalli Carulli, la quale negli ultimi anni della revisione del Codice lamentava, a ragione, una mancanza di considerazione per gli aspetti più propriamente umani e volontari dell'atto sessuale tra i coniugi[23]. Soffermandoci per ora unicamente sugli aspetti intellettivi e rinviando al punto successivo per quelli volontari — pur non potendo tracciare una separazione netta tra essi —, quanto è richiesto nei coniugi per una valida consumazione del matrimonio è formulato dall'autrice nel modo seguente:

> Il primo quesito sorge quando si cerchi di precisare quale elemento spirituale occorra come integrativo di quello fisico, potendosi domandare se sia sufficiente, ai fini della *humanitas*, la consapevolezza e la volontà di porre in essere la *copula carnalis* o se occorra anche il trasporto, indefinito ed indefinibile, dei sentimenti. E la risposta non può che essere nel primo senso, poiché la seconda via [...] per la sua caratteristica tutta interiore appare come non afferrabile giuridicamente[24].

L'autrice, richiedendo esclusivamente consapevolezza e volontà nei coniugi, esclude pertanto la necessità che, in seguito al magistero del Concilio Vaticano II, si debba sviluppare una spiritualizzazione dell'istituto matrimoniale «sino al punto da esigere, anche per la nozione giuridica di consumazione del matrimonio, che i coniugi raggiungano una piena e profonda comunità di vita, naturale e soprannaturale»[25]. Sostiene inoltre che si possa parlare di consumazione nel campo del diritto «soltanto quando non sia strappata con violenza oppure estorta con l'inganno o subita nel sonno»[26].

Dalle affermazioni dell'autrice, la quale pur dichiara la necessità di «consapevolezza e volontà di porre in essere la *copula carnalis*», non risulta essere approfondito che cosa si debba intendere con tali espressioni, né quanto si debba richiedere nei coniugi a livello psicologico per

---

[23] Cfr. O. FUMAGALLI CARULLI, *Il matrimonio canonico*, 22-26.
[24] O. FUMAGALLI CARULLI, *Il matrimonio canonico*, 23-24.
[25] O. FUMAGALLI CARULLI, *Il matrimonio canonico*, 15.
[26] O. FUMAGALLI CARULLI, *Il matrimonio canonico*, 22.

una *consummatio humano modo*; soprattutto non viene specificato quale livello di consapevolezza, di partecipazione intellettiva si richieda nei coniugi. Né si precisa quale tipo di volontarietà sia necessaria e sufficiente per la prima copula coniugale.

Specificazioni chiare in materia vengono invece offerte da un autorevole canonista quale è Pompedda. Egli fa notare che il momento da considerare importante al fine di valutare se erano dati nei soggetti gli elementi intellettivi e volitivi per porre la copula coniugale, «non va tanto riguardato e richiesto *in ipso actu copulandi*, quanto piuttosto nel momento in cui i soggetti coscientemente pongono tutte le condizioni fisico-psichiche necessarie al compimento dell'amplesso»[27]. Vanno pertanto distinte situazioni particolari che possono aversi: se ad esempio uno o entrambi i coniugi nel porre tutte le condizioni psico-fisiche per compiere l'atto coniugale sono per così dire integri e decidono di fare uso di mezzi eccitanti nel momento del loro amplesso allo scopo di un rapporto secondo loro più coinvolgente, tale decisione non intacca la integrità loro nel predisporsi alla copula consumativa del matrimonio, anche se, nel momento del coito, essi non godranno di una completa lucidità di coscienza circa ciò che stanno compiendo. Se al contrario — sempre secondo Pompedda — i coniugi, o uno solo di essi, in stato di ebbrezza o sotto l'effetto di sostanze stupefacenti o afrodisiache che compromettono l'uso di ragione, pongono le condizioni per giungere all'amplesso coniugale, allora non si potrà dire che siano *compos sui* nell'atto non solo di porre la copula coniugale, ma anche in quello della deliberazione al fine di giungere ad essa; pertanto una tale copula non potrà dirsi consumativa del matrimonio, appunto perché anche uno solo dei coniugi non disponeva dell'imprescindibile elemento intellettivo dell'uso di ragione. Pompedda aggiunge quanto segue: «Si dovrà sempre vedere se la volontà di porre la copula *sia nata o non* in un soggetto la cui condizione psichica consentiva quello che in morale e in diritto chiamiamo atto *volontario*»[28].

A questo punto ci si chiede se non sia sufficiente verificare che tali elementi intellettivi e volitivi siano dati al momento della prestazione del consenso matrimoniale.

La risposta dovrà necessariamente articolarsi su differenti livelli: gli elementi intellettivi e volitivi dovranno essere necessariamente dati al momento del consenso, altrimenti si avrebbe un matrimonio nullo a

---

[27] M.F. POMPEDDA, «La nozione di matrimonio», 353.
[28] M.F. POMPEDDA, «La nozione di matrimonio», 353.

causa di consenso invalido, così come stabilito dal Codice; per quanto riguarda la coscienza e la volontarietà circa l'atto coniugale consumativo del matrimonio, è indubbio che vada cointeso nella prestazione del consenso il diritto-obbligo reciproco dei nubenti agli atti per sé idonei alla generazione della prole.

Tuttavia è da ritenersi sufficiente la prestazione del consenso per affermare che sia implicitamente data negli sposi una sufficiente libertà e determinazione all'atto consumativo? Per una adeguata risposta al presente quesito è necessario prima chiarire che cosa si intenda per atto consumativo del matrimonio a livello giuridico, e quale tipo di volontarietà sia da esigersi come necessaria e sufficiente, pertanto solo dopo aver affrontato tale tematica si offrirà una pista di soluzione alla questione in oggetto.

Certamente è difficile stabilire, con parametri ben definiti e con pretesa di universalità, fino a quale livello vi debba essere nei coniugi consapevolezza di ciò che essi compiono, tuttavia è necessario fissare alcuni punti imprescindibili. Innanzitutto non si richiederà una conoscenza perfetta e dettagliata di quello che, a livello fisiologico, avviene durante il congiungimento fisico: lo stesso can. 1096 prevede infatti, al paragrafo 1, che «Ut consensus matrimonialis haberi possit, necesse est ut contrahentes saltem non ignorent matrimonium esse consortium permanens inter virum et mulierem ordinatum ad prolem, *cooperatione aliqua sexuali*, procreandam», ed aggiunge, al paragrafo seguente: «Haec ignorantia post pubertatem non praesumitur». Pur essendo, detto canone, riferito al consenso, esso offre una indicazione chiara circa la conoscenza richiesta nei coniugi riguardo il matrimonio: essi debbono possedere una minima conoscenza del fatto che il loro congiungimento fisico, attraverso il quale può avvenire il concepimento della prole, richiede una certa cooperazione dei loro corpi attraverso gli organi sessuali; non importa se ne ignorino poi le precise modalità.

Si tratta quindi di un grado minimo di conoscenza richiesta nei coniugi, né si potrebbe esigere in essi una dettagliata informazione circa i processi del concepimento e della generazione.

Quale conoscenza è poi richiesta circa gli effetti giuridici di una tale copula coniugale consumativa del matrimonio? Nulla si può esigere al riguardo: i coniugi, come emerge dal citato can. 1096, nel prestare il loro consenso al matrimonio, non possono ignorare che il matrimonio è una unione eterosessuale e permanente, ordinata alla prole attraverso una certa cooperazione dei corpi e, specificamente, degli organi sessuali; gli sposi sono pertanto tenuti al diritto-dovere di tali atti coniugali. Tuttavia non è la coscienza della prima copula quale consumativa a renderla valida ai fini della indissolubilità del matrimonio. Vale a dire che, se ad esempio uno o entrambi i coniugi nel porre la prima copula coniugale ignorano che con essa il loro matrimonio acquisisce la cosiddetta *firmitas*, non è certo a causa di tale loro ignoranza che non si avrebbe una valida consumazione di quel matrimonio.

Ed anche nel caso in cui uno dei coniugi, apprestandosi a porre la prima copula coniugale, dubitasse della validità del matrimonio che ha celebrato, il matrimonio sarebbe ugualmente consumato, sempre che il consenso stesso sia stato prestato validamente.

Il *minimum* che si richiede è quindi la percezione dell'atto copulatorio in quanto tale.

A tale percezione si oppongono[29] l'ignoranza e l'errore circa la persona del partner. In tali casi, infatti, sarebbe colpita la sostanza dell'atto stesso, il quale non potrebbe più dirsi posto *modo humano*. Del resto il can. 126 del vigente Codice stabilisce la invalidità dell'atto posto per ignoranza o per errore «qui versetur circa id quod eius substantiam constituit, aut qui recidit in condicionem sine qua non», e certamente la ignoranza o l'errore circa la persona del partner vanno a toccare la sostanza dell'atto consumativo del matrimonio: la persona degli sposi è infatti un elemento che specifica l'atto che essi stanno per compiere; lo stesso atto compiuto da una di esse con una terza persona risulterebbe essere privo di qualsivoglia significato consumativo. L'esempio classico per un tale caso è quello di coniugi tra i quali, senza conoscersi — ad esempio perché sposatisi per procura —, intervenga un atto sessuale: tale atto non potrà in alcun modo dirsi consumativo del matrimonio per le ragioni sopra addotte. Si avrà comunque modo più oltre di tornare sulla questione dell'animo maritale necessario al fine di una *consummatio humano modo*. Pertanto, date anche le notevoli conseguenze giuridiche della prima copula coniugale, non potendo essere definita come *actus humanus* una copula posta con ignoranza o errore, si avrebbe un atto invalido, non consumativo del matrimonio. La motivazione che Pompedda annette a tali affermazioni è la seguente:

generalmente l'ordinamento canonico [...] consente la rescissione dell'atto con sentenza giudiziaria qualora si dimostri l'ignoranza, l'errore o il dolo. [...] Proprio in materia matrimoniale il Legislatore ha già disposto per la

---

[29] Si consideri, esemplificativamente, M.F. POMPEDDA, «La nozione di matrimonio», 354.

nullità del consenso emesso per dolo (can. 1098), per ignoranza sostanziale (can. 1096), e per errore (can. 1097). [...] Una mancanza di percezione dell'atto in quanto tale, sia per ignoranza, sia per errore, sia per dolo, incide sulla sostanza dell'atto stesso. [...] Si avrebbe una situazione iniqua, poiché il Codice non contemplerebbe un rimedio ad una copula posta in tali condizioni e che peraltro avrebbe l'effetto gravissimo di indissolubilità[30].

A proposito di tali argomentazioni, a noi sembra pericoloso appellarsi a quanto previsto dal Codice in materia di consenso matrimoniale per trarne analogie con la consumazione; lo stesso dicasi circa la generalizzazione fatta in merito alla possibile rescissione dell'atto posto per ignoranza, errore, dolo. Ancora una volta un tale modo di procedere rimanda ad una chiarificazione circa l'atto consumativo del matrimonio: si tratta di un atto giuridico o di un semplice fatto giuridico? Al capitolo seguente si affronterà questa problematica, imprescindibile per una corretta interpretazione del significato giuridico della *consummatio*.

In particolare ribadiamo che, a nostro parere, è improprio richiamarsi, per il caso di errore, al can. 1097 del Codice vigente: in esso si tratta specificamente del consenso matrimoniale, mentre qui siamo a livello di atto consumativo del matrimonio; inoltre sarebbe inutile richiamarsi a tale vizio del consenso per parlare di una copula posta non in modo umano e perciò non consumativa del matrimonio, infatti, nel caso in cui ci si trovi dinanzi ad un vizio di consenso quale è quello contenuto nel can. 1097, è ovvio che il matrimonio sarebbe nullo e che perciò non avrebbe rilevanza alcuna l'eventuale amplesso sessuale intercorso tra i partners: esso, comunque posto, non avrebbe alcun significato giuridico canonico, dal momento che un atto consumativo del matrimonio presuppone sempre un matrimonio valido, vale a dire un consenso validamente prestato. Sarà pertanto più opportuno il semplice richiamo alle norme generali e specificamente al can. 126.

Se tuttavia si verificassero tali fattispecie per la consumazione, distintamente dal consenso, vale a dire se il consenso fosse prestato validamente, ma si manifestassero errore o ignoranza circa la persona del partner nel porre la prima copula coniugale, allora si dovrà concludere per un atto non posto *modo humano*, un atto non consumativo del matrimonio non tanto perché così è disposto per il consenso, bensì perché

---

[30] M.F. POMPEDDA, «La nozione di matrimonio», 354.

si avrebbe invalidità circa la sostanza dell'atto stesso, che deve compiersi fra le persone dei coniugi.

Un'attenzione particolare merita il caso di dolo e la questione circa la sua eventuale rilevanza per la prima copula coniugale.

In merito Pompedda afferma, come si deduce dal brano sopra riportato, che il dolo procurerebbe invalidità della prima copula coniugale e, non trovando riscontro a tale conclusione nelle norme generali circa l'atto giuridico (e precisamente al can. 125 § 2), egli si appella alla possibilità di rescissione dell'atto con sentenza giudiziaria e alla previsione di nullità matrimoniale in caso di dolo ordito al fine di estorcere il consenso matrimoniale (can. 1098). L'insigne canonista nell'economia dell'articolo nel quale accenna a questo elemento del dolo non dà spazio ad un approfondimento per mostrare come giunge alla conclusione che propone. Sarebbe auspicabile conoscere l'andamento degli argomenti che sorreggono una tale rilevanza del dolo per la copula consumativa del matrimonio, onde poter meglio comprendere il suo pensiero, tuttavia ci permettiamo di fare alcuni rilievi in merito.

Innanzitutto ribadiamo il principio generale secondo cui non si possono applicare le stesse norme per giudicare la validità del consenso matrimoniale e quella della consumazione; si avrà modo di riprendere tale principio al capitolo successivo.

Sarà inoltre necessario, anche per il caso di dolo, un intervento analogo a quello fatto per la ignoranza e l'errore, distinguendo tra il possibile vizio del consenso e la consumazione.

Se infatti uno dei nubenti tiene volutamente nascosta all'altro una malattia grave dalla quale è affetto, ad esempio la sifilide oppure il virus dell'HIV, allora certamente si avrà una copula pericolosa tra i coniugi in quanto uno di essi, assolutamente ignaro del pericolo che corre, potrebbe rimanere contagiato da una tale malattia. Prima ancora di porci la questione circa la validità di una tale copula, si dovrà tuttavia affermare che essa non può assolutamente dirsi copula *coniugale*, dal momento che quel matrimonio sarà nullo a causa di un consenso non prestato validamente, in quanto viziato da dolo a norma del can. 1098, circa una qualità che può perturbare gravemente il *consortium vitae coniugalis*[31]. Pertanto riteniamo che generalmente si possa parlare di dolo

---

[31] Nello stesso senso andrebbe interpretata la fattispecie proposta da O. Fumagalli Carulli, *Il matrimonio canonico*, 26: «Colui che, ad esempio, affetto da malattia venerea si proponga per odio o vendetta di contagiare il consorte ha posto in realtà in essere un consenso simulato in quanto esclude lo *ius ad vitae communionem*,

nel porre in essere l'atto consumativo del matrimonio, ma solo in senso improprio, infatti se di dolo nell'atto sessuale si può parlare, tale dolo avrà inficiato innanzitutto il consenso, e allora non si porrà neppure la questione di una consumazione avvenuta oppure no secondo tutti i suoi crismi. Non si potrà infatti dare consumazione di un matrimonio che non esiste!

Non è certamente questo il contesto per affrontare la problematica riguardante il dolo e la sua natura giuridica, né per valutare come una tale fattispecie possa inficiare il consenso[32]. Indubbiamente rimangono aperti alcuni quesiti in merito, che richiederebbero uno studio a parte, muovendo dall'intendimento di errore e da quanto storicamente ha costituito l'evolversi di una tale figura giuridica rilevante per il consenso.

Passando alla consumazione del matrimonio, non possiamo ignorare il caso, per quanto esso possa essere infrequente, di chi abbia contratto una malattia venerea contagiosa solo dopo la prestazione del consenso e prima della consumazione del matrimonio: in tal caso si avrà dolo in ordine alla prima copula coniugale, pur essendo stato celebrato validamente il matrimonio? Si dovrà pertanto concludere per una non avvenuta consumazione del matrimonio?

Non è dato di rinvenire studi specifici che affrontino questo argomento a livello teorico o allo scopo di trovare soluzione a casi pratici. La stessa Congregazione per il Culto Divino e la Disciplina dei Sacramenti non ne fa menzione nella già citata Lettera Circolare del 20 dicembre 1986 né si conoscono casi risolti riguardanti l'esempio ora portato[33].

Due insigni canonisti quali Wernz e Gasparri scrivevano ad inizio di secolo che l'atto coniugale estorto con dolo era da ritenersi consumativo del matrimonio[34] in base a quanto poi si rinverrà nel Codice Pio-Benedettino al can. 103 § 2 riguardo gli atti giuridici: «Actus positi... ex dolo valent, nisi aliud iure caveatur».

Diversi anni dopo si esprimeva in merito, seppure in poche righe, l'Avvocato Rotale Giuseppe Marcone in un articolo. Egli sosteneva

---

con la conseguenza che non si dovrebbe qui parlare di matrimonio valido, per poi dubitare se sia o no giuridicamente consumato, ma piuttosto si dovrebbe concludere per la invalidità del consenso causata da simulazione parziale»; cfr. inoltre U. NAVARRETE, «De notione et effectibus», 644-645.

[32] Cfr. M.T. ROMANO, *La rilevanza invalidante del dolo*.

[33] Cfr. P.J. JUGIS, *A Canonical Analysis*, 289-345.

[34] Cfr. F. WERNZ, *Ius Decretalium*, IV, 1029, nt. 42; P. GASPARRI, *Tractatus canonicus*, II, 268.

che, in base alle norme generali sull'atto giuridico, la prima copula coniugale posta con dolo fosse da ritenersi valida, tuttavia aggiungeva: «Revera autem si dolus induxit aliquem in errorem, et hic versatur circa substantiam actus, denuo invocandus venit canon 104, qui, non aliter ac quemvis actum iuridicum, etiam primam coniugalem copulam nostro iudicio irritat»[35].

Ora in merito intendiamo mostrare le due soluzioni possibili del caso proposto, con annessi gli aspetti che in entrambe rimangono irrisolti o comunque suscitano ulteriori problematiche. Di per sé in base alle argomentazioni sinora addotte, basandoci, per l'atto consumativo del matrimonio, sulle previsioni circa l'atto giuridico così come sono raccolte nelle norme generali, l'atto posto per dolo vale, *nisi aliud iure caveatur* (cfr. can. 125 § 2). Basarci unicamente sulla previsione di dolo per il consenso matrimoniale ed applicarla parallelamente alla consumazione del matrimonio sarebbe, secondo quanto già addotto, applicare una indebita analogia tra consenso e prima copula coniugale. Pertanto finché non si abbia una chiara disposizione in materia da parte del Legislatore, sarà improprio procedere unicamente per deduzione al riguardo.

Tuttavia resterebbe in sospeso una obiezione, se cioè nel coniuge ignaro del pericolo di quell'amplesso non sia mancata la piena libertà al momento dell'atto consumativo stesso per effettivamente volerlo, dal momento che gli era stato dolosamente taciuto un elemento non certo secondario in ordine alla vita coniugale.

Si potrebbe prospettare una seconda soluzione: considerando sempre il caso di una copula consumativa del matrimonio posta da coniugi dei quali l'uno tace all'altro la malattia venerea contagiosa che ha contratto dopo la prestazione del consenso, quasi certamente se il coniuge ignaro avesse conosciuto la realtà della malattia venerea del partner non avrebbe posto una tale copula pericolosa per sé e per un eventuale figlio. Tuttavia va riconosciuto che questo argomento conduce al livello dello stato d'animo della persona e indubbiamente non si può ritenere che tale criterio — quello appunto ipotetico relativo allo stato d'animo — sia sufficiente per determinare l'influsso del dolo sull'atto consumativo del matrimonio. Lo stato d'animo della persona non è infatti altro che esprimente una volontà interpretativa da parte del soggetto, il quale solo successivamente, quando cioè ha a disposizione ulteriori elementi

---

[35] G. MARCONE, «An Matrimonium consummetur», 656.

per decidere, interpreta in modo differente la realtà. Mentre l'atto rimane, comunque, libero.

L'argomento della mancanza di libertà nel soggetto che per così dire subisce l'atto stesso conduce inoltre a riconoscere che detta mancanza di libertà non interesserà tuttavia la sostanza dell'atto stesso, voluto dai coniugi in sé e per sé.

Indubbiamente ci si trova di fronte ad un caso di profonda ingiustizia e ad un caso moralmente riprovevole, tuttavia anche questo argomento non potrà ritenersi sufficiente, a livello giuridico, per concludere a favore della efficacia invalidante il consenso da parte del dolo.

Passando agli altri requisiti a livello intellettivo perché si possa parlare di vera copula coniugale, tra essi vi è ovviamente la disponibilità dell'uso di ragione e della discrezione di giudizio in entrambi i coniugi: l'atto posto da chi fosse privo oppure gravemente menomato della propria facoltà di intendere e, quindi, di volere, non può certo dirsi atto proprio della persona che lo ha posto, non essendo dato in tale persona un minimo di avvertenza della ragione circa l'atto che compie. Come è ovvio, il caso si pone nei riguardi di chi ha perso l'uso della ragione dopo aver celebrato valido matrimonio e prima di averlo consumato.

Riguardo lo stato psichico alterato da parte di chi sia sotto l'effetto di sostanze stupefacenti si deve affermare che, nel caso in cui un tale stato, come è da ritenersi per la maggior parte dei casi, privi il soggetto dell'uso di ragione, allora l'atto posto non sarà da ritenersi valido. Al riguardo va richiamato il responso del S. Offizio dell'anno 1949 circa l'uso di sostanze afrodisiache: come abbiamo avuto modo di affermare nel capitolo ad esso dedicato, un soggetto privato dell'uso di ragione in seguito alla assunzione di afrodisiaci non è in grado di avere quella minima avvertenza circa ciò che compie: come può ritenersi valido un atto che porta con sé tanto gravi effetti giuridici, se è posto da chi non è *compos sui*[36]? Difficile sarà anche valutare la distinzione operata da alcuni autori[37], e più sopra riportata, circa il momento in cui i coniugi pongono in essere i preparativi all'amplesso coniugale, e il momento del congiungimento stesso: a nostro parere infatti, pur se nel predisporsi all'atto consumativo del matrimonio ciascuno dei coniugi era *compos sui* e poi, al momento del coito stesso era privo dell'uso di ragione a motivo della assunzione di sostanze eccitanti assunte, un tale atto sarà

---

[36] Cfr. U. NAVARRETE, «De notione et effectibus», 637.
[37] Cfr. M.F. POMPEDDA, «La nozione di matrimonio», 353; cfr. P.J. JUGIS, *A Canonical Analysis*, 356.

da ritenersi non consumativo del matrimonio proprio a motivo della mancanza di *modo humano* nel momento dell'atto stesso. Infatti nella realtà sarebbe ben difficile distinguere temporalmente tra una prima fase preparatoria ed una seconda, per così dire esecutoria...

Non sarebbe poi da ritenere copula consumativa del matrimonio quella posta in stato di ebbrezza dovuta ad abuso di alcoolici da parte di entrambi o anche di uno solo dei coniugi; lo stesso dicasi per il caso di copula estorta nel sonno di chi la subisce o in stato ipnotico di uno o entrambi i coniugi. Nei casi qui presentati non sarebbe certamente possibile parlare di copula posta secondo la modalità umana[38], e neppure, prima ancora, secondo la modalità naturale.

Infatti, come anche la Giurisprudenza Rotale ha avuto modo di sottolineare[39], tali stati, privando uno o entrambi i coniugi dell'uso di ragione, tolgono in essi la consapevolezza necessaria per porre la copula coniugale: si ha un disordine interno al soggetto che gli impedisce una corretta percezione della realtà esterna, pur se essa lo coinvolge direttamente. Sostanzialmente si produce nel soggetto un disordine nella percezione della realtà, per cui le operazioni intellettive di astrazione, di giudizio, di raziocinio subiscono una sovversione e non sono possibili se non in modo distorto e patologico, ovvero non sono più tali.

Non possiamo concordare inoltre con quanto affermato a proposito del livello di coscienza nei coniugi al momento dei loro rapporti coniugali: «Si dovrebbe, a questo riguardo, non dimenticare che l'atto sessuale, costituendo un momento di esaltazione venerea che coinvolge la stessa psiche dei soggetti, non può mai considerarsi effettuato in stato di perfetta lucidità mentale, anche in coloro che non raggiungono una condizione di estrema voluttà e di abbandono totale di ogni freno moderatore»[40]. Se infatti è fuori dubbio che, dato lo sconvolgimento che si scatena a livello cardiocircolatorio, a livello muscolare, ecc. nel culmine della unione sessuale[41], vi è nei partners uno stato che risulta essere difficilmente controllabile e che produce un certo offuscamento momentaneo nella loro mente, tale stato, del resto del tutto naturale, è ben differente da quello di chi, avendo assunto sostanze eccitanti, abbia

---

[38] Cfr. M.F. POMPEDDA, «La nozione di matrimonio», 353.

[39] Cfr. P.J. JUGIS, *A Canonical Analysis*, 358-359.

[40] M.F. POMPEDDA, «La nozione di matrimonio», 352.

[41] Cfr. G. ANTONELLI, *Medicina Pastoralis*, I, 155; G. SANTORI, *Compendio di sessuologia*, 136.

perso la propria lucidità mentale e, come per il caso del Decreto di cui sopra, sia privo dell'uso di ragione, pur se solo temporaneamente.

Infine si richiede, tra gli elementi intellettivi, che si riconosca nella persona del partner il proprio coniuge. Ad esemplificazione si porta il classico caso di una copula non consumativa del matrimonio se gli sposi, dopo aver contratto matrimonio per procura, e quindi senza essersi mai visti, intrattengano un rapporto sessuale ignorando di compierlo con il proprio marito o con la propria moglie. In tal caso mancherebbe l'«animo maritale»[42], mancherebbe il conoscere l'altro in quanto coniuge, per cui una tale copula sarebbe fornicaria e non consumativa del matrimonio. La mutua consapevolezza dell'altro come coniuge è infatti essenziale perché l'atto coniugale sia espressione del reciproco donarsi degli sposi[43]. Del resto l'atto deve essere umano non solo semplicemente come copula, bensì specificamente quale copula *coniugale*.

2.2 *Elementi volitivi*

La questione circa la volontarietà richiesta per una copula consumativa del matrimonio riveste, senza alcun dubbio, una importanza chiave per la retta comprensione del significato da attribuire alla consumazione stessa del matrimonio con tutti i suoi attributi.

Che si richieda nei coniugi una partecipazione della volontà affinché essi possano compiere *humano modo* la copula coniugale è ormai un principio assodato e accettato, tuttavia che cosa più precisamente e in concreto sia da intendere con *partecipazione della volontà*, ciò resta da precisare.

Come rilevato, storicamente il diritto canonico sembra aver riservato uno spazio esiguo alla volontarietà eventualmente richiesta nei coniugi per una valida copula coniugale. Tuttavia le istanze venute da non pochi autori — in particolare dai Decretalisti che si è avuto modo di considerare nel corso del presente lavoro e che, a partire dalla decretale *Ex Publico* di Papa Alessandro III, hanno autorevolmente fatto progredire il dibattito in materia — non si può dire siano rimaste lettera morta[44]:

---

[42] Cfr. G. MARCONE, «An Matrimonium consummetur», 654-655; U. NAVARRETE, «De notione et effectibus», 643-645; E. GRAZIANI, «Matrimonio rato e non consumato», 955; O. FUMAGALLI CARULLI, *Il matrimonio canonico*, 24-25; Cfr. M.F. POMPEDDA, «La nozione di matrimonio», 353-354.

[43] Cfr. P.J. JUGIS, *A Canonical Analysis*, 358.

[44] Del resto il dibattito si mantenne vivo, contrariamente a quanto sostengono alcuni (cfr. ad esempio P.A. D'AVACK, *Cause di nullità e di divorzio*, 298), proprio per

sebbene infatti nel Codice Pio-Benedettino non si rinvenga traccia di quell'istituto a partire dal quale si accese particolarmente il dibattito sul *voluntarium* nella prima copula coniugale, tuttavia l'esigenza di un approfondimento e di una considerazione anche degli aspetti intellettivi e volitivi rimase viva in non pochi canonisti del XX secolo, fino a giungere alle formulazioni del Concilio Vaticano II, con una più positiva presentazione della sessualità nel matrimonio: i coniugi sono protagonisti di atti onorevoli e degni, compiuti in modo veramente umano, atti che favoriscono la mutua donazione che significano, e che arricchiscono vicendevolmente gli sposi[45].

Tre sono i differenti livelli da affrontare per una completa esposizione circa l'elemento volitivo della copula coniugale: il caso di violenza fisica; il caso di violenza morale; l'eventuale concorso di altri elementi saziativi. Il caso di *metus gravis*, a motivo della importanza che riveste per il presente lavoro, sarà oggetto del prossimo e ultimo capitolo, pertanto, onde evitare ripetizioni, esso non verrà trattato nel presente.

2.2.1 *Il caso di violenza fisica o assoluta*

Attualmente sono state ampiamente superate le vecchie posizioni alle quali si farà cenno più sotto, infatti l'atto estorto con violenza fisica non si riduce ad altro che a un mero fatto materiale, non certo derivante dalla libera volontà del soggetto, il quale è ad esso spinto con forza irresistibile. I due elementi di violenza fisica e di irresistibilità ad essa sono da considerarsi ormai congiuntamente nella fattispecie che si sta esaminando, né vanno mai separati[46].

Due tesi opposte si sono confrontate a lungo in merito: da una parte erano schierati i sostenitori della validità della copula anche se estorta con violenza da donna in preda a dolori irresistibili, dall'altra i fautori della non validità di una tale copula.

---

il fatto che vi erano affermazioni di senso opposto: da una parte l'opinione predominante era che la donna, contro la cui volontà era avvenuta la prima copula coniugale durante il *Bimestre ad deliberandum*, non fosse privata del proprio diritto di entrare *in religionem* e, se faceva la professione religiosa, il matrimonio veniva sciolto, quindi il marito poteva contrarre altre nozze; dall'altra si sosteneva che anche la copula estorta con violenza sortisse l'effetto dell'impedimento di affinità per cui tale donna non poteva contrarre matrimonio con un uomo «cuius consanguineus eam, licet invitam, cognovit» (INNOCENZO III, Decretale *Discretionem tuam*, X. 4, 13, 6)

[45] Cfr. *GS* 49.

[46] Cfr. M.F. POMPEDDA, «La nozione di matrimonio», 355.

Nei tempi recenti i primi si appellavano al Decreto del S. Offizio del 12 febbraio 1941[47] e concludevano che, poiché il decreto non faceva distinzione tra persona conscia e non conscia dell'atto, non si fosse tenuti a fare distinzioni, in base all'adagio *Ubi lex non distinguit, nec nostrum est distinguere*. Inoltre tali autori vedevano confermata la loro tesi dal Decreto del 2 febbraio 1949, non pubblicato ufficialmente, circa l'uso di sostanze afrodisiache.

Le argomentazioni offerte a sostegno di tali conclusioni sono criticabili, a partire da quanto desunto dal Decreto dell'anno 1941: esso, infatti, come è stato scritto, «non si occupa minimamente della questione dell'*actus humanus* e si limita a enumerare i requisiti fisiologici necessari perché si abbia *copula coniugalis*»[48]. Certamente non rientrava tra le finalità del Decreto il dirimere la questione circa gli elementi psicologici della copula coniugale, pertanto è scorretto voler far dire troppe cose a quel Decreto. Riguardo poi il Decreto dell'anno 1949, rinviamo a quanto già esposto in merito nella seconda parte[49].

Il sostenere oggi che anche dal congiungimento violento scaturirebbe la consumazione del matrimonio, farebbe regredire notevolmente la canonistica: se si volesse sostenere un tale assunto, infatti, si dovrebbe ritenere sufficiente un *actus hominis* tra i coniugi, tornando a formulazioni ormai ampiamente superate, come quella di Cappello sopra riportata[50]. Inoltre, come fa notare Feliciani[51] richiamando la nota distinzione tra *praestatio realis* e *praestatio personalis*[52], è innegabile che, nel caso della copula coniugale, si sia nel campo di una *praestatio personalis* da rendere in prima persona da parte dei coniugi, senza la quale mancherebbe un elemento sostanziale dell'atto stesso.

---

[47] Cfr. A. VAN DUIN, «De impedimento impotentiae psychicae», 154; G. OESTERLE, «Vera impotentia a parte mulieris?», 43-51; D. STAFFA, «De impotentia et consummatione matrimonii», 394; c. Felici, sent. diei 26 martii 1957, *RRD* XLIX, n. 8.

[48] G. FELICIANI, «Il problema dell' "actus hominis"», 431.

[49] Cfr. cap. VI, 95-97.

[50] F.M. CAPPELLO, *Tractatus canonicus*, V, 356-357, n. 383.

[51] Cfr. G. FELICIANI, «Il problema dell' "actus hominis"», 433.

[52] Per la *praestatio realis* «solum requiritur rei praeceptae praestatio, quae etiam per alium fieri potest, non requiritur intentio praestandi rem debitam», mentre per la *praestatio personalis* «requiritur et sufficit, ut opus praescriptum humano modo i.e. cum intentione illud faciendi ponatur, et quidem ab ipso, qui lege obligatur» (H. NOLDIN – A. SCHMITT, *Summa theologiae moralis*, 174).

I fautori della volontarietà della copula coniugale, invece, sostengono che non si possa prescindere assolutamente dall'elemento volontario per un atto umano quale è la stessa congiunzione fisica dei coniugi. Essi si rifanno anche ad argomenti morali alla base del concetto di atto umano; si pensi al famoso passaggio di S. Alfonso: «Cum lex detur hominibus, non brutis, ideoque humano modo sit implenda [...] Impletio omnis praecepti, sive humani, sive divini debet esse actus humanus, conjunctus cum libertate et voluntate operantis» [53].

Pertanto la copula compiuta dietro *violenza fisica* non è da ritenersi in alcun modo valida, venendo a mancare in essa la libertà di uno dei coniugi a compiere tale atto[54].

È necessario tuttavia, porre attenzione al fatto che la irresistibilità alla copula da parte di un coniuge potrà interessare, ancor prima che la validità della copula, la validità stessa del consenso prestato, nel caso in cui tale coniuge sia incapace di adempiere agli obblighi coniugali o si rifiuti di adempierli, oppure nel caso in cui una tale impossibilità rientri nella fattispecie di *impotentia coëundi*, sia essa maschile, sia essa femminile. La contrarietà alla copula coniugale è dunque un caso differente da quello ad esempio di timore, di ansia di fronte ad essa. Del resto, come avremo modo di sottolineare nel prossimo capitolo, i coniugi contraggono, prestando il loro consenso valido al matrimonio, diritti ed obblighi anche in merito agli atti per sé idonei alla generazione della prole, per cui la mancata concessione di tali atti significa un venir meno ad un obbligo contratto. Sarà allora necessario valutare se ciò sia dovuto ad incapacità, ad un impedimento, a simulazione, ovvero se si tratti unicamente di una difficoltà provocata da timore interno alla persona dinanzi al primo amplesso coniugale.

In base a quanto rilevato, oggi non esistono dubbi sul fatto che una copula estorta con violenza fisica irresistibile non possa essere considerata in alcun modo consumativa del matrimonio, e ciò non solo in forza del can. 125 § 1, ma anche per il fatto che, venendo nella copula violenta completamente coartata la libertà della persona a compiere tale atto, non si potrà in alcun modo parlare di copula posta *modo humano*.

---

[53] ALPHONSUS M. DE LIGORIO, *Theologia Moralis*, I, n. 165.

[54] Cfr. COETUS STUDIORUM DE IURE MATRIMONIALI, «Opera Consultorum in apparandis canonum schematibus», *Communicationes* 6/2 (1974) 191-193.

2.2.2 *Il voluntarium richiesto*

Ci si pone la questione riguardante il tipo di volontarietà necessario e sufficiente per un atto coniugale compiuto in modo umano. A tal proposito sono note le differenti posizioni: è sufficiente un atto virtualmente volontario ovvero *voluntarium in causa*, oppure è necessario che sia data *voluntas in actu*[55]?

Se è fuori dubbio che i coniugi nel prestare il loro consenso al matrimonio contraggono anche un diritto-dovere agli atti di per sé idonei alla procreazione, rimane fermo il principio secondo cui, a nostro parere, non si possa ritenere sufficiente un *voluntarium in causa* per la valida consumazione del matrimonio: è pur vero che gli sposi si sono virtualmente impegnati agli atti coniugali, tuttavia non potrà dirsi sufficiente una tale volontà, dal momento che nei coniugi si richiede coscienza di quanto stanno per compiere. Un *virtualiter voluntarium* ritenuto sufficiente, porterebbe a ritenere che l'atto posto ad esempio con un partner ipnotizzato sarebbe valido se il partner fosse entrato in ipnosi proprio per compiere l'atto sessuale in quello stato. Dall'esempio ci si rende conto come possa essere pericolosa una tale affermazione.

La Congregazione per il Culto Divino e la Disciplina dei Sacramenti, come si è avuto modo di esporre nel capitolo dedicato a tale Dicastero, si è espressa a favore del *virtualiter voluntarium*, ritenendolo sufficiente per la validità della copula coniugale. Tuttavia nella prassi della stessa Congregazione[56] non ci si attiene poi a tale assunto e si riconosce, richiamandosi particolarmente agli studi di Navarrete, la necessità, nei partners che si accingono alla consumazione, di uno stato tale da non perturbare gravemente l'uso di ragione.

Se negativamente si è affermato che non è sufficiente il *voluntarium in causa*, positivamente che cosa si deve richiedere? A questo livello indubbiamente è difficile porre limiti netti sul piano teorico, tuttavia certamente si può affermare che in entrambi i coniugi deve essere data, al momento del loro amplesso consumativo del matrimonio, libertà della volontà e coscienza di quanto stanno compiendo (non certamente con tutte le conseguenze giuridiche o con conoscenza di tutti i dettagli

---

[55] Circa i vari livelli di volontarietà si rinvia al manuale di H. NOLDIN – A. SCHMITT, *Summa theologiae moralis*, 49 e agli autori cui si fa ivi rimando.

[56] Cfr. lo studio di P.J. JUGIS, *A Canonical Analysis*, 300-347 in cui vengono presi in considerazione tre casi antecedenti le *Litterae Circulares* del 20 dicembre 1986 e quattro risolti successivamente ad esse.

medico-fisiologici): per tali requisiti deve pertanto essere operante nei coniugi l'uso di ragione, che non può essere compromesso gravemente né da violenza, né dall'uso di mezzi o sostanze alteranti lo stato mentale dei partners. In caso di compromissione grave dell'uso di ragione non si potrà infatti parlare di *consummatio humano modo*. Tali operazioni intellettivo-volontarie debbono essere date nei coniugi nel momento in cui si accingono all'atto consumativo del matrimonio.

2.2.3 *Altri elementi per l'aspetto volontario della copula coniugale?*

Non sono mancati canonisti che hanno sostenuto la necessità di un certo coinvolgimento dei coniugi a livello affettivo come elemento irrinunciabile per la volontarietà della copula coniugale e quindi per aversi una vera e propria copula consumativa del matrimonio. A tal proposito è necessario fare presenti le osservazioni che seguono.

Certamente una compenetrazione tra i coniugi a livello affettivo, accompagnata a trasporto reciproco e a una certa sintonia a vari livelli, tra cui anche quello sessuale, è auspicabile per una coppia; tale compenetrazione potrà crescere anche in base alla cura che i coniugi stessi porranno nella quotidianità e nella crescita del loro rapporto. Tuttavia essa non risulta essere richiesta per la validità del congiungimento coniugale[57]. Non solo: risulta essere un elemento per così dire impalpabile, inafferrabile a livello giuridico e perciò non valutabile da un organo giudicante. Se infatti si pensa che la stessa percezione di una buona compenetrazione tra i coniugi potrebbe variare soggettivamente nella valutazione dell'uno e dell'altro di essi, quanto più sarà difficile, per non dire impossibile, compiere una valutazione esterna di tali sentimenti o moti psicologici che non sono certo classificabili giuridicamente. Né si potrebbe invocare un determinato stadio di amore coniugale per fare dipendere da esso la validità dell'atto coniugale[58]: si

---

[57] Del resto già nel febbraio 1970 in seno alla Commissione per la Revisione del Codice si era giunti a tale conclusione: «Consultores... plane admittunt copulam natura sua ordinari etiam ad satiandam libidinem, sed negant in concreto hoc elementum habere iuridicas consequentias, ita ut, si deficiat, impedimentum impotentiae constituat» (*Communicationes* 6/2 [1974] 189). Come spiegava poi uno dei periti facenti parte del Coetus, «Difficillimum est determinare naturam voluptatis sexualis cum ad ipsam concurrant elementa physica, psychologica et spiritualia» (*Communicationes* 6/2 [1974] 190). Il voto al dubbio proposto «An requiritur copula satiativa libidinis» si concluse nel modo seguente: «Negative: 8; Positive cum modo: 6; Abstinet: 1».
[58] Lo stesso Sommo Ponefice Paolo VI nell'anno 1976, posteriormente al Vaticano II e durante gli anni Revisione del Codice, così si esprimeva in merito: «Chri-

entrerebbe in complessi psicologismi, ben poco utili per il nostro campo e che lasciamo eventualmente da esplorare a sessuologi e ad esperti in materia.

La validità di un matrimonio non può dipendere dal sentimento né, tantomeno, la validità della consumazione del matrimonio potrà essere soggetta alla minore o maggiore compenetrazione affettiva e/o saziativa tra i coniugi. Pertanto nessun ulteriore elemento affettivo può essere richiesto oltre quanto su esposto[59].

Considerati gli elementi intellettivi e volitivi necessari e sufficienti al fine della consumazione del matrimonio, rimane ora da considerare, come accennato, il caso in cui vi sia concorso di timore grave: il prossimo capitolo sarà interamente dedicato a tale problematica.

---

stianam de familiari instituto doctrinam, ut probe nostis, nullo modo talem coniugalis amoris notionem admittere posse, quae perducat ad relinquendam vel imminuendam vim ac significationem prenoti illius principii: *matrimonium facit partium consensus* [...] Negandum est, deficiente quovis elemento subiectivo, cuius modi est in primis amor coniugalis, matrimonium non amplius existere ut iuridicam realitatem, quae ortum duxit a consensu semel atque in omne tempus iuridicae efficaci. Haec realitas, ad ius quod spectat, esse pergit ex amore minime pendens, eademque permanet, etiamsi amoris affectus plane evanuerit» (PAOLO VI, alloc. ai Prelati Uditori della Rota Romana, 9 febbraio 1976, 204-208).

[59] Cfr. U. NAVARRETE, «De notione et effectibus», 644; O. FUMAGALLI CARULLI, *Il matrimonio canonico*, 15; M.F. POMPEDDA, «La nozione di matrimonio», 347. 358. Si vedano anche le critiche mosse alla teoria della «Consumazione esistenziale e nella fede» di J. Bernhard, esposte nella seconda parte.

CAPITOLO X

Rilevanza giuridica del *metus* per la *consummatio matrimonii*

Considerati i concetti di *metus* e di *consummatio coniugii* nella loro evoluzione storico-giuridica; visto l'apporto del Concilio Vaticano II in materia di amore coniugale e di intendimento dei rapporti unitivi tra i coniugi, con una insistenza particolare sugli elementi personalistici; dato l'intendimento di *humano modo* così come è espresso nel vigente Codice al can. 1061 § 1, ci si chiede ora come, da quanto è emerso, sia applicabile il timore grave alla prima copula coniugale e quale rilevanza giuridica rivesta eventualmente tale timore sulla copula consumativa.

La consumazione del matrimonio investe l'intera persona dei coniugi, a tutti i differenti livelli, vi è infatti una complessa interazione di molteplici elementi contemporaneamente. I più immediati e «semplici» da determinare sono quelli materiali, mentre più complessi sono quelli psicologici o spirituali: proprio a questo secondo livello si inserisce la difficoltà di una definizione di *modo umano*, o meglio, di una prova dello stesso.

Nel presente capitolo sarà dapprima di fondamentale importanza definire se per il caso della consumazione del matrimonio si debba parlare di un mero fatto giuridico, oppure se essa assurga ad atto giuridico: una tale definizione è infatti, come si comprende, pregna di conseguenze, sul piano teorico come su quello pratico, in campo giudiziario come in quello amministrativo, per una retta comprensione della copula coniugale consumativa del matrimonio.

1. La *consummatio coniugii*: fatto giuridico o atto giuridico?

Dalla letteratura canonistica contemporanea in campo di copula coniugale e di intendimento di *consummatio humano modo* si evidenziano sostanzialmente differenti posizioni: taluni, come visto sopra, insistono nel considerare la consumazione del matrimonio come un atto giuridico, e più precisamente come un atto giuridico bilaterale, altri fanno supporre di ritenerla quale mero fatto che avviene tra i coniugi e che assume poi la conseguenza giuridica della indissolubilità del coniugio, altri ancora non si esprimono chiaramente in materia.

Riteniamo che un retto intendimento di come formalmente a livello giuridico si debba definire la consumazione sia di fondamentale importanza al fine di situare correttamente un momento che riveste un ruolo tanto importante nel contesto del matrimonio canonico. Crediamo infatti che il motivo per cui alcuni canonisti si discostano tanto dalla interpretazione di altri in materia, sia dato proprio dal fatto che non venga chiarito innanzitutto che cosa si intenda per consumazione. Si tratta di un semplice fatto giuridico oppure di un vero e proprio atto giuridico?

Nel Diritto romano la consumazione del matrimonio non assunse alcuna rilevanza giuridica, né nelle fonti né successivamente nei suoi sviluppi attraverso i secoli, ragion per cui anche i Codici occidentali moderni non hanno recepito alcuna dottrina in merito alla consumazione, infatti la teoria romanistica circa il diritto matrimoniale è strettamente consensualistica: è il consenso la causa efficiente del matrimonio.

Nel Diritto canonico, come è noto, le due Scuole di Bologna (teoria della copula) e di Parigi (teoria consensualistica) diedero vita ad un vivace dibattito in materia matrimoniale. Come è noto, fu soprattutto ad opera del Magister Rolandus, poi Papa Alessandro III, che si pervenne ad una sintesi dottrinale al fine di apportare chiarezza in merito alle due differenti teorie. Si accettò la distinzione tra consenso *de futuro* e consenso *de praesenti*, nel quale, ultimo, era da ravvisare la *ratio sacramenti*; mentre solo con la consumazione il matrimonio diveniva assolutamente indissolubile e significava perfettamente l'amore e l'unione di Cristo con la Chiesa.

Da allora è stata recepita e sostenuta questa sintesi dottrinale proposta dal Magistero e portata alla prassi pastorale, amministrativa e giudiziaria della Chiesa. L'elemento prevalente è oggi quello consensuale, tuttavia la consumazione del matrimonio ha un ruolo rilevante, per nulla secondario, sia teologicamente, sia giuridicamente, infatti gli sposi, attraverso la copula consumativa del matrimonio, divengono *una ca-*

ro significando pienamente l'unione di Cristo con la Chiesa e rendendo in tal modo indissolubile definitivamente il matrimonio che hanno celebrato attraverso la prestazione mutua del loro consenso. Resta fuori di ogni dubbio il fatto che il consenso produca il suo effetto giuridico nel momento in cui viene scambiato tra gli sposi: è infatti il consenso la causa efficiente del matrimonio.

Il considerare la prima copula coniugale come un fatto giuridico è certamente fuorviante ed errato. Se infatti la si considerasse tale, essa sarebbe sì portatrice di conseguenze giuridiche, ma avverrebbe in modo fattuale, autonomo rispetto alla libera determinazione dei coniugi. In tal caso non sarebbe necessaria, anzi, sarebbe del tutto fuori luogo, la istanza di *humano modo* in cui porla in essere.

Proprio per il fatto che l'unione coniugale, per essere consumativa, deve essere caratterizzata anche dalla libera volontà e da avvertenza della ragione da parte di entrambi i coniugi — e questo, come visto, è un principio assodato nel diritto canonico e lo sarebbe anche se nel can. 1061 § 1 non fosse stata inserita la locuzione *humano modo*, date le chiare formulazioni già reperibili nel Concilio Vaticano II — si comprende che è errato ritenere l'atto consumativo del matrimonio quale mero fatto giuridico. Se lo si ritenesse tale, si tornerebbe indietro nel tempo rispetto ai punti saldi cui è ormai approdata la canonistica: partendo dalla classificazione di fatto giuridico, si dovrebbe considerare la prima copula coniugale come un *factum hominis* le cui uniche caratteristiche necessarie dovrebbero essere reperite negli elementi anatomico-fisiologici, negli elementi per così dire materiali, a prescindere assolutamente da quelli psicologici. In tal caso, una volta chiariti gli elementi fisici di tale copula unitiva e una volta accertata la presenza di tali elementi nei coniugi al momento della loro prima unione, si avrebbe valida consumazione del matrimonio, indipendentemente dal fatto che ad esempio un tale amplesso sia stato posto in essere in seguito alla incussione di violenza fisica di un coniuge sull'altro.

Seguendo questo intendimento si tornerebbe necessariamente a formulazioni quali quella più volte menzionata:

> Nuptiae ineuntur per consensum matrimonialem, qui natura sua est actus humanus vere et proprie dictus, ideoque necessario exigit sufficientem mentis discretionem seu perfectum usum rationis (cfr. can. 1081). Consummatio matrimonii, e contra, postulat tantum factum externum perfectae copulae naturalis, sive haec fiat per actum humanum sive alio modo, sive

libere ac scienter ponatur sive coacte et inadvertenter, sive iuste sive iniuste. Quare coniux in statu ebrietatis consummare valet matrimonium[1].

Unicamente il fatto esterno e fisico sarebbe sufficiente per porre in essere un fatto che assurgerebbe a fatto giuridico proprio per le conseguenze che da esso promanerebbero, mentre l'accadimento di tale fatto sarebbe slegato dalla libera volontà dei coniugi.

Appare ovvio che sia pertanto insufficiente un tale intendimento a livello formale-giuridico della consumazione del matrimonio così come essa è oggi compresa nella sua sostanza. Le espressioni stesse del Codice attuale indicano, a differenza di quelle del Codice Pio-Benedettino, che la consumazione comporta una operazione attiva da parte dei coniugi[2]: l'atto coniugale viene posto da essi («si coniuges inter se humano modo *posuerunt* coniugalem actum»), non avviene («si inter coniuges *locum habuerit* coniugalis actus»).

Escluso pertanto che si possa ritenere la consumazione del matrimonio, come un mero fatto giuridico, escluso un intendimento puramente materiale e meccanicistico della prima copula coniugale, si passa ora a verificare la possibilità di considerarla quale atto giuridico.

Indubbiamente la prima copula coniugale, per essere tale, è legata necessariamente alla avvertenza della ragione e alla libera volontà di entrambi i coniugi: intelletto e volontà sono coinvolti nel deliberare i motivi, nel compiere la scelta e nel porre in essere l'atto consumativo del matrimonio. Questo poi viene posto dai coniugi che hanno prestato validamente il loro consenso e che sono abili a porlo in essere. Infine esso produce effetti riconosciuti dall'ordinamento giuridico e che comportano la assoluta indissolubilità del matrimonio rato. Pertanto sembra siano dati gli elementi propri di un atto giuridico così come inteso al can. 124.

Si considerino quegli autori che sostengono questa tesi della *consummatio* quale atto giuridico a tutti gli effetti e più precisamente quale atto giuridico bilaterale. Essi innanzitutto affermano che, trattandosi, nel caso della copula coniugale, di un atto necessariamente umano, di conseguenza lo si debba considerare un atto con tutti i requisiti per assurgere ad atto giuridico tra coloro che lo pongono in essere[3]. Coloro

---

[1] F.M. CAPPELLO, *Tractatus canonicus*, V, 356-357, n. 383.

[2] Cfr. quanto esposto nella seconda parte, in merito alla esegesi del can. 1061 § 1, cap. VII,114-120.

[3] Cfr. G. MARCONE, «An Matrimonium consummetur», 647; G. FELICIANI, «Il problema dell' "actus hominis"», 435; E. GRAZIANI, «Matrimonio rato e non consu-

che scrivono sotto la vigenza del Codice Pio-Benedettino fanno rilevare che per tre volte in tale Codice la copula coniugale viene qualificata come *actus*[4] ed aggiungono: «Cum homo supponatur dominus suarum actionum, ita hae praesumuntur in provincia morali actus humani, in provincia iuris actus iuridici»[5]. Concludono pertanto che il Legislatore, utilizzando il termine *actus*, avrebbe inteso la copula coniugale come atto volontario il quale, richiedendo la partecipazione cosciente e volontaria da parte di entrambi i coniugi, deve essere necessariamente bilaterale[6].

Altri autori non dichiarano apertamente come situino giuridicamente la prima copula coniugale del matrimonio, tuttavia sostengono che la consumazione vada considerata analogamente al consenso ad esempio per valutarne la validità in caso di *metus gravis*: «Non mi sembra che si possa seguire per la consumazione un diverso atteggiamento che per la validità del matrimonio. Se è stato sempre riconosciuto nullo quando vi sia il vizio di *vis ac metus*, non vi è ragione di ritenere irrilevante questo vizio a proposito della validità della consumazione»[7].

Si deduce che la consumazione, in una tale prospettiva, venga situata tra gli atti giuridici a tutti gli effetti.

Tuttavia approcciare la consumazione con gli stessi criteri giuridici utilizzati per il consenso è pericoloso, né può poggiarsi in qualche modo su quanto è andato via via assodandosi nel diritto canonico in materia di consumazione del matrimonio.

Portando alle estreme conseguenze questa argomentazione, si correrebbe il rischio di tornare a conferire all'atto consumativo del matrimonio una valenza eccessiva, che ormai da secoli è stato dichiarato non essergli propria.

Assodato infatti che è il consenso la causa unica efficiente del matrimonio e che senza tale atto posto validamente non si ha matrimonio rato, se poi si ammettesse la consumazione quale atto giuridico da considerarsi analogamente al consenso, allora si dovrebbe concludere che

---

mato», 954.

⁴ Can. 1015 § 1 CIC/1917 (*coniugalis actus*); can. 1081 § 2 CIC/1917 (*actus per se apti ad prolis generationem*); can. 1111 CIC/1917 (*actus proprii coniugalis vitae*); cfr. G. FELICIANI, «Il problema dell' "actus hominis"», 435, nt. 94.

⁵ Cfr. G. MARCONE, «An Matrimonium consummetur», 647.

⁶ Cfr. G. MARCONE, «An Matrimonium consummetur», 649; G. FELICIANI, «Il problema dell' "actus hominis"», 436.

⁷ O. FUMAGALLI CARULLI, *Il matrimonio canonico*, 24, nt. 32.

il matrimonio rato e consumato presupporrebbe necessariamente due atti giuridici da considerarsi causa efficiente di tale matrimonio.

Partendo da tale comprensione della consumazione quale atto giuridico autonomo a tutti gli effetti, si conferirebbe alla consumazione la categoria di *concausalità* efficiente del matrimonio rato e consumato. Tuttavia, come è chiaro dal dettato del Codice e dal percorso della dottrina canonistica attraverso i secoli, come si è avuto modo di dimostrare, il matrimonio è rato per il consenso e rato e consumato per il consenso e l'intervenuta prima copula coniugale posta *modo humano*. Ma la causa efficiente del matrimonio rato e consumato è soltanto il consenso delle parti legittimamente manifestato. Risulta quindi chiaramente come non si possa ritenere la *consummatio coniugii* quale concausa efficiente del matrimonio, quale secondo atto giuridico a reggere l'istituto del matrimonio rato e consumato.

Sostanzialmente riteniamo sia necessario andare a fondo della differente natura del consenso e della consumazione del matrimonio. In realtà, se il consenso è prestato validamente, sussiste un diritto, al quale corrisponde un obbligo in entrambi i coniugi, per atti coniugali aperti alla generazione della prole (posto sempre che vi sia capacità nei coniugi). Se infatti non si rinviene nel Codice vigente la espressione *ius in corpus* del Codice Pio-Benedettino, tuttavia è indubbio che permanga tra gli sposi l'obbligazione personale in ordine al compimento degli atti coniugali:

> Il riferimento alla *una caro* [...] concerne l'adempimento di una obbligazione assunta liberamente con la celebrazione del matrimonio, una obbligazione che rappresenta, nella sua sostanza, un atto d'amore, secondo quanto stabilito dal Concilio Vaticano II, atto che non è più visto nella sua precipua materialità, [...] ma che importa anche la totale disponibilità degli sposi che con il consenso al matrimonio si sono entrambi impegnati al bene comune[8].

Pertanto dall'atto giuridico del consenso promanano determinati diritti ed obblighi tra cui quello riguardante gli atti intimi coniugali da porre in modo aperto alla generazione di prole. Se si parla di atti è perché tali sono gli amplessi sessuali che vengono posti dai coniugi, tuttavia a nostro parere ritenere il primo di essi un atto giuridico a tutti gli effetti sarebbe, come si è detto, fuorviante. Trattandosi invece, nel caso della prima copula coniugale, di un atto che *promana* per così dire dal

---

8 A. ALBISETTI, «Brevi note sul can. 1061», 633.

consenso prestato e dai diritti ed obblighi che con esso si sono contratti, essa sarà piuttosto da considerare un atto giuridico *sui generis*: si tratta di un peculiare atto umano che, innestandosi su un matrimonio rato, conferisce ad esso la assoluta indissolubilità. Potremmo affermare che si tratti di un atto in sé che, per il complesso di presupposti che richiede e per le conseguenze giuridiche che è destinato a portare, non è autonomo in senso pieno: senza l'atto giuridico del consenso non avrebbe alcun senso[9]. Si pensi al caso dell'unione sessuale di due fidanzati pur prossimi alle loro nozze: un tale amplesso, anche se caratterizzato da tutti gli elementi anatomico-fisiologici e psicologici previsti, non avrebbe alcun significato giuridico per il matrimonio che non è stato ancora celebrato. Lo stesso atto, solo se compiuto in seguito alle nozze, sarà consumativo del matrimonio.

Importante è inoltre ribadire che è con la prima copula coniugale tra i coniugi che si consuma il matrimonio e che anche una unica copula intercorsa tra gli sposi rende il loro matrimonio consumato e indissolubile.

Tornando infine al quesito sollevato nel contesto degli elementi intellettivi propri della copula coniugale[10] in merito al fatto se sia sufficiente verificare che gli elementi volitivi e intellettivi siano dati al momento del consenso per ritenerli idonei anche ad una valida consumazione del matrimonio da parte dei coniugi, risulta chiaramente, da quanto emerso, che sarà necessario verificare che detti elementi siano dati al momento della copula coniugale stessa. Se anche infatti la volontà di porre la copula coniugale era data liberamente nei nubenti al momento della prestazione del consenso, tuttavia si dovrà verificare che essi si siano apprestati a porla in essere con avvertenza della ragione e libera volontà. Il fatto che con la prestazione del consenso sorga nei coniugi un diritto-obbligo agli atti intimi aperti alla generazione di prole, non significa che con ciò sia dato tutto quanto richiesto in essi per l'atto consumativo, il quale, pur se promana dal consenso, richiede integrità a livello intellettivo e volitivo nei coniugi al momento in cui viene posto in essere. La volontarietà in causa per un tale atto non può infatti dirsi sufficiente.

---

[9] Si è fatta menzione, all'inizio del presente capitolo, della irrilevanza della consumazione per il Diritto romano come anche per le legislazioni civili. In esse non si riconosce un tale atto, non ritenuto giuridico, nonostante il recente provvedimento di delibazione cui si è fatto cenno nella introduzione.

[10] Cfr. cap. IX, 149.

Ribadiamo pertanto il nostro intendimento della consumazione del matrimonio quale atto giuridico *sui generis,* subordinato all'atto giuridico del patto coniugale e che dovrà indubbiamente essere caratterizzato dalla bilateralità, infatti in entrambi i coniugi si richiedono gli elementi validi per porlo in essere. Tale atto è necessariamente legato all'atto giuridico del consenso ed è pregno di significative conseguenze sul piano teologico e giuridico: solo in quanto atto umano innestantesi sull'atto del consenso validamente prestato, la prima copula coniugale *con-summat* il matrimonio, il quale, già rato, già valido in sé per il consenso, viene reso intangibile, indissolubile.

2. *Consummatio humano modo* e *metus gravis*

Ci si pone ora la questione relativa al *metus gravis* e al suo concorso nella consumazione: come comporre l'istanza di *modo humano* contenuta nel dettato codiciale e l'eventuale violenza morale incussa da un coniuge sull'altro o comunque da agente esterno al fine dell'ottenimento della prima copula coniugale?

Un primo chiarimento è d'obbligo: si parte ovviamente dal presupposto che ci si trovi dinanzi ad un matrimonio rato, validamente contratto, un matrimonio sacramento tra gli sposi; inoltre si escludono i casi di incapacità fisica, psicologica o psico-fisica all'amplesso sessuale da parte di uno o di entrambi i coniugi, dal momento che tali fattispecie rientrerebbero in altre categorie giuridiche. Si considererà pertanto il caso di coniugi che si apprestino a porre la prima copula coniugale consumativa del matrimonio con l'intervento di timore grave incusso da un partner all'altro.

Innanzitutto si avrà vera copula coniugale tra i coniugi quando l'atto che la specifica sarà posto in modo naturale, non con un riferimento generico alla natura, ma specificamente alla natura dell'uomo[11]: dovrà perciò trattarsi di un atto proprio dell'uomo, di un *actus hominis,* compiuto secondo quanto previsto a livello anatomico-fisiologico. Concorrerà poi a tale unione anche una *actio naturae* portando avanti, indipendentemente ed anche in tempi secondari rispetto all'amplesso in sé, gli effetti di un tale atto. Inoltre si dovrà trattare di un *actus humanus,* non genericamente, ma specificamente conforme alla dignità della per-

---

[11] Cfr. M.F. POMPEDDA, «La nozione di matrimonio», 346.

sona umana, alla dignità dei coniugi, che iniziano la loro vita intima «caratterizzata dalla libera e spontanea donazione di sé all'altro»[12].

Alcuni autori nel tentativo di caratterizzare più precisamente la modalità umana richiesta si spingono, a nostro parere, oltre quanto si possa affermare, esigendo ad esempio che gli atti coniugali siano responsabilmente posti dai coniugi:

> Né basterebbe dire che l'atto deve essere cosciente e volontario dato che cosciente è anche chi subisce la violenza e volontario è anche l'atto di chi si piega a tenere un comportamento per timore di minacce o reazioni di un altro. Tali atti però non saranno né liberi né responsabili e non saranno atti di scelta conformi alla dignità umana[13].

Una tale istanza potrebbe essere accettabile nel caso in cui per responsabilità si intendesse la coscienza e la libera volontarietà nei coniugi, ma dal contesto l'autore sembra esigere qualcosa in più, egli avanza la necessarietà di un atto scaturente da scelta responsabile, da distinguersi dagli elementi intellettivi e volitivi considerati propri dell'atto umano.

Riteniamo che una tale istanza sia conforme alla terminologia oggi di gran lunga in voga per esprimere la partecipazione, la coscienza del singolo nel fare le proprie scelte di vita ecc., tuttavia essa propone un termine di riferimento vago, soprattutto difficilmente inquadrabile o traducibile sul piano giuridico. Esso viene proposto come un elemento che supera quelli comunemente ritenuti intellettivi e volitivi sufficienti per la valida copula coniugale, tuttavia non si precisa come lo si debba intendere. Del resto ci rendiamo conto della difficoltà a tradurlo sul piano pratico: quando si potrà qualificare responsabile o irresponsabile il primo atto coniugale tra gli sposi? Non basteranno forse le categorie sopra fornite tra gli elementi intellettivi e volitivi per definirlo tale?

Pericolose sono inoltre le conseguenze che si possono trarre da una tale istanza dai contorni per nulla definiti: «Questa... nuova concezione codicistica circa la consumazione non mancherebbe... di portare a notevoli effetti anche a livello pratico. Si pensi solo al conseguente allargamento della casistica dell'inconsumazione»[14]. Non sarebbe tanto l'ampliamento della casistica ad essere pericoloso, quanto l'ampliamento senza una delimitazione data da criteri ben precisi; a tale

---

[12] L. MUSSELLI, «La consumazione del matrimonio», 748.
[13] L. MUSSELLI, «La consumazione del matrimonio», 748.
[14] L. MUSSELLI, «La consumazione del matrimonio», 749.

concezione soggiace, sul piano teorico, una visione esistenzialista della *communio vitae coniugalis*, come lo stesso autore palesa: «Qui... si tratterebbe... dell'affermazione di una nuova visione, tipicamente conciliare, di matrimonio, per il cui pieno formarsi, non basta più lo scambio dei consensi, ma si esige un coinvolgimento dei coniugi ed una loro integrazione nella sfera affettiva ed esistenziale»[15].

Appare chiaramente come, se si voglia interpretare ed esigere troppo dalla locuzione *humano modo*, si cada in categorie per nulla giuridiche e con conseguenze abnormi sul piano pratico.

Nel capitolo dedicato agli elementi volitivi si è intenzionalmente tralasciata la questione riguardante l'incidenza di *metus gravis* sulla consumazione del matrimonio per riservare specificamente ad essa questa intera parte finale, trattandosi della questione centrale del presente lavoro.

Oggi i canonisti si dividono, in materia, tra coloro i quali sostengono che una copula coniugale estorta con timore grave non sia consumativa del matrimonio e coloro i quali, invece, la ritengono consumativa. La questione, come visto, non è oziosa se si pensa alle conseguenze in campo teologico ed in campo giuridico canonico che ha la prima copula coniugale posta dopo la prestazione del consenso matrimoniale.

La prima posizione annovera, tra i suoi sostenitori, autori quali Ombretta Fumagalli Carulli e Pompedda. Esaminando le argomentazioni di Fumagalli Carulli, la quale dedica a questa problematica unicamente una nota a pie' di pagina, si vede che ancora una volta l'autrice parte da un presupposto che abbiamo ripetutamente avuto modo di criticare: la consumazione viene posta sullo stesso piano del consenso e pertanto si ritiene che, se il *metus gravis* rende nullo il consenso, allo stesso modo esso agisce sulla prima copula coniugale:

> Non mi sembra anzitutto che si possa seguire per la consumazione un diverso atteggiamento che per la validità del matrimonio. Se esso è stato sempre riconosciuto nullo quando vi sia il vizio di *vis ac metus*, non vi è ragione di ritenere irrilevante questo vizio a proposito della validità della consumazione, essendo proprio per essa necessaria, come per il consenso, quella libertas senza la quale seguono i mali proventus, di cui si è sempre occupata la canonistica antica e moderna[16].

---

[15] L. MUSSELLI, «La consumazione del matrimonio», 750.
[16] O. FUMAGALLI CARULLI, *Il matrimonio canonico*, 24, nt. 32.

Quale ulteriore elemento per sottolineare la importanza di un riconoscimento di rilevanza giuridica del *metus gravis* per la *consummatio*
viene posto il fatto che nella maggioranza dei casi di *vis* ci si troverebbe
dinanzi, più che a violenza fisica, a violenza morale. Se anche si volesse dar credito a questa affermazione, per la quale tuttavia non vengono
offerte referenze dalle quali sarebbe stata desunta, tuttavia anche il fatto
che possa essere più frequente la *vis moralis* rispetto alla *vis physica*
per giungere all'amplesso coniugale, non può significare nulla per la
rilevanza giuridica del *metus* sulla prima copula coniugale.

L'altro argomento addotto da Fumagalli Carulli è il fatto che, se si
vuole parlare di obbligazione agli atti coniugali, obbligazione scaturente dal consenso, si deve però tenere conto della ingiustizia che si
avrebbe non in quanto alla sostanza, bensì in quanto al modo in cui la
prima copula verrebbe estorta.

Riteniamo che queste categorie siano oggi da ritenere superate dato
che nel dettato codiciale non si ha più, come si è avuto modo di esporre
nella prima parte, la *iniustitia* quale elemento necessario per determinare il *metus*: ogni *metus* posto in atto al fine di estorcere il consenso da
parte di un nubente è infatti ingiusto. Ma da questa affermazione trarre
la conclusione che lo stesso valga per la consumazione, significherebbe
applicare una indebita analogia. Infatti, tenendo presente quanto è stato
rilevato circa la caratterizzazione giuridica dell'atto della consumazione
del matrimonio, e insistendo sul fatto che la prima copula coniugale è
consequenzialmente legata alla prestazione del consenso, dalla quale
scaturiscono il diritto e l'obbligo agli atti per sé idonei alla procreazione, si dovrà concludere che i parametri del *metus* in ordine al consenso
non possono calzare automaticamente per la consumazione[17].

Se infatti si torna a quella che è la dottrina generale sul *metus*, si deve necessariamente affermare che l'atto posto per timore grave, anche
se incusso ingiustamente, è da ritenersi valido (can. 125 § 2) a meno
che il diritto non preveda diversamente. Poiché laddove si tratta della
consumazione del matrimonio e della conseguente indissolubilità di es-

---

[17] Come scrive Pompedda: «Di fatto, non possiamo neppure dimenticare che i coniugi, nell'esprimere un consenso pieno e valido, assumono i relativi obblighi, in specie quello agli atti per sé idonei alla procreazione; reciprocamente ottengono i rispet-
tivi diritti. E quindi, una qualche violenza da una parte e un qualche timore dall'altra
non possono configurare la fattispecie di violenza semplicemente esercitata su donna
contraria» («La nozione di matrimonio», 356).

so nulla si dice in merito, neppure si può interpretare oltre quanto desumibile dal dettato codiciale.

Pompedda, nel più volte citato suo articolo dedicato alla nozione di matrimonio rato e consumato, afferma di ritenere che anche la copula estorta con timore grave da agente esterno non sia tale da configurare una consumazione del matrimonio in senso canonico, tenendo conto cioè dell'*humano modo* richiesto[18]. Egli in un passo cruciale in merito si esprime nel modo seguente:

> Ed è comunque impensabile — almeno in un ordinamento giuridico che parte e presuppone determinati principi di diritto naturale ed in genere di etica universale, quale è l'ordinamento canonico — che da un atto imposto con lesione della giustizia, in virtù della soppressione della libertà della persona, particolarmente in materia così gravida di conseguenze e di obbligazioni, possa derivare un effetto giuridico, altrimenti non sanabile con rescissione, come si è già detto, che coinvolge la vita stessa dell'individuo[19].

Si parla, nel brano riportato, di «un atto imposto con lesione della giustizia», ma non si vede come si possa definire tale l'atto consumativo del matrimonio posto per timore. È infatti necessario tenere in debito conto che il coniuge che esige dall'altro, in condizioni ragionevoli, la copula coniugale, ha un diritto ad essa, pertanto, giustizia vuole che, al di là di situazioni particolari nelle quali potrebbe trovarsi la donna (se ad esempio si rifiutasse a consumare il matrimonio perché malata) ella non può venir meno all'obbligo agli atti coniugali, obbligo contratto con il consenso. Non si vede quindi come si possa ritenere lesa la giustizia qualora un coniuge, senza arrivare alla violenza fisica, esiga di consumare il matrimonio.

Si parla inoltre di «soppressione della libertà della persona», tuttavia sembra che non sia questo il caso di timore grave incusso per la prima copula coniugale: la libertà dei singoli, anche di chi acconsente all'atto che gli viene esigito con timore grave, rimane integra, infatti il soggetto sceglie, tra quanto gli viene eventualmente minacciato e l'amplesso coniugale, il secondo. Certamente se non fosse data la incussione di timore grave non consumerebbe il matrimonio, tuttavia non si può certamente affermare che non sia più libero, è infatti egli stesso a compiere una scelta. Ciò si può poi affermare fintanto che tale soggetto non sia vittima a tal punto di quel timore, da essere privato dell'uso di ragione.

---

[18] Cfr. M.F. POMPEDDA, «La nozione di matrimonio», 358.
[19] Cfr. M.F. POMPEDDA, «La nozione di matrimonio», 357.

In tal caso sì la sua libertà sarebbe soppressa e allora non si potrebbe in alcun modo parlare di atto compiuto *modo humano* e, pertanto, neppure di consumazione avvenuta né di matrimonio indissolubile.

In questo contesto, onde precisare quanto esposto, è necessario richiamare, in base alle categorie esposte circa la volontarietà dell'atto posto per *metus*, la distinzione tra *involuntarium simpliciter* e *involuntarium secundum quid*. Nel caso ora prospettato si avrebbe nel soggetto un *voluntarium simpliciter*, sufficiente al fine della validità dell'atto coniugale, pur se accompagnato da un *involuntarium secundum quid*, infatti il soggetto non avrebbe posto quell'atto senza la pressione derivante dal timore.

In quanto al fatto che nel passo citato sopra si insista particolarmente sulle gravi conseguenze scaturenti dalla prima copula coniugale, ci limitiamo ad affermare che non è certo a motivo di tali gravi conseguenze, vale a dire la indissolubilità del vincolo, che si dovrà decidere in un modo più o meno rigido: ci si dovrà attenere ai principi giuridici applicabili in quel particolare caso.

Tuttavia ciò che necessariamente è da distinguere da quanto ora affermato è il caso in cui uno o entrambi i coniugi vengano privati, a motivo del timore grave, della disponibilità del loro uso di ragione. In tal caso, infatti verrebbero a mancare gli elementi intellettivi e volitivi necessari al fine di una copula coniugale *humano modo*, pertanto si dovrebbe necessariamente concludere per la non consumazione di un tale coniugio.

Non si comprende invece come si possa sostenere, dati gli elementi sopra descritti come necessari e sufficienti per una copula coniugale posta *modo humano*, che il *metus* invalidi l'atto consumativo del matrimonio. Sembra che si ritenga sufficiente, al fine di inficiare l'atto, che vi sia in uno dei coniugi un *involuntarium secundum quid*. Tuttavia questo *involuntarium* riguarda lo stato d'animo del coniuge il quale, se potesse astrarsi dalle condizioni in cui si viene a trovare, non porrebbe l'atto.

Non si considera invece che l'atto è posto validamente perché sussiste contemporaneamente nel soggetto un *voluntarium simpliciter*[20], cioè la volontarietà nel porre l'atto nelle precise condizioni in cui egli si trova: vale a dire che il soggetto non è privato della propria libertà di

---

[20] Cfr. U. NAVARRETE, «De notione et effectibus», 638.

scelta tra l'una cosa e l'altra, tra quanto è oggetto del *metus* e la consumazione del matrimonio.

Pertanto nel soggetto che patisce il *metus* si ha libertà interna e volontarietà dell'atto che si appresta a compiere: per detta volontarietà è infatti sufficiente il fatto che essa sia data *in actu* e che sia, secondo le categorie classiche, *simpliciter*.

Resta fuori da ogni dubbio il fatto che il *metum incutiens*, in determinati casi, potrebbe evitare di servirsi della incussione di timore per giungere al primo amplesso coniugale, tuttavia non si può assolutamente dimenticare di osservare tale fattispecie di *metus* da un altro punto di vista, il quale offre una ulteriore argomentazione a favore della valida consumazione di un matrimonio laddove si abbia il concorso di timore.

Infatti va tenuto presente quanto osservato in merito alla peculiarità della prima copula coniugale quale atto giuridico *sui generis*, in quanto discendente necessariamente dall'atto del consenso: in seguito alla valida prestazione del consenso, si ha infatti matrimonio rato, valido tra battezzati tra i quali è pertanto sorto anche un diritto e un obbligo agli atti coniugali per sé aperti alla generazione. Proprio in seguito all'aver contratto un tale obbligo, ciascun partner è tenuto a non sottrarsi agli atti coniugali, quando richiesti ragionevolmente, e, allo stesso tempo, può esigerli dall'altro coniuge. Pertanto da parte di quel coniuge che indichiamo come *metum incutiens* vi potrà essere il ricorso a quello che può essere chiamato timore, tuttavia senza rendere invalido l'atto coniugale che segue, dal momento che sussiste, come detto, un diritto-obbligo ad esso. In un certo senso, mentre si è avuto modo di sottolineare che nel canone 1103 è stato eliminato l'*iniuste* perché ogni *metus* è da ritenersi ingiusto in ordine al matrimonio, in questo contesto della *consummatio* si potrebbe parlare di un *metus iustus* proprio in riferimento a quel diritto-obbligo contratto con il consenso. Si può inoltre richiamare la fattispecie invocata da Pompedda nel contesto della violenza fisica riguardante la paura che una moglie potrebbe avere di fronte al dolore di una prima copula coniugale deflorativa della donna stessa: lo stesso caso si potrebbe portare nel contesto del timore grave incusso a una tale donna, concludendo allo stesso modo, e cioè riconoscendo al partner che esige la prestazione della copula coniugale il diritto a ciò; aggiungiamo che spesso sarebbe addirittura difficile far rientrare un tale caso nel timore grave. Se però la donna si rifiutasse definitivamente, presumibilmente ella sarà non capace al matrimonio per impotenza, mentre se di fatto il matrimonio fu valido, allora, come detto, non potrà venir meno all'obbligo grave sorto con il vincolo coniugale.

Si comprende che, date le insistenze certamente opportune in merito a valori quali il rispetto della dignità della persona umana e la tutela della libertà di scelta, insistenze alle quali in questo fine millennio si è particolarmente sensibili, risulti consona a tali istanze la condanna di qualsiasi atto che sembri violare il singolo. Tuttavia tali aspetti nel nostro contesto ci interessano per la loro eventuale valenza in campo giuridico: se il campo giuridico non potrà andare contro quello morale, tuttavia i criteri sui quali quello si basa per un giudizio su determinate azioni debbono essere chiari e concludenti a livello appunto giuridico, né si potranno basare unicamente sulla sensibilità del singolo o su istanze che non trovino riscontro in quanto previsto dal diritto. Del resto anche l'esigere un proprio diritto è morale. Si tenga presente che il caso tipico che si è prospettato è quello della moglie la quale si rifiuti, per un certo tempo dopo il matrimonio, di consumarlo, venendo messa dal marito alle strette, per cui ella, timorosa di una eventuale dispensa per matrimonio rato e non consumato o per paura delle conseguenze di una separazione e divorzio, si dispone all'atto consumativo del matrimonio. Se poco sopra si è parlato, per il caso in questione, di *metus iustus*, mentre qualche autore parla di ingiustizia, si potrebbe addirittura sostenere che non ci si trova dinanzi ad una figura pura di *metus*, dal momento che il coniuge indicato come *metum incutiens* sollecita l'adempimento di quello che è un proprio diritto, al quale corrisponde un obbligo per l'altro coniuge, sorto con il vincolo coniugale.

A tutela del singolo e di quanto previsto in merito agli elementi intellettivi e volitivi per la valida consumazione del matrimonio, va però affermato e sostenuto senza ombra di dubbio che, contrariamente a quella che è la posizione di molti tra i classici, un qualsiasi intervento (e pertanto anche la incussione di timore grave) che privi il soggetto dell'uso di ragione, lo renderà necessariamente anche privo di libertà del volere, pertanto non si avrà un atto umano nel senso tecnico sopra descritto, né si potrà parlare di atto consumativo del matrimonio[21]. Questa rimane pertanto l'unica fattispecie nella quale si possa invocare la non validità della copula coniugale estorta con timore: tale matrimonio non sarà consumato, non tanto per l'intervento di timore grave, quanto per il fatto che si sarà prodotta nel soggetto, in seguito alla coa-

---

[21] Cfr. U. NAVARRETE, «De notione et effectibus», 642-643.

zione morale, una diminuzione della libertà interna, per cui non resterà la capacità per un atto umano, denso di tali conseguenze.

Sintesi conclusiva della terza parte

La terza parte del presente studio ha preso le mosse dall'istituto del *Bimestre ad deliberandum*, non per tornare su questioni storiche, quanto per cogliere il significato e la portata giuridica di tale istituto in particolare riguardo la incidenza della coazione sulla prima copula coniugale.

Il *Bimestre ad deliberandum*, come si è visto, non ha rilevanza in sé per la presente ricerca se non per quella discussione che da tale istituto giuridico e dal suo intendimento scaturì, e da cui emerse, pur in modo indiretto, l'istanza di una considerazione da riservare alla *voluntas copulandi* e alla *iniustitia*, infatti l'elemento di grande rilevanza in detto istituto è la ingiustizia del *metus*, cui fa riscontro la tutela del diritto dei coniugi di abbracciare la vita religiosa, diritto che si conserva anche nel caso di una avvenuta copula coniugale consumativa estorta con *metus*, la quale copula, tuttavia, a causa appunto della ingiustizia, non ha forza di estinguere il diritto del coniuge di entrare *in religionem*.

Nella codificazione vigente non esiste più tale previsione, pertanto se ad esempio una donna si riservasse di non consumare per un certo periodo il matrimonio, escludendo il diritto dell'altro alla vita coniugale, onde decidere in un secondo tempo se eventualmente abbracciare la vita religiosa, un tale matrimonio sarebbe nullo, potendo rientrare ad esempio nella fattispecie di una simulazione, quale «matrimonio in prova». Ciò che tuttavia è da prendere in considerazione è la istanza di *humano modo* contenuta nel Codice vigente in merito agli atti coniugali, in particolare al fine della consumazione del matrimonio. Tale inciso, cui è stato tributato entusiasmo da non poche parti, di fatto, come visto, non costituisce una novità, dal momento che contiene una istanza che era ormai chiaramente espressa ed accettata dalla Chiesa, particolarmente in seguito al Concilio Vaticano II. Sostanzialmente con detta locuzione si intende la necessità che siano dati gli elementi intellettivi e volitivi propri di un atto umano, in modo che gli atti coniugali siano corredati della necessaria avvertenza della ragione e della libera volontà. Ulteriori complementi a livello psicologico o saziativo non vanno interpretati da detta locuzione.

Per stabilire la eventuale rilevanza giuridica del *metus* sulla consumazione del matrimonio si è reso necessario comprendere rettamente il posto che il primo atto coniugale occupa, a livello formale-giuridico: essa va considerata, a nostro parere, quale atto giuridico *sui generis*, al quale si applicano le norme generali sull'atto giuridico e che, peraltro, ben si distingue dall'atto del consenso. Infatti è proprio dall'atto del consenso che discende l'obbligo e il diritto per entrambi i coniugi agli atti coniugali aperti alla generazione della prole. Si comprende come non si potrà semplicemente applicare parallelamente all'atto consumativo del matrimonio quanto previsto nel campo del consenso matrimoniale.

Pertanto unicamente nel caso in cui l'uso di ragione venga compromesso anche in uno solo dei coniugi in seguito a coazione morale si potrà concludere per la non consumazione di un tale matrimonio, mentre il *metus gravis* non potrà avere rilevanza giuridica per la prima copula coniugale.

CONCLUSIONE

La problematica affrontata nel presente studio non è nuova, né si è inteso costruire una fattispecie del tutto ipotetica o avulsa dalla realtà e da quanto è oggetto di studio della dottrina e della giurisprudenza in campo matrimoniale canonico. Come si è avuto modo di mettere in luce attraverso l'*excursus* storico-giuridico inerente il concetto di *metus* e particolarmente quello di *consummatio coniugii*, la questione relativa alla volontarietà della prima copula coniugale ha suscitato l'interesse e lo studio di moralisti e di canonisti già diversi secoli orsono. In particolare l'istituto del *Bimestre ad deliberandum* ha incentrato l'attenzione sul caso della *copula vi extorta* nei due mesi che seguivane le nozze e durante i quali i coniugi si riservavano di non consumare il matrimonio onde poter eventualmente decidere di abbracciare la vita religiosa. Sebbene oggi non sia più in vigore questa previsione, — della quale del resto non si rinveniva traccia già nella codificazione dell'anno 1917 — attraverso le istanze emerse dalla evoluzione intracodiciale in merito al concetto di *consummatio coniugii* si può affermare che la questione relativa agli elementi per così dire psicologici della prima copula coniugale ed in particolare a quanto richiesto nei coniugi a livello intellettivo e volitivo, sia stata messa particolarmente in luce e sia divenuta di grande interesse, specialmente in seguito alla introduzione, nel can. 1061 § 1, della locuzione *humano modo* riferita agli atti coniugali.

Taluni canonisti accolsero con particolare entusiasmo la introduzione di tale inciso e vollero leggere in esso ben più di quanto potesse e intendesse significare: si auspicò da diverse parti, anche rifacendosi ad una interpretazione univoca di alcuni testi del Concilio Vaticano II, che si attuasse una apertura nel concetto di consumazione oltre ad un ampliamento della casistica relativa alla dichiarazione di nullità e alla dispensa *super matrimonio rato et consummato*. In particolare, quasi come reazione a quei canonisti che avevano trattato la consumazione del matrimonio prettamente sotto l'aspetto degli elementi anatomico-fisiologici, si considerò il matrimonio stesso esclusivamente da un punto di vista esistenzialista, in continuo divenire, ma in un divenire lasciato del tutto all'arbitrio e al «sentire» dei coniugi. Si comprende come tali posizioni, che non trovavano appoggio nella tradizione, non potessero certo rispecchiarsi in quanto previsto dal Concilio Vaticano II né dal Codice vigente in materia di *consummatio humano modo*. Era pertanto necessaria una riconsiderazione degli elementi intellettivi e volitivi entranti in gioco nella consumazione del matrimonio; una riconsiderazione che, fondandosi sulla migliore tradizione canonistica, valutasse in modo equilibrato quanto necessario al fine di una copula coniugale posta *modo humano*.

La problematica specifica che ci si è proposti di affrontare è quella esemplificata nel caso di donna che intenda continuamente procrastinare la consumazione del matrimonio e che induca pertanto il marito ad esigere l'amplesso coniugale prospettandole, in caso contrario, lo scioglimento della loro unione. Come è da valutarsi tale intervento dell'uomo sulla donna, a seguito del quale — e solo a seguito del quale — la moglie si appresti a consumare il matrimonio? È un *metus* che incide sulla validità della prima copula coniugale? Ancor più, alla fine del presente lavoro, ci si domanda: si può parlare di *metus* nel caso prospettato?

Per affrontare la tematica proposta si è ritenuto utile ripercorrere l'evoluzione storico-giuridica dei concetti entranti in gioco: *metus* e *consummatio coniugii*. Per le conclusioni cui si è giunti in merito, si rimanda — onde evitare ripetizioni — a quanto rilevato alla fine di ciascuna parte.

Da sottolineare in modo particolare è quanto segue: la ingiustizia, che tradizionalmente ha caratterizzato il *metus* nel diritto romano e canonico e a motivo della quale si invocava la punizione del *metum incutiens*, oggi non è più menzionata nel contesto del matrimonio, infatti ogni *metus* in ordine al matrimonio è ingiusto. Tuttavia, come mostrato, sarebbe improprio applicare alla consumazione gli stessi criteri di validità previsti dal Codice per il consenso. La consumazione del matrimonio è senza dubbio da ritenere ben più di un fatto giuridico, è, come mostrato, un atto giuridico, con una peculiarità: quella di non esistere in quanto atto con rilevanza giuridica a sé, ma in quanto innestantesi sull'atto del consenso validamente prestato. Abbiamo pertanto definito la *consummatio matrimonii* quale atto giuridico *sui generis*, appunto in quanto promana dal consenso e dai diritti-obblighi che da esso scaturiscono. Pertanto la consumazione non può dirsi un atto autonomo al fine degli effetti teologico-giuridici che produce, primo fra tutti la assoluta indissolubilità del matrimonio.

Dato il diritto-obbligo agli atti coniugali per sé aperti alla procreazione, anche il *metus* della fattispecie prospettata è pertanto da inserire in questa logica, né potrà invalidare il primo atto coniugale: la libertà del partner che chiamiamo *metum patiens* rimane infatti integra. Si noti che partiamo dal caso di *metus*, escludendo in modo assoluto la violenza fisica o assoluta, essendo ovvio che un atto estorto con violenza fisica non può assolutamente essere posto *modo humano*.

Anzi, precisiamo ulteriormente che la figura dalla quale siamo partiti nella fattispecie che ci si è prospettata è il *metus*, ma di fatto, proprio in seguito alla comprensione della *consummatio* e del suo significato giuridico per il matrimonio — distinto e, allo stesso tempo, inscindibilmente connesso con il consenso — si deve concludere, a nostro avviso, per una sorta di *metus iustus* o, addirittura per un caso di *metus improprius*, a motivo del diritto dei coniugi di esigere, in condizioni ragionevoli, la consumazione del matrimonio.

Di fronte alle istanze oggi particolarmente vive in favore della libertà del singolo da ogni forma di coazione, come si accennava nella introduzione, non è un controsenso la conclusione cui giungiamo in questa sede: innanzitutto per il fatto che la soluzione data alla problematica posta si deve necessariamente basare su argomenti giuridici; inoltre perché, come si è avuto modo di mostrare, non si contraddice alla morale comune realizzando un diritto scaturente dall'atto del consenso, purchè la richiesta di cui alla fattispecie esaminata sia avanzata in circostanze ragionevoli e non giunga ad estorcere al coniuge con violenza l'atto consumativo del matrimonio.

SIGLE E ABBREVIAZIONI

a.	*articulus*
AAS	*Acta Apostolicae Sedis* (1908-)
Acan	*L'année canonique* (Paris 1952-)
AD	*Acta et Documenta Concilio Oecumenico Vaticano Secundo apparando*
alloc.	allocuzione
AnGr	Analecta Gregoriana
Apoll.	*Apollinaris.* Commentarius juris canonici (Romæ, 1928-)
AS	*Acta Synodalia Sacrosancti Concilii Oecumenici Vaticani Secundi*
BIDR	*Bullettino dell'Istituto di Diritto Romano Vittorio Scialoja* (Roma 1888-)
c.	*canon* (nel Corpus Iuris Canonici)
	coram (nelle sentenze rotali)
can./cann.	canone/canoni
cap.	aapitolo
CIC/1917	*Codex Iuris Canonici*, Romæ promulgatus anno 1917
CIC/1983	*Codex Iuris Canonici*, Romæ promulgatus anno 1983
CIC Fontes	*Codicis iuris canonici Fontes*, ed. P. Gasparri – I. Serédi, Romæ 1926-1939
col./coll.	*columna/columnæ*
Communicationes	*Communicationes.* Pontificia Commissio Codici Iuris Canonici Recognoscendo (Romæ 1969-1983); Commissio Codici Iuris Canonici Authentice Interpretando (Romæ 1984-1988; 1989-)
Conc(F)	*Concilium*, Revue internationale de théologie (Paris 1965-)

cost. apost.	costituzione apostolica
DEc	*Il diritto ecclesiastico* (Roma 1890-)
disp.	*disputatio*
dist.	*distinctio*
EJCan	*Ephemerides juris canonici* (Roma 1945-)
esort. apost.	esortazione apostolica
EThL	*Ephemerides theologicae lovanienses* (Louvain 1924-)
Fs.	*Festschrift*, Scritti in onore, *Mélanges*, ecc.
GS	*Gaudium et Spes*, Constitutio pastoralis de Ecclesia in mundo huius temporis Concilii Oecumenici Vaticani II (7 dec. 1965)
istruz.	istruzione
JC	*Jus canonicum* (Pamplona 1961-)
Jurist	*The Jurist*. Catholic University of America, School of Canon Law (Washington 1941-)
JusRSG	*Jus*, rivista di scienze giuridiche (Milano 1950-)
l./lib.	*liber*
ME	*Monitor Ecclesiasticus* [già *Il Monitore Ecclesiastico*] (Roma 1876-)
n.	numero
NRTh	*Nouvelle revue théologique* (Louvain 1869-)
nt.	nota
Periodica	*Periodica de re canonica* [già *Periodica de re morali, canonica, liturgica*] (Romæ 1910-)
PG	*Patrologia cursus completus*. Series graeca, ed. J.P. Migne
PL	*Patrologia cursus completus*. Series latina, ed. J.P. Migne
q.	*quaestio*
RDC	*Revue de droit canonique* (Strasbourg 1951-)
REDC	*Revista española de derecho canónico* (Salamanca 1946-)
RevSR	*Revue des sciences religieuses*. Faculté Catholique de Théologie (Strasbourg 1921-)
rist	ristampa
RivDMSP	*Rivista del diritto matrimoniale e dello stato delle persone* (Milano 1958-)
RRD	APOSTOLICUM ROTAE ROMANAE TRIBUNAL, *Decisiones seu Sententiae* (Romæ 1909-)
sent.	*sententia*

sess.	sessio
StGiur	Serie *Studi Giuridici* (Città del Vaticano 1977-)
tit.	*titulus*
TG.DC	Tesi Gregoriana, serie Diritto Canonico
tom.	*tomus*
tract.	*tractatus*
vol.	*volumen*
ZSS	*Zeitschrift der Savigny-Stiftung für Rechtsgeschichte.* Romanistische Abteilung (Weimar 1921-)

BIBLIOGRAFIA

1. Fonti

1.1 *Diritto Romano*

CORPUS IURIS CIVILIS

D. 1, 1, 7, 1

D. 4, 2, 1

D. 4, 2, 5

D. 4, 2, 6

D. 4, 2, 9

D. 4, 2, 12, 2

D. 4, 2, 21, 5

D. 5, 4, 14

D. 23, 2, 21

D. 23, 2, 22

D. 50, 16, 219

1.2 *Diritto Canonico*

CORPUS IURIS CANONICI

Decretum Gratiani

C. 5, q. 8, c. 1

C. 15, q. 6, c. 2

C. 25, q. 10, c. 1

C. 27, q. 1, c. 41

C. 27, q. 2, c. 18

C. 27, q. 2, c. 21

C. 30, q. 4, c. 1

C. 31, q. 2, c. 1

C. 31, q. 3, c. 1

C. 32, q. 2, c. 3

C. 32, q. 2, c. 6

C. 32, q. 7, c. 25

C. 33, q. 3, c. 11

C. 35, q. 3, c. 11

Dicta Gratiani

C. 35, q. 3, c. 21, d.a.

Decretales, Liber Extra

X. 1, 9, 5	X. 3, 42, 3
X. 1, 21, 5	X. 4, 1, 14
X. 1, 40, 1-4	X. 4, 2, 9-11
X. 1, 40, 5	X. 4, 2, 14
X. 1, 40, 6	X. 4, 7, 1
X. 1, 40, 19	X. 4, 7, 2
X. 1, 43, 2	X. 4, 8, 1
X. 2, 13, 2-3	X. 4, 12, 4
X. 2, 24, 8	X. 4, 13, 1
X. 2, 24, 15	X. 4, 13, 6
X. 3, 32, 2	X. 4, 13, 7, 3
X. 3, 32, 7	X. 4, 14, 16-17
X. 3, 32, 8	X. 4, 15, 2
X. 3, 32, 10	X. 4, 18, 4
X. 3, 32, 11	X. 11, 35, 3

Decretales, Liber Sextus

VI. 1, 20, 1

Glossæ

Glossa Ordinaria, C. 15, q. 6, c. 2, v. Auctoritatem
Glossa Ordinaria, X. 1, 40, 2, v. Coactus
Glossa Ordinaria, X. 11, 35, 3, v. Impedire
Glossa Ordinaria, VI. 1, 20, 1, v. Absolutionis

1.3 *Romani Pontefici*

ALESSANDRO III (BANDINELLI, R.), *Sentenzen*, Freiburg im Breisgau 1891.

GIOVANNI PAOLO II, esort. apost. *Familiaris consortio*, 22 novembre 1981, in *AAS* 74 (1982) 81-191.

————, cost. ap. *Magnum matrimonii*, 7 ottobre 1982, in *Insegnamenti di Giovanni Paolo II* 5/III (1982) 723-731.

INNOCENZO IV (SINIBALDUS FLISCUS), *In quinque decretalium libros commentaria. IV. De sponsalibus et matrimonii*, Venetiis 1610.

PAOLO VI, «Discorso ai Membri e Consultori della Commissione (20 novembre 1965)», in *Communicationes* 1 (1969) 38-42.

————, encicl. *Humanae vitae*, 25 luglio 1968, in *AAS* 60 (1968) 481-503.

————, istruz. *Renovationis causam*, 6 gennaio 1969, in *AAS* 61 (1969) 103-120.

————, «Alloc. ai Prelati Uditori della Rota Romana», 9 febbraio 1976, in *AAS* 68 (1976) 204-208.

PIO XI, encicl. *Casti Connubii*, 31 dicembre 1930, in *AAS* 22 (1930) 539-592.

SISTO V, Breve *Cum frequenter*, 27 junii 1587, in *CIC Fontes*. I, 298-299.

1.4 *Organismi della Curia Romana*

SUPREMA SANCTA CONGREGATIO S. OFFICII, Decretum *De finibus matrimonii*, 1 aprilis 1944, in *AAS* 36 (1944) 103.

PONTIFICIA COMMISSIO CODICI IURIS CANONICI RECOGNOSCENDO, *Schema CIC iuxta animadversiones S.R.E. Cardinalium, Episcoporum Conferentiarum, Dicasteriorum Curiae Romanae, Universitatum Facultatumque ecclesiasticarum necnon Superiorum Institutorum vitae consecratae recognitum*, Romæ, 1980.

————, *Relatio complectens Synthesim Animadversionum ab Em.mis atque Exc.mis Patribus Commissionis ad novissimum Schema Codicis Iuris Canonici Exhibitarum cum Responsionibus a Secretaria et Consultoribus datis*, Romæ 1981.

CONGREGATIO PRO CULTU DIVINO ET DISCIPLINA SACRAMENTORUM, Litterae Circulares *De processu super matrimonio rato et non consummato*, 20 dec. 1986, Prot. n. 1400/86, *Communicationes* 20 (1988) 78-84.

2. **Autori**

ALBERTUS MAGNUS, *In IV Sententiarum*, Parisiis 1894.

ALBISETTI, A., «Brevi note sul can. 1061 del Codex Juris Canonici», in *Fs. P. Fedele*. II, Perugia 1984, 629-638.

ALPHONSUS M. DE LIGORIO, *Theologia Moralis*. IV, Bassani 1847.

ANTONELLI, G., *De conceptu impotentiae et sterilitatis relatae ad matrimonium*, Romæ 1900.

————, *Pro conceptu impotentiae et sterilitatis relatae ad matrimonium*, Romæ 1901.

————, *De mulieris excisae impotentia ad matrimonium*, Romæ 1903.

ANTONELLI, G., *Brevis synopsis historica circa evolutionem doctrinae de impotentia et sterilitate apud veteres Doctores ecclesiasticos usque ad nostrum aevum*, Romæ 1932.

———, *Medicina Pastoralis*, Romæ 1932.

ANTONINUS, (S.), *Summa maior*, Venetiis 1903.

ARAUGIO – RUIZ, V., *Istituzioni di Diritto Romano*, Napoli 1954[12].

ARENDT, G., «De genuina ratione impedimenti impotentiae. Nota addita de sententia adv. Viglino», *EThL* 9 (1932) 28-69.

BACCARI, R., *La volontà nei sacramenti*, Milano 1941.

BADII, C., «Il timore reverenziale come vizio del consenso al matrimonio», *DEc* 36 (1927) 499-517.

BALBI PAPIENSIS, B., *Summa Decretalium*, Ratisbonæ 1860.

BALDUS DE UBALDIS, *Commentaria in Corpus Iuris Canonici*, Venetiis 1599.

BALLERINI, A. – PALMIERI, D., *Opus theologicum morale in Busembaum Medullam. VI. De Matrimonio*, Prati 1898-1900.

BALZARINI, M., «Violenza (diritto romano)», in *Enciclopedia del diritto*. XLVI, Milano 1993, 830-843.

BARBOSA, A., *Tractatus absolutissimi de matrimonio, de dote, de alimentis*, Francofurti 1606.

BENDER, L., «Metus indirecte incussus et validitas matrimonii», *EJCan* 13 (1957) 9-18.

———, *De matrimonio commentarius*, Torino 1958.

BERNHARD, J.,«A propos de l'indissolubilité du mariage chrétien», *RevSR* 44 (1970) 49-62.

———, «A propos de l'hypothèse concernant la notion de "consommation existentielle" du mariage», *RDC* 20 (1970) 184-192.

———, «Où en est la dissolubilité du mariage dans l'Eglise d'aujourd'hui: état de la question», *ACan* 15 (1971) 59-82.

———, «Réinterpretation (existentielle et dans la foi) de la Législation Canonique concernant l'indissolubilité du Mariage chrétien», *RDC* 21 (1971) 243-278.

———, «Perspectives renouvelées sur l'hypothèse de la "Consommation existentielle et dans la foi" du mariage chrétien», *RDC* 24 (1974) 334-349.

———, «Réflexion critique sur l'incapacité morale: incapacité ou non-consommation existentielle du mariage?», *RDC* 25 (1975) 274-286.

BERNHARD, J., «Le sens des interventions des officialités en matière d'incapacité morale», *RDC* 26 (1976) 91-99.

―――, «L'exclusion de l'indissolubilité du mariage dans la pratique canonique de l'Eglise», *RDC* 27 (1977) 159-173.

BESELER, G., «Zwang», *ZSRG.R* 44 (1923) 362-364.

BETTI, E., *Diritto Romano*, Padova 1935.

―――, *Istituzioni di Diritto Romano*, Padova 1942².

―――, *Interpretazione della legge e degli atti giuridici*, Milano 1949.

BEVILACQUA, A., *Trattato dommatico, giuridico e morale sul matrimonio cristiano*, Roma 1918².

BIDAGOR, R., «Quelques remarques sur les causes matrimoniales», *ACan* 6 (1958) 83-97.

BIONDI, B., *Corso di Istituzioni di Diritto Romano*, Milano 1936.

―――, «Il diritto romano» in *Storia di Roma*, XX, Bologna 1957, 41-42.

BONAVENTURA, (S.), *Commentaria in IV libros Sententiarum*, Ad Claras Aquas 1934-1949.

BONFANTE, P., *Istituzioni di Diritto Romano*, Milano 1932⁹.

―――, *Storia del Diritto Romano*, Milano 1959².

―――, *Corso di Diritto Romano*. IV, Milano 1979.

BONNET, P.A., *L'essenza del matrimonio canonico. Contributo allo studio dell'amore coniugale*. I. *Il momento costitutivo del matrimonio*, Padova 1976.

―――, «Il principio di indissolubilità nel matrimonio canonico quale stato di vita tra i due battezzati», *EJCan* 36/I (1980), 9-69.

―――, *Introduzione al consenso matrimoniale canonico*, Milano 1985.

―――, «L'impotenza», in *Gli impedimenti al matrimonio canonico*, Roma, 1989.

BRIDE, A., «Le pouvoir du Souverain Pontife sur le mariage des infidèles», *RDC* 10 (1960-61) 52-101.

BURDESE, A., *Manuale di Diritto Privato Romano*, Torino 1990³.

CAGNAZZO DE TABIA, I., *Summa tabiena*, Venetiis 1569.

CALASSO, F., *Medioevo del diritto*. I. *Le fonti*, Milano 1954.

CAPPELLO, F.M., *Summa iuris canonici*. II, Romæ 1945⁴, 1961⁶.

―――, *Tractatus Canonico-Moralis de Sacramentis*. V. *De Matrimonio*, Taurinorum Augustae 1921, Taurini 1961⁷.

CASORIA, I., *De matrimonio rato et non consummato*, Roma 1959.

CASTAÑEDA DELGADO, E., «Una sentencia española en el siglo XVI. La validez del matrimonio de los eunuchos y espadones», *REDC* 12 (1957) 264-271.

CASTROPALAO, F. DE, *Operis moralis, de virtutibus et vitiis contrariis, in varios tractatus et disputationes theologicas distributi. IV. De sponsalibus et matrimoniis*, Lugduni 1669.

CHARLAND, R., «La dispense du mariage non consommé», *RDC* 18 (1968) 30-51.

CHELODI, G., *Jus matrimoniale iuxta codicem iuris canonici*, Trento 1937.

CHIAPPETTA, L., *Il Codice di Diritto Canonico. Commento giuridico-pastorale*, Napoli 1988.

CLAVASIO, A. DE, *Summa Angelica de casibus coscientialibus*, Clavasii 1486.

Code de Droit Canonique annotée, Université de Navarre/Université Saint Paul, Montreal 1990.

Codicis iuris canonici Fontes, ed. P. Gasparri – I. Serédi, Romæ 1926-1939.

Comentario exegético al Còdigo de derecho canònico, Instituto M. De Azpilcueta Universidad de Navarra, Pamplona, 1996.

CONINCK, G., *Commentariorum ac disputationum in universam doctrinam d. Thomae de sacramentis et censuris*, Antuerpiae 1616.

CONTE A CORONATA, M., *Institutiones iuris canonici ad usum utriusque cleri et scholarum. III. De matrimonio et de sacramentalibus*, Romæ 1946.

CORIDEN, J.A. – GREEN, T.J. – HEINTSCHEL, D.E., ed., *The Code of Canon Law. A text and Commentary*, London 1985.

CORTE D'APPELLO DI TORINO, 1ᴬ SEZIONE CIVILE, *Delibazione di Bolla pontificia super rato*, Sentenza del 18.06.1996 nella causa civile n. 443/96 R.G.

COVARRUVIAS Y LEYVA, D., *Epitomes in quartum decretalium*, Genevae 1762[9].

D'ANNIBALE, I., *Summula theologiae moralis*, Romæ1896.

D'AVACK, P.A., «Sul metus consultus nel codex iuris canonici», in *Fs. E. Besta*. III, Milano 1938, 243-276.

———, *Cause di nullità e di divorzio nel diritto matrimoniale canonico*, Firenze 1952.

DE LUGO, J., *De iustitia et iure*, Lugduni 1642.

———, *Disputationes scholasticae et morales. V-VII. De justitia et jure*, Parisiis 1868-1869.

DE VIO CAIETANUS, *Summa totius theologiae D. Thomae Aquinatis*, Romæ 1569.

DE BUTRIO, A., *Commentarii super quinque libros Decretalium*, Venetiis 1578.

DE LA PALU, P. [SEU PALUDANUS], *Lucubrationum opus in quartum Sententiarum*, Salamanticae 1552.

DE LEDESMA, P., *Tractatus de magno matrimonii sacramento super doctrinam Angelici Doctoris*, Venetiis 1595.

DEL CORPO, AE., «Actus hominis et actus humanus in consummatione matrimonii», *ME* 83 (1958) 303-313.

————, «De metu denuntiationis criminis sexualis in ordine ad matrimonium», *ME* 88 (1963) 461-487.

Il Diritto nel Mistero della Chiesa, (a cura del Gruppo Italiano Docenti di Diritto Canonico), Roma 1986-.

DOMS, H., *Sinn und Zweck der Ehe*, Breslau 1935.

————, «Du sens et de la fin du mariage. Response au R.P. Boigelot», *NRTh* 71 (1939) 513-550.

DOSSETTI, G., *La violenza nel matrimonio in Diritto Canonico*, Serie seconda Scienze Giuridiche 67, Milano 1943.

DUIN, A. VAN, «De impedimento impotentiae psychicae in iure canonico», *Apoll.* 23 (1950) 114-174.

DURANDUS A S. PORCIANO, *In Sententias theologicas Petri Lombardi commentaria*, Parisiis 1894.

ECHEVERRIA, L. DE, ed., *Código de Derecho Canónico*, Madrid 1983.

ENGEL, H.L., *Collegium universi iuris canonici*, Venetiis 1718.

ERDÖ, P., *Introductio in historiam scientiae canonicae. Praenotanda ad codicem*, Romæ 1990.

FAGNANUS, P., *Ius canonicum sive commentaria absolutissima in quinque libros decretalium*. III, Venetiis 1764.

FEDELE, P., «Metus ab extrinseco, iniuste incussus, consulto illatus», *DEc* 46 (1935) 152-160.

————, «Sull'espressione "metus cadens in virum constantem" sulla violenza come vizio del consenso matrimoniale», *DEc* 46 (1935), 354-360.

————, «In tema di vis et metus», *EJCan* 10 (1954) 289-297.

————, «Actio humana e actio naturae», *EJCan* 17 (1961) 235-257.

————, «Actus humanus», *EJCan* 18 (1962) 337-350.

FELICIANI, G., «Il problema dell' "actus hominis" e dell' "actus humanus" nella consumazione del matrimonio e la rilevanza giuridica del vaginismo», *RivDMSP* 7 (1965) 425-458.

FERRARIS, L., *Prompta bibliotheca canonica, iuridica, moralis, theologica necnon ascetica, polemica, rubricistica, historica.* VIII, Bononiae 1746.

FINNEGAN, J.T., «When is a Marriage indissoluble? Reflections on a Contemporary Understanding of a Ratified and Consummated Marriage», *Jurist* 28 (1968) 309-329.

FISCHER, E.H., «Auf den Spuren eines großen Dillinger Kirchenrechtlehrs und Universitäts-Kanzlers (F.X. Schmalzgrueber)», in *Dillingen und Schwaben*, Fs. zur Vierhundertjahrfeier der Universität Dillingen, Dillingen an der Donau 1949, 3-18.

FLATTEN, H., «De sententia nullitatis matrimonii tum e capite metus tum e capite simulationis ferenda», *RDC* 13 (1963) 48-64.

FRANCESCHI, F., «Le dispense *super rato*: sul possibile riconoscimento agli effetti civili come sentenze staniere», *DEc* 109 (1998) II, 52-61.

FREISEN, J., *Geschichte des kanonischen Eherechts bis zum Verfall der Glossenliteratur*, Tübingen 1888.

FUMAGALLI CARULLI, O., «Innovazioni conciliari e matrimonio canonico», *DEc* 89 (1978) 331-425.

————, *Il matrimonio canonico dopo il Concilio. Capacità e consenso*, Milano 1978.

————, *Intelletto e volontà nel consenso matrimoniale in diritto canonico*, Milano 1974.

GASPARRI, P., *Tractatus canonicus de matrimonio.* II, Romæ 1932.

GAUDEMET, J., *Le mariage en Occident*, Paris 1987.

GERMOVNIK, F., *Index analytico-alphabetico ad primam et secundam partem Corporis Iuris Canonici*, Ottawa 1980.

GIACCHI, O., *La violenza nel negozio giuridico canonico. Contributo alla dottrina canonistica dei negozi giuridici*, Milano 1937.

————, «Sul fondamento della nullità per violenza nel matrimonio canonico» *EJCan* 4 (1948), 541-553.

————, *Il consenso nel matrimonio canonico*, Milano 1950.

————, «Origine e scopo della coazione nel matrimonio canonico "ex metu"», *JusRSG* 16 (1965) 255-278.

GIOIOSO, R., *Il metus nel matrimonio canonico*, Roma 1993.

GOFFREDUS DE TRANO, *Summa in Titulos Decretalium*, Venetiis 1564.

GORDON, I. – GROCHOLEWSKI, Z., *Documenta recentiora circa rem matrimonialem et processualem*. II, Roma 1977-1980.

GORDON, I., «Adnotationes quaedam de valore matrimonii virorum qui ex toto secti sunt a tempore Gratiani usque ad Breve *Cum frequenter*», *Periodica* 66 (1977) 171-247.

GRATIANUS, *Decretorum a Gratiano collectorum*, Romæ 1584.

GRAZIANI, E., «Note sulla qualifica del metus reverentialis», in *Fs. V. Del Giudice*. I, Milano 1953, 441-459.

―――, *Volontà attuale e volontà percettiva nel negozio matrimoniale canonico*, Milano 1956.

―――, «Rilievi sul requisito dell'ingiustizia nell'impedimento vis vel metus», *DEc* 74/II (1963) 34-39.

―――, «Matrimonio rato e non consumato», in *Enciclopedia del Diritto*. XXV, Milano 1975, 950-957.

GUARINO, A., *Storia del Diritto Romano*, Napoli 1969.

―――, *Diritto Privato Romano*, Napoli 1990^9.

GUIDO A BAYSIO (SEU ARCHIDIACONUS), *Rosarium, seu in Decretorum volumen commentaria*, Venetiis 1577.

GUILLELMUS REDONENSIS, *Apparatus seu Glossae super Summam de poenitentia et matrimonio S. Raymundi de Pennaforte*, Romæ 1603.

GULLO, G., *Il metus ingiustamente incusso nel matrimonio in diritto canonico*, Napoli 1970.

GUTIÉRREZ, A., *Il Matrimonio. Essenza-Fine-Amore coniugale. Con particolare riferimento alla donna recisa*, Napoli 1974^2.

GUTIÉRREZ, I., *Canonicarum quaestionum libri duo*, Venetiis 1609.

HENRICUS DE SEGUSIO [SEU HOSTIENSIS], *Summa aurea. IV. De sponsalibus et matrimonio*, Venetiis 1570.

―――, *In decretalium libros commentaria. IV. De sponsalibus et matrimonio*, Venetiis 1581.

HENRÍQUEZ, E., *Summa theologiae moralis*, Venetiis 1600.

HUIZING, P., *Schema de Matrimonio*, Romæ 1963.

―――, «L'indissolubilité du mariage dans le Droit canonique», *Conc(F)* 38 (1968) 45-55.

―――, ed., *Alternativenentwurf für eine Revision des kanonischen Eherechts: für eine neue kirchliche Eheordnung*, Düsseldorf 1975.

―――, «La conception du mariage dans le Code, le Concile et le "Schéma de Sacramentis"», *RDC* 27 (1977) 135-146.

HÜRTH, F., «Dubium circa consummationem matrimonii», *Periodica* 38 (1949) 220-227.

IASON DE MAYNO, *In Codice et Digesto commentaria*, Venetiis 1598.

Gli impedimenti al matrimonio canonico, Roma, 1989.

IOANNES ANDREAE, *In Decretalium libros novella commentaria*. IV. *De sponsalibus et matrimonio*, Venetiis, 1581.

IOANNES A. A S. GEORGIO (SEU PRAEPOSITUS) *Commentaria in Decretales*, Venetis 1579.

IOANNES DE FRIBURGO, *Glossae in Summam S. Raymundi*, in RAYMUNDUS DE PEÑAFORT, *Summa*, Avenione 1715.

IOANNES TEUTONICUS, *Glossa decreti*, Cfr. GRATIANUS.

JEMOLO, A.C., *Il matrimonio nel Diritto Canonico. Dal Concilio di Trento al Codice del 1917*, Milano 1993².

JOLOWICZ, H.F., *Historical introduction to the study of Roman Law*, Cambridge 1954.

JUGIS, P.J., *A Canonical Analysis of the Meaning of Humano Modo in canon 1061 § 1*, Canon Law Studies 541, Washington 1992.

LA CROIX C., *Theologia moralis*, Coloniae Agrippinae 1710-1720.

LAYMANN, P., *Theologia Moralis in V libros distributa*, Patavii 1760.

LEBOEUF, F., *Le divorce*, Montréal 1973.

LOMBARDIA, P. – ARRIETA, J.I., ed., *Codice di Diritto Canonico*, Roma 1986.

LOMBARDUS, P., *Libri quattuor sententiarum*, Florentiæ 1916.

LONGO, C., *Note critiche in tema di violenza morale*, Roma 1934.

———, *Corso di Diritto Romano. Fatti giuridici, negozi giuridici, atti illeciti*, Padova 1962.

LÜBTOW, U. VON, *Der Ediktstitel «Quod metus causa gestum erit»*, Greifswald 1933.

LÜDICKE, K., ed., *Münsterischer Kommentar zum CIC*, Essen 1985-1992.

MARCHETTA, B., *Scioglimento del matrimonio canonico per inconsumazione*, Padova 1981.

MARCONE, G. «An Matrimonium consummetur actione tantum hominis», *ME* 82 (1957) 631-656.

MARTINUS DE ALPIZCUETA [SEU DOCTOR NAVARRUS], *Consiliorum et responsorum*. IV. *De sponsalibus et matrimonio*, Venetiis 1602.

MELLI, R., «Breve commentarium ad Litteras Circulares "De Processu super Matrimonio rato et non consummato" missas a Congregatione pro Sacramentis die 20 decembris 1986», *ME* 112 (1987) 430-434.

MELLI, R., *De processu super matrimonio rato et non consummato. Ad usum auditorum Cursus Praxis Administrativae*, Romæ 1993.

MICHIELS, G., *Normae Generales Juris Canonici. Commentarius libri I Codicis Iuris Canonici*, Parisiis – Tornaci – Romæ 1949[2].

————, *Principia generalia de personis in Ecclesia. Commentarius libri II Codicis Iuris Canonici*, Parisiis – Tornaci – Romæ 1955[2].

MIGNE, J.P., *Patrologiae cursus completus. Series latina*, Paris 1844-1855.

————, *Patrologiae cursus completus. Series graeca*, Paris 1857-1866.

MONDIN, B., «Intelletto», in *Dizionario enciclopedico del pensiero di S. Tommaso d'Aquino*, Bologna 1991, 330-333.

————, «Volontà», in *Dizionario enciclopedico del pensiero di S. Tommaso d'Aquino*, Bologna 1991, 666-669.

MONETA, P., «Considerazioni sugli aspetti psicologici della consumazione del matrimonio», *DEc* 86 (1975) 340-346.

MUSSELLI, L., «La consumazione del matrimonio nel nuovo Codice di diritto canonico», in *Fs. P. Fedele*. II, Perugia 1984, 741-750.

NAVARRETE, U., «Indissolubilitas matrimonii rati et consummati. Opiniones recentiores et observationes», *Periodica* 58 (1969) 415-489.

————, «De notione et effectibus consummationis matrimonii», *Periodica* 59 (1970) 619-660.

————, «Oportetne ut supprimantur verba "ab extrinseco et iniuste incussum" in can. 1087 circa metum irritantem matrimonium?», in *Ius Populi Dei*, Fs. R. Bidagor. III, Roma 1972, 571-594.

————, «De muliere excisa. Animadversiones in opus recens editum», *Periodica* 64 (1975) 335-361.

————, «Nota», *Periodica* 64 (1975) 378-381.

————, «De natura et de applicatione Decreti S. Congregationis pro Doctrina Fidei diei 13.Maii 1977 circa impotentiam viri», *Periodica* 68 (1979), 305-326.

————, «Responsa Pontificiae Commissionis Codici Iuris Canonici authentice interpretando», *Periodica* 77 (1988) 497-518.

————, «Rilevanza del metus nel matrimonio canonico. Auspicabile aggiornamento del c. 1087», in *Il consenso matrimoniale canonico. Dallo jus conditum allo jus condendum*, Roma 1988, 95-102.

————, «Matrimonio, contratto e sacramento», in *Il Matrimonio Sacramento nell'Ordinamento Canonico Vigente*, *StGiur* 31 (1993) 91-112.

————, *Structura iuridica matrimonii secundum Concilium Vaticanum II. Momentum iuridicum amoris coniugalis*, Roma 1994[2rist.].

NOLDIN, H. – SCHMITT, A., *Summa theologiae moralis*, Barcellona 1945.

OCHOA, X. – DIEZ, A., *Indices canonum, titulorum et capitulorum corporis iuris canonici*, Romæ 1964.

————, *Indices titulorum et legum corporis iuris civilis*, Romæ 1965.

OCHOA, X., *Index verborum ac locutionum Codicis Iuris Canonici*, Roma 1983.

OESTERLE, G., «Vera impotentia a parte mulieris?», *DEc* 63 (1952) 43-51.

ORESTANO, R., «Struttura giuridica del matrimonio romano», *BIDR* 47/I (1940) 363-390.

————, *La struttura giuridica del matrimonio romano*, Milano 1952.

ORLANDI, G., *I «casi difficili» nel processo super rato*, Padova 1984.

ÖRSY, L., *Marriage in Canon Law. Texts and comments, reflections and questions*, Wilmington 1986.

PALACIOS, M., *Disputationes theologicae in quartum librum sententiarum*, Salamanticae 1577-1579.

PALEARI, E., *L'autonomia del consenso matrimoniale nella normativa canonica del metus estrinseco*, Milano 1974.

PALMIERI, D., *Tractatus de matrimonio christiano*, Romæ 1880.

PEROZZI, S., *Istituzioni di Diritto Romano*, Roma 1928.

PETRUS DE ANCHARANO, *In quinque Decretalium libros facundissima commentaria. IV. De sponsalibus et matrimonio*, Bononiae 1580.

PICHLER, V., *Jus canonicum secundum quinque decretalium titulos Gregorii IX Papae explicatum*, Venetiis 1758.

PINTO, P.V., ed., *Commento al Codice di Diritto Canonico*, Roma 1985.

PIRHING, E., *Jus canonicum nova methodo explicatum. IV. De sponsalibus et matrimonio*, Dilingae 1678.

POMPEDDA, M.F., «La nozione di matrimonio "rato e consumato" secondo il can. 1061 § 1 del C.I.C. e alcune questioni processuali di prova in merito», *ME* 110 (1985) 339-364.

————, *Studi di diritto matrimoniale canonico*, Milano 1993.

PONTIUS DE LEÓN, B., *De sacramento matrimonii tractatus cum appendice de matrimonio catholici cum haeretico*, Lugduni 1640.

PRIERAS, S. *Summa Sylvestrina*, Venetiis 1572.

RAYMUNDUS DE PEÑAFORT, *Summa*, Avenione 1715.

REGATILLO, E.F., *Ius sacramentarium*, Santander 1960[3].

REIFFENSTUEL, A., *Jus canonicum universum. Clara methodo iuxta titulos V librorum decretalium in questionibus distributum.* IV, Romæ 1831-1834.

RICCOBONO, S., *Lineamenti della storia delle fonti e del diritto romano*, Milano 1949.

RITZER, K., *Le Mariage dan les Églises Chrétiennes du I^e au XIe siècle*, Paris 1970.

ROBERTI, F., «De metu indirecto quoad negotia iuridica praesertim matrimonium», *Apoll.* 11 (1938), 557-561.

ROBLEDA, O., *Ius privatum romanum*, Romæ 1960.

————, *La nulidad del acto jurídico*, AnGr 143, Roma 1964[2].

————, *El matrimonio en derecho romano. Esencia, requisitos de validez, efectos, disolubilidad*, Roma 1970.

————, *Introduzione allo studio del diritto privato romano*, Roma 1979[2].

ROMANO, M.T., *La rilevanza invalidante del dolo sul consenso matrimoniale (can. 1098 C.I.C.): dottrina e giurisprudenza*, TG.DC 44, Roma 2000.

ROMITI, G., *De processu evolutivo doctrinae de actu humano completo in operibus S. Thomae Aquinatis*, Milano, 1949.

ROSSET, M., *De sacramento matrimonii tractatus dogmaticus, moralis, canonicus, liturgicus et iudiciarius.* VI, Parisiis 1896.

RUF, N., *Furcht und Zwang im kanonischen Eheprozeß unter besonderer Berücksichtigung der Ehesimulation*, Freiburg im Breisgau 1963.

SALAMANTICENSES, *Collegii Salamanticensis FF. Discalceatorum cursus theologiae moralis.* III, Venetiis 1734.

SÁNCHEZ, TH., *De Sancto Matrimonii Sacramento disputationum*, Venetiis 1712.

SANTORI, G., *Compendio di sessuologia*, Roma 1958, Torino 1972.

SAVIGNY, F.K. VON, *Sistema del Diritto Romano attuale.* VIII, Torino 1886.

SCAPINI, N., «Violenza (Vizio della volontà). Diritto Romano», in *Novissimo Digesto Italiano.* XX, Torino 1975, 939-941.

SCHERILLO, G., *Corso di Istituzioni di diritto romano*, Milano 1962.

SCHLIER, H., *Der Brief an die Epheser*, Düsseldorf 1962[3].

SCHMALZGRUEBER, F.X., *Jus ecclesiasticum universum brevi methodo ad discentium utilitatem explicatum seu lucubrationes canonicae in quinque libros Decretalium Gregorii IX*, Ingolstadii 1715, Neapoli 1738.

SCHULTE, F. VON, *Geshichte der Quellen und Literatur des kanonischen Kirchenrechts*, Stuttgart 1880

SCIALOJA, V., *Negozi giuridici*, Roma 1933.

SCOTUS, DUNS, *Opus Oxoniense seu Commentarius maior super Sententias Petri Lombardi*, Lugduni 1649.

SERENO, D., *Whether the Norm Expressed in Canon 1103 is of Natural Law or of Positive Church Law*, TG.DC 18, Roma 1997.

SMET, A. DE, *De sponsalibus et matrimonio. Tractatus canonicus et theologicus*, Brugis 1927[2].

SOTO, D., *Commentaria in quartum librum Sententiarum*. II, Venetiis 1575.

STAFFA, D., «De impotentia et consummatione matrimonii», *Apoll.* 28 (1955) 391-399.

STAFFA, D., «De metu irritante matrimonium», *Periodica* 45 (1956) 303-322.

THOMAS AQUINATIS, *Commentarium in quattuor libros Sententiarum*, in *Opera omnia secundum impressionem Parmae 1857 Photolithograficae reimpressa*. VI-VII, New York 1948.

———, *Summa theologiae*, Roma 1948.

TRAPET, M. D., *La couple face a l'échec. Approche juridique et pastorale*, Paris 1989.

TUDESCHIS, N. DE [SEU PANORMITANUS], *Abbatis panormitani commentaria*, Venetiis 1588.

VAN HOVE, A., *Prolegomena ad codicem iuris canonici*. I, Mechliniæ – Romæ 1945[2].

VERMEERSCH, A., *De castitate et vitiis contrariis*, Romæ 1921.

———, *Theologiae moralis principia, responsa, consilia*. IV, Romæ 1947.

VIGLINO, C., «Un curioso equivoco sull'impotenza al matrimonio in diritto canonico», *DEc* 34 (1923) 1-26.

———, «Fondamento dell'indissolubilità del matrimonio è il valore morale dell'unione sessuale?», *DEc* 40 (1929) 142-167.

VITALE, A., «Canone 1087 e metus indiretto», *DEc* 78/II (1968) 12-19.

VLAMING, T.M. – BENDER, L., *Praelectiones iuris matrimonii*, Bussum 1950[4].

VLAMING, T.M., *Praelectiones iuris matrimonii ad normam Codicis iuris canonici*. II, Bussum 1919-1921[3].

VOCI, P., *Istituzioni di diritto romano*, Milano 1954[3].

WERNZ, F.X. – VIDAL, P., *Ius Canonicum*. Romæ 1923-1938.

WERNZ, F.X., *Ius Decretalium*, Prati 1911-1912.

WIESTNER, J., *Institutiones canonicae. Sive ius ecclesiasticum praelectionibus et exercitationibus academicis ad Decretalium Gregorii P.P. IX libros V. IV. De sponsalibus et matrimonio*, Monachii 1706.

ZABARELLA, F., *Lectura super quartum*, Venetiis 1602.

ZACCHIA, P., *Quaestiones medico-legales*, Venetiis 1771.

ZAPP, H., *Codex Iuris Canonici. Lemmata. Stichwortverzeichnis*, Freiburg 1986.

ZAVALLONI, R., *La libertà personale nel quadro della psicologia della condotta umana*, Milano 1956.

ZEIGER, I., «Nova matrimonii definitio?», *Periodica* 20 (1931) 37-59.

INDICE DEGLI AUTORI

INDICE GENERALE

PARTE II: NOZIONE DI *CONSUMMATIO CONIUGII*
E SUO FONDAMENTO STORICO-GIURIDICO

CAPITOLO IV: *Evoluzione dei concetti di copula perfecta
e di consummatio coniugii fino al Codice Pio-Benedettino* . 55

TESI GREGORIANA

Dal 1995, la collana «Tesi Gregoriana» mette a disposizione del pubblico alcune delle migliori tesi elaborate alla Pontificia Università Gregoriana. La composizione per la stampa è realizzata dagli stessi autori, secondo le norme tipografiche definite e controllate dall'Università.

Volumi pubblicati [Serie: Diritto Canonico]

1. RUESSMANN, Madeleine, *Exclaustration. Its Nature and Use according to Current Law*, 1995, pp. 552.

2. BRAVI, Maurizio Claudio, *Il Sinodo dei Vescovi. Istituzione, fini e natura. Indagine teologico-giuridica*, 1995, pp. 400.

3. SUGAWARA, Yuji, *Religious Poverty. From Vatican Council II to the 1994 Synod of Bishops*, 1997, pp. 412.

4. FORCONI, Maria Cristina, *Antropologia cristiana come fondamento dell'unità e dell'indissolubilità del patto matrimoniale*, 1996, pp. 200.

5. KOVAČ, Mirjam, *L'orizzonte dell'obbedienza religiosa. Ricerca teologico-canonica*, 1996, pp. 368.

6. KAKAREKO, Andrzej, *La riforma della vita del clero nella diocesi di Vilna dopo il Concilio di Trento (1564-1796)*, 1996, pp. 248.

7. KUBIAK, Piotr, *L'assoluzione generale nel* Codice di Diritto Canonico *(Cann. 961-963) alla luce della dottrina del Concilio di Trento sull'integrità della confessione sacramentale*, 1996, pp. 212.

8. AMENTA, Pietro, *Partecipazione alla potestà legislativa del Vescovo. Indagine teologico-giuridica su chiesa particolare e sinodo diocesano*, 1996, pp. 272.

9. LORUSSO, Luca, *Gli strumenti di comunicazione sociale nel diritto ecclesiale. Aspettative, problematiche e realizzazioni alla luce dell'insegnamento magisteriale*, 1996, pp. 272.

10. PÉREZ DIAZ, Andrés, *Los vicarios generales y episcopales en el Derecho Canónico actual*, 1996, pp. 336.

11. ZEC, Slavko, *La tossicodipendenza come radice d'incapacità al matrimonio (Can. 1095). Scienze umane, dottrina canonica e giurisprudenza*, 1996, pp. 288.

12. SERRES LÓPEZ DE GUEREÑU, Roberto, *«Error recidens in condicionem sine qua non» (Can. 126). Estudio histórico-jurídico*, 1997, pp. 232.

13. MINGARDI, Massimo, *L'esclusione della dignità sacramentale dal consenso matrimoniale nella dottrina e nella giurisprudenza recenti*, 1997, pp. 320.

14. MARGELIST, Stefan, *Die Beweiskraft der Parteiaussagen in Ehenichtigkeitsverfahren*, 1997, pp. 226.

15. D'AURIA, Andrea, *L'imputabilità nel diritto penale canonico*, 1997, pp. 240.

16. ZADRA, Barbara, *I movimenti ecclesiali e i loro statuti*, 1997, pp. 200.

17. MIGLIAVACCA, Andrea, *La «confessione frequente di devozione». Studio teologico-giuridico sul periodo fra i Codici del 1917 e del 1983*, 1997, pp. 336.

18. SERENO, David, *Whether the Norm Expressed in Canon 1103 is of Natural Law or of Positive Church Law*, 1997, pp. 292.

19. SEMBENI, Giulio, *Direttorio Ecumenico 1993: sviluppo dottrinale e disciplinare*, 1997, pp. 260.

20. KAMAS, Juraj, *The Separation of the Spouses with the Bond Remaining. Historical and Canonical Study with Pastoral Applications*, 1997, pp. 360.

21. VISCOME, Francesco, *Origine ed esercizio della potestà dei vescovi dal Vaticano I al Vaticano II. Contesto teologico-canonico del magistero dei «recenti Pontefici» (Nota Explicativa Praevia 2)*, 1997, pp. 276.

22. KADZIOCH, Grzegorz, *Il ministro del sacramento del matrimonio nella tradizione e nel diritto canonico latino e orientale*, 1997, pp. 276.

23. MCCORMACK, Alan, *The Term «Privilege». A Textual Study of its Meaning and Use in the 1983 Code of Canon Law*, 1997, pp. 444.

24. PERLASCA, Alberto, *Il concetto di bene ecclesiastico*, 1997, pp. 428.

25. ZVOLENSKÝ, Stanislav, *«Error qualitatis dans causam» e «error qualitatis directe et principaliter intentae». Studio storico della distinzione*, 1998, pp. 264.

26. GARZA MEDINA, Luis, *Significado de la expresión* nomine Ecclesiae *en el Código de Derecho Canónico*, 1998, pp. 192.

27. BREITBACH, Udo, *Die Vollmacht der Kirche Jesu Christi über die Ehen der Getauften. Zur Gesetzesunterworfenheit der Ehen nichtkatholischer Christen*, 1998, pp. 292.

28. ZANETTI, Eugenio, *La nozione di «laico» nel dibattito preconciliare. Alle radici di una svolta significativa e problematica*, 1998, pp. 404.

29. ECHEBERRIA, Juan José, *Asunción de los consejos evangélicos en las asociaciones de fieles y movimientos eclesiales. Investigación teologico-canonica*, 1998, pp. 274.

30. SYGUT, Marek, *Natura e origine della potestà dei vescovi nel Concilio di Trento e nella dottrina successiva (1545-1869)*, 1998, pp. 356.

31. RUBIYATMOKO, Robertus, *Competenza della Chiesa nello scioglimento del vincolo del matrimonio non sacramentale. Una ricerca sostanziale sullo scioglimento del vincolo matrimoniale*, 1998, pp. 300.

32. BROWN J. Phillip, *Canon 17 CIC 1983 and the Hermeneutical Principles of*

33. BAFUIDINSONI, Maloko-Mana, *Le munus regendi de l'évêque diocésain comme munus patris et pastoris selon le Concile Vatican II*, 1999, pp. 280.

34. POLVANI, Carlo Maria, *Authentic Interpretation in Canon Law. Reflections on a Distinctively Canonical Institution*, 1999, pp. 388.

35. GEISINGER, Robert, *On the Requirement of Sufficient Maturity for Candidate to the Presbyterate (c. 1031 § 1), with a Consideration of Canonical Maturity and Matrimonial Jurisprudence (1989-1990)*, 1999, pp. 276.

36. VISIOLI, Matteo, *Il diritto della Chiesa e le sue tensioni alla luce di un'antropologia teologica*, 1999, pp. 480.

37. CORONELLI, Renato, *Incorporazione alla Chiesa e comunione. Aspetti teologici e canonici dell'appartenenza alla Chiesa*, 1999, pp. 456.

38. ASTIGUETA, Damián G., *La noción de laico desde el Concilio Vaticano II al CIC 83. El laico: «sacramento de la Iglesia y del mundo»*, 1999, pp. 300.

39. OLIVER, James M., *Ecumenical Associations: Their Canonical Status, with Particular Reference to the United States of America*, 1999, pp. 336.

40. BRUGNOTTO, Giuliano, *L'«aequitas canonica». Studio e analisi del concetto negli scritti di Enrico da Susa (Cardinal Ostiense)*, 1999, pp. 284.

41. TINTI, Myriam, *Condizione esplicita e consenso implicitamente condizionato nel matrimonio canonico*, 2000, pp. 220.

42. KALLENBACH, Gerald A., *Ein Kirchenamt im Dienst der Verkündigung. Die Rechtsstellung des Religionslehrers*, 2000, pp. 388.

43. MIRAGOLI, Egidio, *Il Consiglio Pastorale Diocesano secondo il Concilio e la sua attuazione nelle diocesi lombarde*, 2000, pp. 260.

44. ROMANO, Maria Teresa, *La rilevanza invalidante del dolo sul consenso matrimoniale canonico (can. 1098 C.I.C.): dottrina e giurisprudenza*, 2000, pp. 252.

45. MARCHETTI, Gianluca, *La curia come organo di partecipazione alla cura pastorale del Vescovo diocesano*, 2000, pp. 556.

46. MALECHA, Paweł, *Edifici di culto nella legislazione canonica e concordataria in Polonia*, 2000, pp. 328.

47. GHISONI, Linda, *La rilevanza giuridica del metus nella consumazione del matrimonio*, 2000, pp. 212.

Finito di stampare
nel mese di dicembre 2000

presso la tipografia
"Giovanni Olivieri" di E. Montefoschi
00187 Roma - Via dell'Archetto, 10,11,12